세계의 자연 문화유산

설악의 물길따라

함영덕 著
성동규 사진

백산출판사

책머리에

문화관광

교통의 발달과 소득수준의 향상은 생활에 많은 변화를 주게 되었다. 여가를 선용하고자 하는 관광인구의 급격한 증가는 관광산업의 눈부신 발전을 가져왔다.

개방과 개혁이라는 세계사에 도도한 물결은 지구촌을 더욱 가까운 이웃으로서 공존과 번영을 추구하게 만들었다.

이 책에서 다루고자 하는 문화관광은 종래의 보고 즐기는 관광에서 우리 문화의 숨결과 아름다운 자연에 대한 보존과 사랑 속에서 창조적인 삶의 에너지를 일구어내고자 하는 간절한 바람에서 시작하였다.

대자연 속에서 호연지기를 배우고 몸과 마음을 갈고 닦아 참다운 인격형성과 용맹심, 애국심, 충성심과 우정을 함께 익혔던 화랑도들의 풍류도(風流道)는 삼국통일의 원동력이 되었음은 역사가 증언해 주고 있다.

다음 세기에는 세계 속의 위대한 민족으로 웅지를 펴기 위해 그 옛날 대륙을 호령하며 달리던 선조들의 드높은 기상과 심성을 되찾아야 한다.

자연을 아끼고 사랑하는 공존의식에서 건강한 육체와 정신이 형성되듯이 관광문화는 오늘날 우리의 생활 속에 없어서는 안될 주요한 부분을 차지하고 있다.

예로부터 금강산과 설악산 일대는 신라화랑들의 순례지였다. 뿐만 아니라 신라와 고려시대 승려들의 순례도량이기도 했다. 조선시대엔 많은 선비들과 시인 묵객들이 아름다운 명승지를 유람하며 시와 그림을 남긴 유서 깊은 장소이기도 하다.

이제 우리는 이 땅의 역사, 풍물과 선현들이 남긴 삶의 자취들을 더듬으며 건전한 레저문화의 개발과 육성으로 삶의 질을 더욱 풍요롭게 살찌워야 한다. 또한 개인과 국가발전의 에너지로 바꿀 수도 있는 풍류도의 전통을 되살려 남북통일에 대비하고, 세계사의 큰 흐름을 주도할 수 있는 심성 개발이 절실한 때이다.

주변에 있는 돌 하나 풀 한포기라도 거기에 얽힌 사연을 알고 애정을 가지고 보면 다른 것과는 다르게 마음에 와 닿는 법이다. 눈 덮인 바위 틈새에 우뚝 서 있는 소나무의 모습에서 무한한 생명의 끈질김을 맛보았고 봄이 오면 암벽틈에 흰 꽃잎을 하늘거리는 돌단풍 잎들을 바라보면서 유연함과 여유로움을 배웠다. 육당 최남선 선생은 금강산이 수려한 반면 웅장한 맛이 없고 지리산은 웅장하기는 하되 수려하지 못한데, 설악산은 수려하면서도 웅장한 맛이 일품이라고 칭송했다. 설악산은 보면 볼수록 찾으면 찾을수록 무언가 알 것 같으면서도 더욱더 알 수 없는 미지의 여인처럼 느껴진다. 설악을 알고자 하면 와서 보고 느껴보라는 것이 더 솔직한 표현이 되리라 생각한다.

밤마다 수면을 방해하던 거미녀석의 부산함, 비가 올 때면 맑은 샘물을 늘 흙탕물 지우던 가재의 설레임, 불길처럼 피어올랐던 산야의 진달래꽃, 들쥐마저 찾아와 친구가 되기를 바랐던 공녹장(空鹿莊)시절 나는 비로소 외로움이란 단어를 잊어버렸다.

지난 5년 동안 동해바다와 울산바위를 바라보면서 출강을 했던 시간들과 풍경소리 들으며 세월의 무상함을 가슴저리게 삭여야 했던 산사(山寺)의 은둔과 유랑생활의 경험이 이 글을 쓰게 만든 동기가 되었다. 앞으로 부족한 부분들은 계속해서 보완, 중판할 예정이다. 독자제현들의 많은 질책과 도움을 진심으로 기다리는 마음이다.

이 책이 나오기까지 많은 분들의 도움에 힘입은 바 크다. 어려운 시절 늘 사랑과 보살핌으로 아껴주신 어머니, 사진작가 성동규 선생님을 비롯하여 원고정리에 남다른 애정을 기울인 장태원 선생, 표지 Title과 Layout 디자인을 도와주신 K2의 김휘성 실장님, 등산로 일러스트를 맡아주신 김학태 교수, 이 글을 일본어로 번역해 주신 다카하시 교수, 늘 불심으로 기원해 주시는 불광사 주지스님, 새로운 구도의 길에 들어선 태진스님, 춘천의 우정선생, 수필가 청주 로얄관광호텔 김석연 전무, 프린스호텔 장병우 지배인, 코리아나호텔 배상철 지배인, 수십 년 못난 동생을 위해 애써온 영윤 누님, 민중의 지팡이로 시심을 일깨우는 김학주 시인, 여러 가지 협조를 아끼지 않은 모든 분들게 감사드린다. 특히 이 책이 나오기까지 특별히 애써주신 진욱상 사장님과 편집위원님들께 진심으로 감사드린다.

著者 識

새로운 관광문학을 위하여

박사과정 첫 강의시간에 관광의 정의를 각자 연구해서 발표하는 과제가 있었다. 이제껏 여러 학자들이 관광에 대한 다양한 정의를 인용하며 가르치던 나로서는 한 번쯤 깊이 있게 이 문제를 생각하게 되었다. 관광의 본질은 무엇일까? 어느날 관광이란 화두(話頭)를 가지고 골똘히 생각하다 잠이 들어 눈을 떠보니 차도 끊긴 조그만 무극이란 시골 정류장이었다.

발표시간에 한시간 이상 집요한 질문도 받았다. 관광이란 궁극적으로 인간본연의 모습을 깨닫고 인간성회복과 자기완성을 위한 깨달음의 세계로 가는 여정이 아닐까하는 근본적인 문제에 도달하였다. 그리고 지난 3년간 관광문학이란 용어를 여러 방송이나 언론사에 틈나는 대로 처음으로 기록해 놓았다. 본질에 대한 개념정리가 되고 그 다음에 관광문학의 새로운 개념이 확립되어야 한다는 오랜시간의 산고였다. 해서 부족하나마 다음과 같은 정의를 내리게 되었다.

『관광이란 인간이 일상생활에서 벗어나 여행을 하며 안(眼), 이(耳), 비(鼻), 설(舌), 신(身)의 五官(五感)을 통해 의식, 무의식으로 만나는 자연 및 인류의 문화유산자원을 교감(交感)함으로써 생활의 활력을 얻고자하는 제반 활동이다.』 특히 공간이동행위로 인한 육체적 위락행위는 물론 인간본성에 내재한 의식, 무의식 세계의 정신적 즐거움을 통해 건전한 육체와 건전한 정신을 연마함으로써 수신제가 치국의 도리와 인류복지와 평화를 사랑하는 인간본연의 自性을 개발하고 인간성 회복과 자기완성을 위한 깨달음의 세계로 가는 여정이다.

부처가 자비를, 예수가 사랑을 주장하였듯이 관광도 다음 세기에 지향하는 인간구원의 모습을 관광행위 속에서 찾아야 할 것이다.

관광문학(Tourism literature)이란 「인간이 일상생활에서 벗어나 여행을 하며 五官(五感)을 통하여 만나는 역사, 문화, 풍물, 전설 등의 자연 및 인류의 문화유산을 작가의 체험을 바탕으로 시적 상상력과 문학적 향기를 사실적으로 구성하여 관광객으로 하여금 미지의 세계에 대한 정서적 공감대와 관광욕구를 불러일으키고 여행을 통해 인류의 복지와 평화를 사랑하는 인간성회복과 보람있는 관광여행을 할 수 있도록 안내해주는 총체적인 문학활동」이라고 칭하고 싶다.

이와 같은 관광문학의 개념을 바탕으로 「청봉가는 길」을 펴내게 되었고 새롭게 탄생한 관광문학이란 용어에 대한 정의도 앞으로 논의의 대상이 될 것이라 생각한다.

21세기는 대중관광시대며 지구촌은 물론 우주여행시대를 준비하고 있을 만큼 광범위하고 다양한 형태의 관광산업이 발전하게 될 것이다. 이제 우리도 놀고 마시고 즐기는 오락관광에서 벗어나 견문확대나 심심수련을 통해 건전한 육체와 정신을 가진 훌륭한 인성교육의 과정으로 관광을 유도해야 할 것이다.

신라 화랑도는 산천좋은 곳을 찾아다니며 심심수련과 각 지역의 풍속을 익히고 자기 연마를 통해 국가에 충성할 수 있는 훌륭한 인재양성에 활용되었던 좋은 예라고 볼 수 있다. 관광은 여행을 통한 공간이동으로 접하는 모든 物像을 만나고 교감하는 과정에서 타지역의 문화와 풍물, 풍습을 이해하고 견문을 넓힘으로써 이웃과 나라와 인류에 대한 평화정신을 자각하게 되고 이를 통해서 건전한 인간성회복과 자기완성을 통해 깨달음의 세계로 가는 여정이 아닌가 생각해 본다.

---

* 인간의 五官(五感)과의 交感으로 느껴지는 관광자원

* 인간의 五官(五感)과의 交感으로 느껴지는 관광자원 :

① 안(眼) → 육안으로 볼 수 있는 자연 및 문화자원의 제 현상의 총칭, 즉 色界에 보이는 모든 物像을 통해서 느끼는 交感

② 이(耳) → 청각을 통해서 들을 수 있는 제 현상의 物像 : 예) 새소리, 물소리, 바람소리, 파도소리와 같은 자연현상과 음악제와 같은 제반 인위적인 소리

③ 비(鼻) → 후각으로 느낄 수 있는 交感 : 산야에 있는 꽃이나 진

귀한 약초, 화원 단지 등에 느낄 수 있는 자연향기, 향로, 향수와 같은 인위적인 생산품류, 각종 음식물로부터 느끼는 향기 등 후각을 통해서 느껴지는 제반 자원들의 총칭. 특히 시원하고 맑은 공기도 자연재에서 이제는 생산적인 소비재로 변하고 있다. 예) 설악산의 맑은 공기를 상품화하여 판매하는 상품개발

④ 설(舌) → 혓바닥의 감촉으로 느끼는 五味(신맛, 쓴맛, 매운맛, 단맛, 짠맛)를 통해서 얻는 즐거움. 예) 음식물, 약초, 향로 등 미각은 주거환경과 함께 인간의 생활과 가장 밀접한 관계를 가지고 있다.

⑤ 신(身) → 신체적 접촉으로 느낄 수 있는 交感 : 스포츠 활동, 온천욕, 수영, 승마 등 각종 몸으로 느끼는 체험관광

⑥ 인간 본성에 내재한 의식, 무의식 세계 : 의(意)는 의식의 세계를 말하며 인간의 의식작용을 의미한다. 오관으로 느낀 제반 현상을 희노애락으로 표현하고 지식, 감정, 의지 따위의 모든 작용으로 지각할 수 있고 이를 통해 인간의 행동의 유무를 결정하는 중요한 중추기능이다.

⑦ 무의식(無意識)의 세계는 눈에 보이고 귀에 들리지마는 의식하지 못하는 상태, 일상정신에 영향을 미치고 있는 마음의 심층상태에 내재된 의식으로서 여행을 통해서 얻어지는 모든 사물과의 총체적 交感은 의식은 물론 무의식의 세계에도 영향을 주어 내재된 무의식의 행동경험이 의식과 육체적인 활동에 나타나므로 안, 이, 비, 설, 신의 五識과 六識인 意識, 七識인 무의식의 영향까지도 관광의 연구범주에 포함시켜야 한다고 생각한다.

목 차(CONTENTS)

외설악 편

내설악 편

속초시내 편

남설악 및 양양군 편

고성지역 편

부 록 편

사진 : 천화대의 운해

동해안 해수욕장 안내

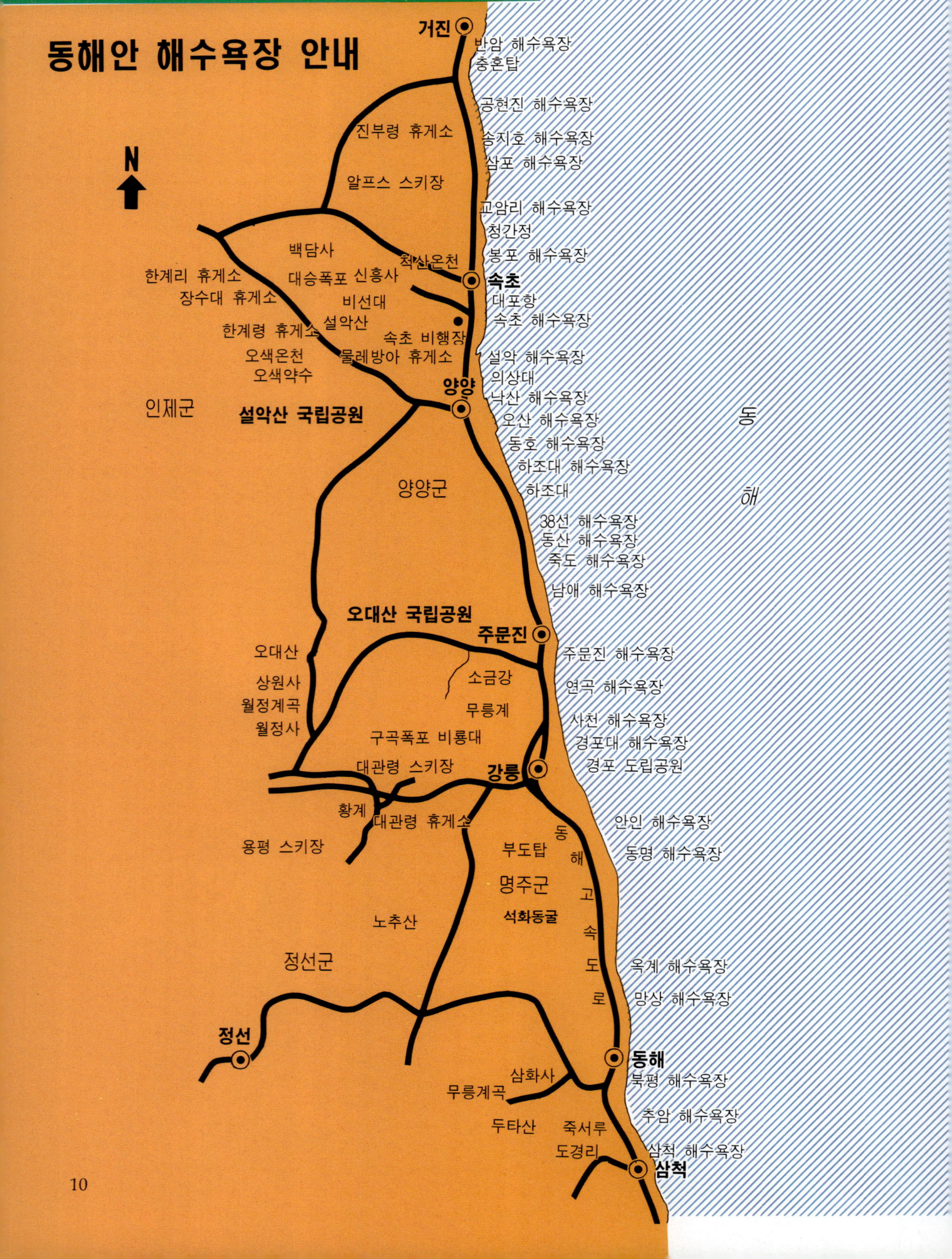

N
거진
반암 해수욕장
충혼탑
공현진 해수욕장
진부령 휴게소
송지호 해수욕장
삼포 해수욕장
알프스 스키장
교암리 해수욕장
청간정
백담사
척산온천
봉포 해수욕장
한계리 휴게소
대승폭포
신흥사
속초
장수대 휴게소
비선대
대포항
설악산
한계령 휴게소
속초 비행장
속초 해수욕장
오색온천
물레방아 휴게소
설악 해수욕장
오색약수
의상대
양양
낙산 해수욕장
인제군
설악산 국립공원
오산 해수욕장
동
동호 해수욕장
하조대 해수욕장
양양군
하조대
해
38선 해수욕장
동산 해수욕장
죽도 해수욕장
남애 해수욕장
오대산 국립공원
주문진
주문진 해수욕장
오대산
소금강
상원사
연곡 해수욕장
월정계곡
무릉계
월정사
사천 해수욕장
구곡폭포 비룡대
경포대 해수욕장
대관령 스키장
강릉
경포 도립공원
황계
대관령 휴게소
안인 해수욕장
동
용평 스키장
부도탑
해
동명 해수욕장
명주군
고
석화동굴
노추산
속
정선군
도
옥계 해수욕장
로
망상 해수욕장
정선
동해
삼화사
북평 해수욕장
무릉계곡
추암 해수욕장
두타산
죽서루
도경리
삼척 해수욕장
삼척

오대산 국립공원·경포 도립공원 안내

서울 ⇨ 설악산 노선(路線)안내

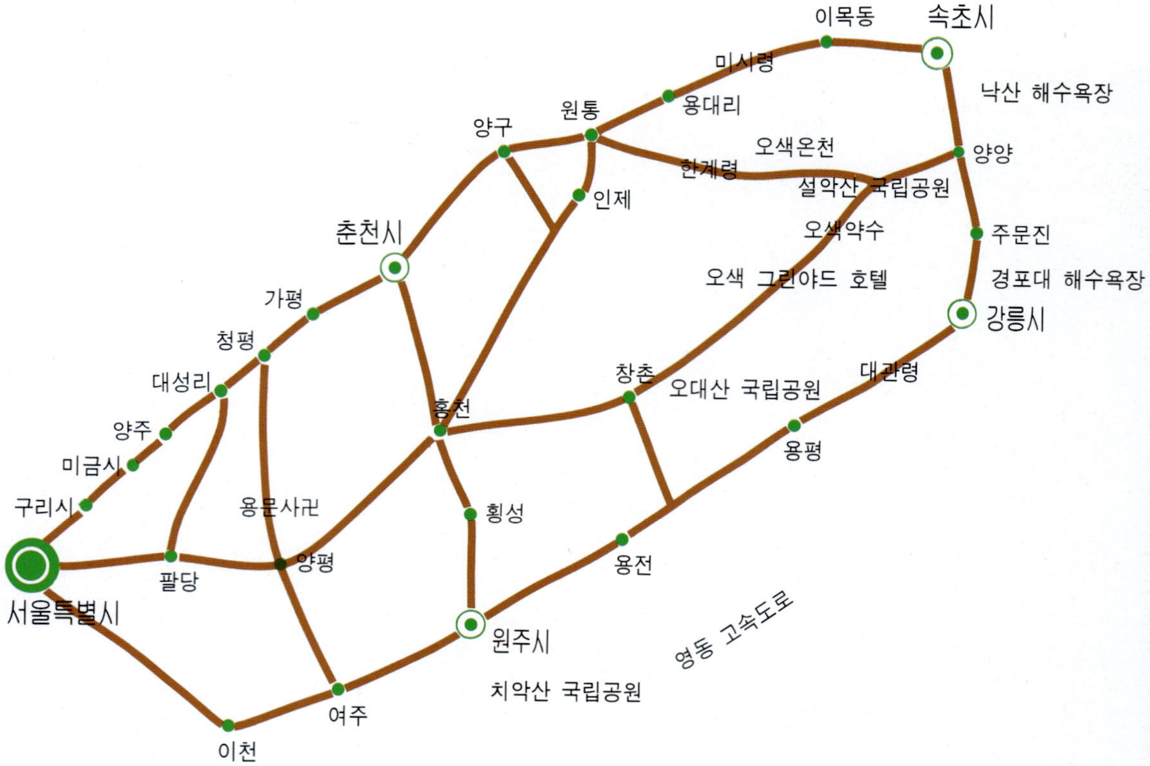

□ 관광자원

코스별	주 요 관 광 지
설악권	설악산, 척산온천, 영랑호, 오색약수, 의상대, 낙산사, 하조대, 대청봉, 대승폭포, 한계령, 장수대, 백담사, 청간정, 세계잼버리대회장, 알프스스키장, 화진포, 통일전망대, 화진포해수욕장, 비룡폭포, 송지호해수욕장, 설악해수욕장, 낙산해수욕장, 하조대해수욕장, 남애해수욕장, 울산암, 신흥사, 속초해수욕장, 백도해수욕장, 삼포해수욕장
강릉권	주문진해수욕장, 연곡해수욕장, 경포대해수욕장, 옥계해수욕장, 망상해수욕장, 삼척해수욕장, 장호해수욕장, 호산해수욕장, 소금강, 경포대, 오죽헌, 오대산, 상원사, 월정사, 대관령목장, 이승복기념관, 용평스키장, 삼덕사, 석화동굴, 대원사, 해금강, 무릉계곡, 용추폭포, 삼화사, 천운사, 죽서루, 초당당굴, 대이동굴, 공양왕릉, 영은사, 참소리축음기오디오박물관, 대관령박물관
춘천권	소양댐, 청평사, 오봉산, 등선폭포, 강촌, 구곡폭포, 남이섬, 제 2 땅굴, 중도, 춘천댐, 홍천강, 순담, 철의삼각지, 파로호, 평화의댐, 해안펀치볼, 고석정, 삼부연폭포, 삼봉약수, 중도유원지, 홍천강유원지
치악권	치악산, 구룡사, 상원사, 강원도자연학습원, 강원감영문루, 간현관광지, 금대리유원지, 섬강유원지, 송학루, 가나안농군학교, 천은사계곡, 유선정
태백권	태백산도립공원, 태백산천제단, 황지연못, 검용수, 고씨동굴, 청령포, 가리왕산, 화암약수, 용연굴, 장릉, 상원사, 화암구곡, 백용동굴, 망경사, 정암사

□ 속초지역 교통현황

구 분 Classification	구 간 Destination	운행횟수 Frequency	소요시간 Estimated time	전 화 Phone NO.
항 공 Air Line	속초 ↔ 서울 Sokcho ↔ Seoul	7회 7 times (More Lines are added during the peak tour season)	50분 50 min.	(0392)33-0331 (02)656-2000 (02)656-2221
고속버스 Express Bus	속초 ↔ 서울 Sokcho ↔ Seoul	강남 - 28회 (06 : 30 - 20 : 00) 동서울 - 11회 (07 : 20 - 19 : 10)	4시간 40분 4 hr. 40 min.	(0392)33-4107 (0392)33-4320 (02)594-3181~3 (02)456-3181~2
직행버스 None-Stop Bus	속초 ↔ 서울 Sokcho ↔ Seoul	상봉 - 13회 (06 : 10 - 17 : 35) 동서울 - 11회 (06 : 10 - 18 : 00)	4시간 40분 4 hr. 40 min.	(0392)33-2328 (0392)33-4230 (02)495-5900 (02)453-2855
	속초 ↔ 춘천 Sokcho ↔ Chunchon	18회(평균40분간격) 06 : 40 - 18 : 15	4시간 4 hours	(0392)33-3738 (0361)51-3205
	속초 ↔ 강릉 Sokcho ↔ Gangnung	92회(평균10분간격) 05 : 30 - 21 : 15	1시간 50분 1 hr. 50 min.	(0392)33-3363 (0391)43-1608
시내버스 Shuttle Bus	시내 ↔ 설악산 Down Town ↔ Mr. Sorak	평균 10분 간격 every 10 mins.	40분 40 mins.	(0392)33-2277 (0392)33-2280
	시내 ↔ 프라자 Down Town ↔ Plaza	평균 25분 간격 every 25 mins.	20분 20 mins.	
	시내 ↔ 양양 Down Town ↔ Yangyang	평균 8분 간격 every 8 mins.	50분 50 mins.	
	시내 ↔ 간성(고성) Down Town ↔ Kansung(Kosung)	평균 10분 간격 every 10 mins.	1시간 1 hours	(0392)636-2162
	시내 ↔ 잼버리장 Down Town ↔ Jamboree Camp (Daemyung Condo)	평균 1시간 간격 every 1 hour.	40분 40 mins.	

□ 등반코스(Climbing Course)

○ 탐방코스 Hiking Course

● 설 악 동 — 2.5㎞ — 계조암 — 1㎞ — 울산바위(2hr : 40)
Sŏrakdong Kyejoam Ulsanbawi

● 설 악 동 — 2㎞ — 육담폭포 — 0.6㎞ — 비룡폭포(1 : 00)
Sŏrakdong Yukdamp'okpo Piryongp'okp'o

● 설 악 동 — 3㎞ — 비선대 — 0.6㎞ — 금강굴(1 : 40)
Sŏrakdong Pisŏndae Kŭmganggul

● 설 악 동 ———— 1.2㎞ ———— 권금성(0 : 10)
Sŏrakdong Cable car Kwŏnggŭmsŏng

○ 등산코스 Climbing course

● 설 악 동 —3㎞— 비선대 —4㎞— 양 폭 —4.5㎞— 대청봉(8 : 30)
Sŏrakdong Pisŏndae Yangpok Taechŏngbong

● 설 악 동 —3㎞— 비선대 —4㎞— 마등령 —9㎞— 백담사(12 : 00)
Sŏrakdong Pisŏndae Madŭngnyŏng Paekdamsa

● 설 악 동 —1.2㎞— 권금성—3㎞— 화채봉—3㎞— 대청봉(3 : 00)
Sŏrakdong Kwŏnggŭmsŏng Hwach'aebong Taechŏngbong

● 백담사 —5㎞— 수렴동—1㎞— 봉정암—2.5㎞— 대청봉(10 : 00)
Paekamsa Suryŏmdong Pongjŏngam Taechŏngbong

● 백담사 — 4.5㎞ — 대승령 — 3.3㎞ — 장수대(7 : 00)
Paekamsa Taesŭngnyŏng Changsuade

● 오 색 — 3.5㎞ — 설악폭포 — 2.5㎞ — 대청봉(5 : 00)
Osaek Sšrakp'okp'o Taechŏngbong

● 남교리 —6.5㎞—십이선녀탕—2㎞—대승령—3.3㎞— 장수대(8 : 30)
Namgyori Sŏnnyŏtang Taesŭngnyŏng Changsuade

□ 국립공원자원(National Park Resources)

산봉우리(26) Peaks	대청봉(1,708m) 화채봉(1,320m)	Taech'ŏngbong(1,708m) Hwach'aebong(1,320m)etc.
계 곡(23) Valleys	천불동계곡, 백담계곡, 수렴동계곡 등	Ch'pnbuldong Valley Paekdam Valley Suryŏmdong Valley etc.
폭 포(17) Waterfalls	토왕성폭포, 비룡폭포, 대승폭포 등	T'owangsŏng Waterfall Piryong Waterfall Taesŭng Waterfall etc.
기 암(10) Rocks	울산암, 귀면암, 장수대 등	Ulsanam(Rock) Kwimyŏnam Changsuade etc.
온천, 약수 Hot Springs	오색온천(30˚) 척산온천(46˚) 오색약수	Osaek Hot Spring Ch'ŏksan Hot Spring Osaek Mineral Water
동물(531) Fauna	산양 (천연기념물 제217호) 반달곰 등	Antelope (Natural Monument NO.271) Pandalgom (Bear) etc.
식물(822)	금강초롱, 눈잣나무 등	Dotted Bell Flower(Plant) Pinus Pumilla (tree) etc.
보물(2) Treasures	향성사지 3층석탑 (제 443호) 오색리 3층석탑 (제 497호)	Three-Storeyed Stone Pagoda on Hyangsŏngsaji Three-Storeyed Stone Pagoda at Osaek-ri (NO.497)
사찰(11) Temples	신흥사, 오세암	Shinhŭngsa Oseam etc.

구 분 Facilities	위 치 Location	규 모 Description/Details	전 화 Phone	업 체 명 Company
케이블카 Cable Car	설악동 Sorak-Dong	연장: 1,127㎞ 반기: 41인승 2기 Length: 1,127㎞ Cars: 41Passengers(2ea)	(0392)636-7362	설악관광 Sorak tour co.
골프장	장사동 Jangsa-dong	○ 18홀(정규) ○ 18 holes(pro)	(0392)635-7711 (0392)33-1171	설악프라자 영랑호리조트
	금호동 Gumho-dong	○ 5홀(간이) ○ 5 holes(Non-pro)		한일 레저 Hanil Leisure
놀이시설 Recreation Facilities	장사동 Jangsa-dong	유기시설: 18종 (18 Kinds)	(0392)635-7711	설악프라자 Sorak Plaza
해수풀장 Swimming Pool (Sea Water)	금호동 Gumho-dong	1개소 1 Place	(0392)33-1171	한일 레저 Hanil Leisure
관광 안내소 Tour Information	대포동 Daepo-dong	1개소 1 Place	(0392)635-2003	속초시청 Sokcho-city Hall
등산안내소 Climbing Information	설악동 Sorak-Dong	1개소(25인) 1 Place	(0392)636-8115	강원도관광협회 Kangwondo Tourist Association

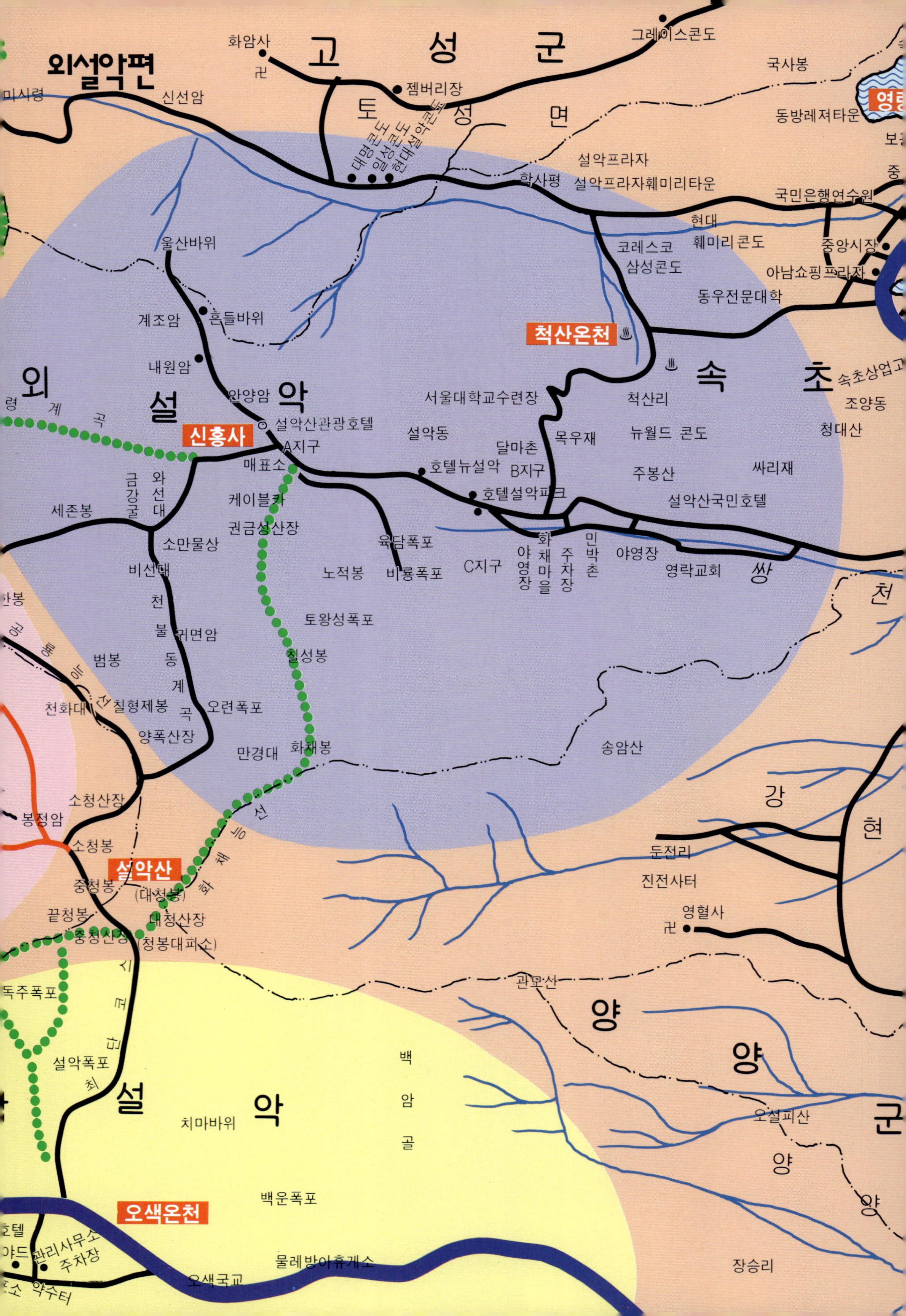

외설악편
고성군
토성면
화암사
젬버리장
그레이스콘도
국사봉
동방레져타운
미시령
신선암
대명콘도
일성콘도
한화콘도
현대성우콘도
설악프라자
학사평
설악프라자훼미리타운
국민은행연수원
현대
훼미리콘도
코레스코
삼성콘도
중앙시장
아남쇼핑프라자
동우전문대학
척산온천
속초
속초상업고
조양동
청대산
울산바위
계조암
흔들바위
내원암
안양암
외설악
설악산관광호텔
신흥사
A지구
매표소
서울대학교수련장
설악동
척산리
달마촌
목우재
뉴월드 콘도
호텔뉴설악
B지구
주봉산
싸리재
호텔설악파크
설악산국민호텔
금강굴
와선대
세존봉
케이블카
권금성산장
소만물상
비선대
육담폭포
노적봉
비룡폭포
C지구
야영장
화채마을
주차장
민박촌
야영장
영락교회
쌍천
천불동계곡
귀면암
토왕성폭포
칠성봉
범봉
천화대
칠형제봉
오련폭포
양폭산장
만경대
화채봉
송암산
화채능선
소청산장
봉정암
소청봉
설악산
중청봉
(대청봉)
대청산장
끝청봉
중청산장
(청봉대피소)
강현
둔전리
진전사터
영혈사
관모산
독주폭포
설악폭포
양양군
오색피산
양양
설악
백암골
치마바위
백운폭포
오색온천
관리사무소
주차장
물레방아휴게소
오색국교
약수터
장승리

설악동 종합안내 약도

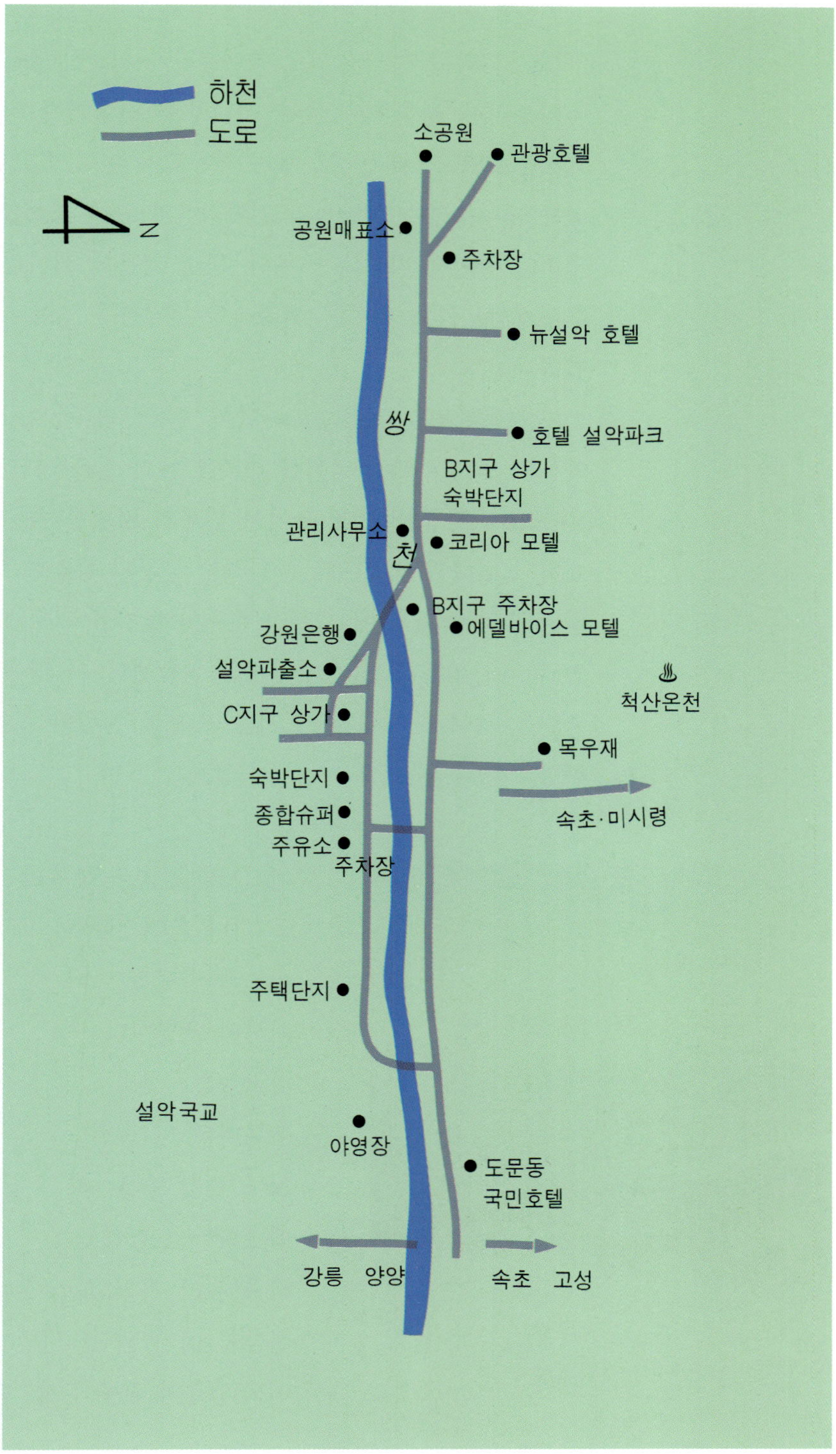
하천
도로
N
소공원
관광호텔
공원매표소
주차장
뉴설악 호텔
쌍
호텔 설악파크
B지구 상가
숙박단지
관리사무소
코리아 모텔
천
B지구 주차장
강원은행
에델바이스 모텔
설악파출소
척산온천
C지구 상가
목우재
숙박단지
속초·미시령
종합슈퍼
주유소
주차장
주택단지
설악국교
야영장
도문동
국민호텔
강릉 양양
속초 고성

1. 극락의 문 신흥사(神興寺)

매표소를 지나 소공원으로 들어서면 널찍한 광장에 커다란 반달곰 동상이 여행객을 맞이하고 남쪽으로 바라보이는 가파르고 험준한 돌산 위로 케이블카가 천천히 올라가고 있다.

야트막한 개울물과 돌과 소나무로 연이어진 쌍천(雙川)이 흐르는 위로 비룡폭포로 가는 비룡교가 놓여 있고 그 위에 떠 있는 케이블카는 설악산의 기암괴석과 묘한 조화를 이루어 이국적인 낭만을 자아내게 한다. 광장 가운데 커다란 소나무 두 그루가 서 있고 왼쪽엔 여행객의 발걸음을 잡는 기념비가 서 있다.

6·25동란 때 국군 수도사단이 중공군의 제2차 공세 때 설악산 지구 전투에서 혁혁한 전과를 올린 것을 기념하기 위하여 1978년에 건립한 비다. 조국과 민족의 영원한 자유, 평화를 수호하기 위하여 적진으로 돌진하는 국군의 용감한 모습을 조각한 것으로 동판 위에 새겨진 비문이 발길을 멈추게 한다. 민족의 비극인 6.25와 공산치하에서 신음했던 이 땅에 역사의 한 편린을 보여 주기에 웬지 가슴 뭉클한 연민의 정을 자아내게 한다.

공원입구(매표소)

여기, 청봉 높은 봉우리
돌 하나 옮겨 세우니,
이는 천만년을 이어 갈
역사의 푯말이다.
바람, 꽃
아름다운 저 능선
적구가 짓 밟을 때
맹호의 노호로
이 봉우리 지켰으니,
설악이 여기 없었더라면
어찌 향로와 건봉이 저기에 있으리오.

오월초목
단심으로 물들인 충혼,
이 돌과 더불어
길이 남으리라.

누가 적이고 누가 누가 아군인가. 모두 한 겨레 한 민족이거늘 사상이 민족의 허리를 자르고 철책을 두르고 반세기를 증오 속에 적대시하며 살아야 한다는 것이 무엇보다도 가슴 아프다.

설악산을 자주 찾아왔었지만 저 전적비의 비문을 읽기까지는 참으로 오랜 시간이 걸렸다는 것을 생각하며 무심함과 부끄러움에 얼굴이 붉어진다.

수복지구인 설악산은 60년대에는 현재의 소공원 자리에 몇 채의 여관이 있었던 한적한 곳이었다 한다. 봄, 가을 성수기 한때를 빼면 손님이 끊어지고 겨울철에는 등산객 몇 명이 찾아드는 인적이 끊긴 고도를 연상케 했던 촌락이었다 한다. 한국 산악회가 설악산을 최초로 답사했던 때가 1955년이며 55, 56년에 천불동과 죽음의 계곡 등정이 처음 이루어졌던만큼 설악산은 그동안 금강산의 명성에 가려 자신의 진면목을 인정받지 못했던 시절이었다.

투숙객들과 주민들이 밤이 되면 아름다운 계곡으로 나와 모닥불을 피워놓고 노래와 이야기 꽃을 피우며 밤을 지새던 시절의 추억들이 지금은 동화나 전설 속에 나옴직한 초기개척시대 설악의 모습이었다 한다.

현재 설악동에 살고 있는 사람들은 대부분 외지에서 흘러들어와 설악산에 반해 무작정 눌러 앉은 이들이 대부분을 차지하고 있다 한다. 설악산은 그 아름다운 모습 만큼이나 많은 사연과 전설을 간직하고 있다.

설악의 아름다운 경치를 바라보며 죽음을 택한 많은 청춘남녀들의 애환이 서린 골짜기와 그로 인한 인연으로 이 곳에서 뿌리를 내리고 사는 부부들의 가슴 뭉클한 사연들이 만들어낸 설악동은 80년대 초반기에 집단 시설지구가 형성되면서 생겨난 설악의 관문 마을이다.

일주문조각

지금 그 옛날 순수했던 촌락의 모습은 간곳이 없고 지나친 상혼으로 물들은 무질서한 집단시설지구가 나그네의 빈 가슴에 스며든다. 몇 채의 음식점과 여관을 지나 신흥사 일주문(一柱門) 앞에 이르렀다.

일주문은 그 절로 들어가는 첫째 문이며 기둥이 한 줄로 되어 있는 데서 유래된 말이라 하고, 또 다른 뜻은 한마음(一心)을 뜻한다고 한다. 항상 한마음을 가지고 그 마음을 드러내면서 수도하고 교화하라는 뜻이라 한다.

화려한 단청의 아름다움과 천장(天障) 밑으로 살아 꿈틀거리는 듯한 용의 몸짓과 불을 뿜는 듯한 생동감은 문을 통과하는 사람들에게 경건한 마음을 갖게 한다. 세속에 물들다 보면 善業보다는 惡業을 쌓는 것이 더 쉬운 세상인지라 일주문을 통과할 때마다 한번쯤 자신의 모습을 되돌아 보게 된다.

문 안으로 들어서면 오른편에 조선 후기의 사적비(寺跡碑)를 비롯하여 용암, 대원, 벽파 큰스님들의 비석과 이름모를 20여 기의 부도가 나란히 서 있다. 부도(浮屠)란 이름난 스님들이 입적(入寂)한 뒤에 그 유골(사리)을 안치하여 세운 둥근 돌탑이다. 사리란 범어(梵語) Sarira의 음역으로 부처나 성자의 유골을 의미했으나 그 후 뜻이 변해 스님의 시신을 화장한 뒤 유골에서 추려낸 구슬 모양의 작은 결정체를 가리킨다.

수행과 정진을 많이 한 고승에게서 발견되는 사리는 수천도의 고온에서도 타지 않는 신비의 물체다. 사리의 많고 적음이 법력의 높낮이나 척도가 될 수는 없지만 과학의 눈에 익숙한 우리들의 시각으로서는 여전히 신비로운 존재로 남아 있다.

설악산 매표소와 공원을 지나 세심교 입구에 들어서면 9천 9백m^2의 부지면적에 높이 13.25m, 좌대 높이 3.04m의 거대한 청동석과 좌불상을 만나게 된다.

백두대간위 한 허리 설악영봉 자락에 웅장하고 거룩한 통일 청동대불이 1987년 착공하여 총 소요경비 36억원을 투입하여 1997년 10월 25일에 점안대법회를 봉행하였다. 7천만 겨레의 통일 의지와 다가오는 21세기 민족의 번영을 염원하는 자비의 눈길로 지나가는 여행객들을 말없이 지켜보고 있다.

강(江)

咸泳德

알몸 부딪치는
갈대의 가슴 속에
살며시 일어서는
새벽

어둠의 강 저편
세상 밖을 흐르는
피리 소리
햇살처럼 쏟아지는 꿈길

잔물결 헤치는
영혼이
달빛을 저어 가는
어둠

주름진 파도
사념의 숲 속에서
마실수록 목마른

샘물
기억의 숲을 노젓는
망각 속을 흐르는 강
언덕에서
밤마다 건져 올리는
노래 소리

96. 4. 24.
경향신문 시마을 발표

그 옛날 이 깊은 산사에서 무엇을 얻기 위해 세속의 모든 것을 떨쳐버리고 구도의 세계를 갈구하였던가. 중생의 눈으로 그 깊고 오묘한 구도의 세계를 어찌 다 헤아리랴. 일전에 우리 곁을 떠난 큰스님 한 분을 떠올려 본다. 꼿꼿이 앉은 채 잠을 자고 말도 하지 않는다는 10년간의 장자불와(長坐不臥) 묵언(默言) 수행으로 숱한 고행과 일화를 남기시고 조용히 열반하신 성철 큰스님이 마치 우리를 굽어보고 있는 것만 같다.

그 분의 다비식 장면을 신문과 TV화면을 통해 보면서 전국은 한동안 큰스님의 열반으로 연일 언론과 국민들의 깊은 관심의 대상이 되었다. 전설적인 수도자에게서 얼마나 많은 사리를 남기실까 하는 것이 어쩌면 더 큰 관심의 대상이 되었는지도 모른다.

진정한 종교적 믿음보다는 무엇인가 눈으로 보아야만 확신하는 우리네의 얄팍한 속성 때문이리라. 지금 이곳에는 이름도 알 수 없는 20여기 부도에 사리만 조용히 잠들어 있다. 거대한 진리의 세계를 깨닫고 열반하신 스님들의 옷자락에 스치는 바람 소리보다 못한 게 우리네의 삶이 아닐까. 생전에 성철 스님은 가족을 두고 승려가 된 것을 후회하지 않느냐는 질문에 이렇게 답변하곤 했다 한다. "장사하는데 말야 이쪽에 10원짜리가 있고 저쪽에 백만 원 짜리가 있다면 백만 원짜리를 갖지 않겠나. 세상 삶이 10원 짜리도 안될 때가 있거든. 내가 보는 것은 돈으로 가치를 칠 수 없는 좋은 길인데 10원짜리 가치가 눈에 띄겠느냐 이거지. 알겠어." 서푼의 가치도 안되는 삶, 어쩌면 우리는 그 삶을 위하여 얼마나 많은 방황과 희생을 치르고 있는가. 여기 이름모를 부도의 주인들에게 큰스님이 남기고 간 열반송(頌) 한 소절 들려 주고 싶다.

生平欺誑男女群　　한평생 무수한 사람들을 속였으니
彌天罪業過須彌　　그 죄업 하늘에 가득차 수미산보다 더하다.
活焰阿鼻恨萬端　　산채로 무간 지옥에 떨어져 그 한이 만갈래이리
一輪吐紅掛碧山　　한덩이 붉은 해 푸른산에 걸려 있다.

머리숙여 합장을 하고 마음을 깨끗이 씻고 닦는다는 뜻을 가진 나무로 만든 세심교(洗心橋)다리를 지나면 신흥사 입구에 아름드리 전나무가 지나가는 여행객들을 맞이한다.

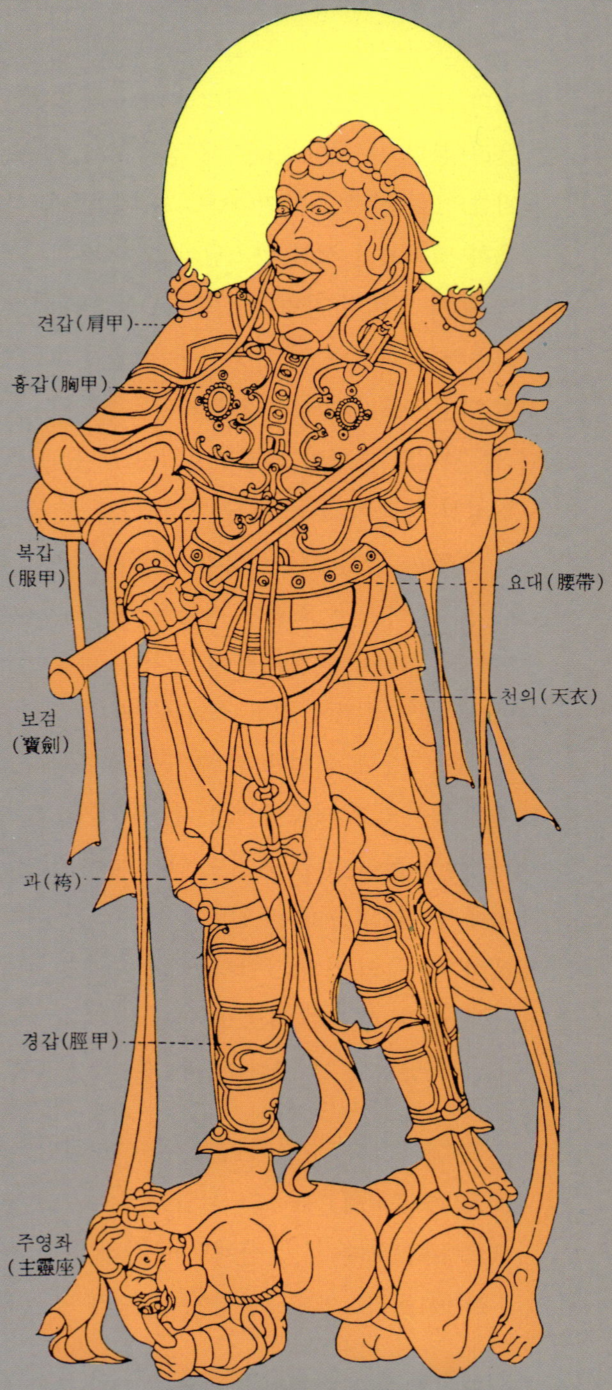

신장의 명칭(사천왕상)

일주문을 지나 차 한잔 마실 시간을 걸으면 천왕문(天王門)의 사천왕상을 마주하게 된다. 사천왕은 천상계 사천왕천(天上界四天王天)의 동서남북 네 곳을 관장한다고 믿는 고대 인도의 신화적인 존재라 한다. 그들은 수미산(須彌山) 기슭을 지키며 그곳 중생들이 가르침에 따라 올바르게 살아가고 있는지를 살피고 그들을 바른 길로 인도하는 천왕들이라 한다.

이런 신앙은 리그베다(Rigveda) 등 인도의 옛 문헌에도 나타나 있어 불교 이전부터 있었던 것임을 알수있다. 천왕이 불교에 채택되면서 부처님의 교화를 받고 불법을 수호하는 호법천왕(護法天王)의 역할을 맡도록 되었다 한다.

얼핏 보기에는 굉장히 무섭고 위협적으로 보이지만 자세히 살펴보면 위엄 속에서도 따뜻한 해학이 스며든 모습이다.

오른쪽엔 동방의 지국천왕(持国天王)이 번득이는 긴 칼을 힘있게 잡아쥐고 금방이라도 찌를 것 같은 자세를 하고 부릅뜬 두 눈과 바람에 흩날리는 수염을 한 호탕한 모습으로 서 있다. 그 옆엔 북방을 관장하는 다문천왕(多聞天王)이 왼손으로 목이 가늘고 둥그스럼한 타원형의 비파를 잡고 오른손으로 비파줄을 튕기며 흰 수염에 붉은 입술과 치열이 매우 대조적인 모습의 온화하고 부드러운 분위기를 풍기고 있다. 네모진 칸막이 밑으로 사천왕의 우람하고 힘찬 발 밑에 깔린 아귀의 고통스런 모습이 틈새로 언뜻언뜻 얼굴을 내밀고 있다.

왼편엔 남방을 관장하는 증장천왕(增長天王)이 오른손으로 용의 허리를 휘어잡아 감고 왼손으로 여의주를 빼어서 치켜들고 있고, 그 옆엔 서방을 관장하는 광목천왕(廣目天王)이 불탑을 오른손에 받쳐들고 왼손에 끝이 세 가닥인 긴 창을 잡고 있다. 비록 나무토막이지만 살아서 막 달려들 것 같은 생동감과 악귀나 잡귀같은 세상의 나쁜 악으로부터 중생을 보호하고 불법을 수호하려는 강한 의지가 담긴 훌륭한 조각품이다.

사천왕의 부릅뜬 눈과 번득이는 칼에서 사람들은 어떤 생각을 하며 지나가고 있을까. 절의 경내로 들어서면 스님들이 강독하던 보제루가 나타난다. 신흥사는 외설악에서 가장 역사가 깊은 중심사찰이다.

신흥사 대웅전

객 승(客僧)

咸泳德

별을 헤는
밤이면
창가에 내려앉는
안개이슬.

연꽃 한 잎
달빛에 띄워 보내면
바람만 가득한
손.

수미산 뚫는
사념(思念)의 이마
비우고 비워도
가슴 밖으로 흐르는
한숨 소리
타오르는 촛불
찻잔 속에 잠들면
세월 묻혀 내는
차향기
가사장삼 자락에
눈을 뜬다.

길 밖의 길이
걸어나오는
빈 뜰엔
머물 곳 없는 마음.

처마 끝 담너머에
떠돌던 구름
나그네의 바랑과 바루를
살며시 쓰다듬는다.

신흥사는 처음 신라 진덕여왕 6년(652년)에 자장율사가 창건하여 절 이름을 향성사(香城寺)라 불렀다 한다. 香城寺라는 이름은 중향성불국토(衆香城佛国土)란 뜻을 따서 붙이게 되었다 한다. 자장율사께서 세우신 절터에 호텔이 들어서 뭇남녀들의 잠자리로 변했다는 것을 사람들이 안다면 어떤 기분일까 하는 속절없는 생각으로 야릇한 미소를 지어 보았다. 어쩌면 절의 역사도 인간의 역사 만큼이나 파란만장한가 보다. 그후 중국 종남산 지상사(至相寺)에서 돌아온 의상대사가 왕명을 받아 전국 명산에 사찰을 건립하게 되었는데 천립산에서 불영사를 건립하고 원효대사와 더불어 오대산 비로봉에서 자장율사가 세운 적멸보궁에 예배하고 낙산 보강굴에 이르러 7일 기도만에 관음보살의 현신을 동해에서 보았다. 그 뒤 동해 용왕이 바치는 용궁 보물인 수정염주를 갖고 와서 석탑에 모시고 설악을 향해올 때 노인이 나타나는 것을 보고 길을 물었더니 설악을 가리키고 홀연히 사라졌다 한다. 선인의 가르침으로 깨닫고 계속 전진하여 속초시 도문동으로 방향을 찾았는데, 우연히 나타난 노루가 길을 안내해 신흥사 북쪽 약 1.5km 지점인 현재 내원암 자리에 선정사를 중건하였다 한다. 이 암자에 동산, 지각, 범정 등 세 조사와 의상, 원효 두 대사가 만나 선정을 같이했다고 하여 선정사(禪定寺)가 되었다 한다.

그후 인조 20년(1642년), 천년 가까운 세월을 내려오던 선정사는 또 다시 화재로 소실되어 폐허가 되었고 구도정진을 하던 900여 선승들은 뿔뿔이 흩어지고 무심히 떠나버렸으나 운단, 연옥, 혜원 등 세 승려만은 천년고찰이 하루아침에 허무하게 폐허가 된 것을 가슴 아프게 여겨 재건을 염원해 오던 어느 날 세 승려가 똑같은 꿈을 꾸었다. 비몽사몽간에 향성사 옛터 뒤의 소림암으로부터 백발을 한 신인(神人)이 나타나 현재의 신흥사 터를 점지하며 '이곳은 수만대 3재가 미치지 않는 신역이니라' 라고 말씀하시고 사라지니 심신이 황홀하게 하는 꿈을 세 스님이 똑같이 꾸었음에 용기를 얻고 그 다음날 아침부터 절을 중건하고 신몽으로 중건된 절이라 하여 절 이름을 신흥사라 부르게 되었다 한다. 그 후 1912년 건봉사(乾鳳寺 : 현재는 38이북의 군작전지역 안에 있는 옛날 건봉사)의 말사(末寺)였으나 1971년 대한불교 조계종 제3교구 본사로 종무를 관장하는 본사로 승격되었다고 한다.

신흥사 부도

스님들이 설법이나 강독을 할 때 사용되는 보제루(普濟樓)의 누각 밑을 지나 계단을 올라서면 석등(石登) 너머로 극락보전(極樂寶殿)이 나타나고 왼쪽엔 스님들이 공양(식사)하시는 운하당과 오른쪽엔 학인(學人)들의 강당으로 사용되는 적묵당(寂默堂)이 있다. 석등을 지나 석조 계단을 올라 극락보존에 이르면 아름답고 정교한 꽃살무늬 장식의 문양이 눈에 띤다. 부처님 전에 꽃을 공양하는 공덕을 순간에서 끝내지 않으려 생화(生花)보다 명(命)이 길고 장구한 시일이 지속되도록 꽃살무늬의 장식을 문짝에 만들었다 한다. 웅장한 극락보전은 중생에게는 위압감을 주는 것같다. 극락보전 법당을 살펴보면 먼저 극락과 사바세계의 경계가 5단석층계단에서부터 시작된다. 석층 양면과 법당처마 양쪽에는 모든 잡귀를 잡아먹는 귀면신의 문양이 특이하다. 극락보전에 들어가면 한가운데 아미타여래와 바른쪽의 대세지보살 왼편에 관세음보살이 놓여 있다. 극락보전이나 무량수전 내에 모셔지는 부처님은 아미타여래 혹은 아미타불이라 한다. 우리 나라 불교는 조계종이 대부분을 차지하며 그중 선종이 주맥을 이루면서 진원종, 정토종, 화엄종 등이 융합되어 있고 극락보전에 아미타여래를 모시는 것은 정토종인데 이런 것이 조계종에 융합되어 통불교(統佛敎)라고 일컫는다.

청동좌불상

아미타여래는 번뇌, 망상이 낀 현실 세계가 아닌 피안의 세계, 즉 서방정토 세계를 관장하는 부처님 이름이라 한다.

삼배를 올리고 잠시 생각에 잠겨본다. 수천년의 세월을 굽이굽이 돌아 그리도 갈구하고 구도하던 서방정토는 어디일까? 마음의 때를 벗고 한 마음을 돌려 바로보면 주관과 객관이 무너지고 보는 자와 보여지는 자가 합일(合一)될 때 그곳이 서방정토고 극락세계가 아닐까.

간간히 바람에 흔들리는 풍경 소리, 새 소리, 맑은 계곡물 소리가 어우러지는 이곳 설악산 기슭이 바로 극락이고 피안의 세계가 아닐까. 정수리에 보배병을 얹고 아미타불 오른쪽에 앉아있는 지혜의 문 대세지 보살과 왼쪽엔 대자대비(大慈大悲)를 근본 서원(誓願)으로 하는 관세음보살이 앉아 있다. 이 보살이 세상을 교화할 때는 중생의 근기에 맞추어 여러 가지 형체로 나타난다 하는데 이를 보문시현(普門示現)이라 하며 33신(身)이 있다고 한다.

이 삼존불상들은 목재(木製)에 금박을 올렸고 신라 효소왕(孝昭王) 10년에 의상대사가 손수 조각하였다고 한다. 불상 후면에는 화운문(華雲紋)을 양각하였고 가장자리에 주연(周緣)을 두르고 한가운데는 보살형의상(菩薩形衣裳)을 아름답게 양각하였다.

불단 위에 좌정한 삼존불(三尊佛) 머리 위 천장에 부처님 계신 천상의 보궁을 상징하는 다포의 겹치마 지붕으로 닫집을 설치하고 용과 봉(鳳) 그리고 비천상(飛天像) 등의 화려한 장식으로 엄숙하고 경건한 분위기를 자아내고 있었다.

눈을 감고 생각에 잠겼다가 가만히 눈을 떠보면 천상에서 부처님을 알현하는 기분이 드는 것은 여기가 바로 극락이요 불법의 세계가 아닌가 여겨진다. 일체유심조(一切唯心造)라 모든 것은 마음에서 비롯되고 마음먹기에 달렸는데 그 어디에서 서방정토를 찾을 수 있단 말인가! 마음 한 자리 다스리지 못하고 마음 하나 비우지 못해 이승에서의 수없는 질시와 반목과 투쟁을 하며 끊임없는 업보를 쌓고 있는 중생들을 연민으로 지켜보시는 저 자비롭고 인자한 부처님의 모습이 어머니의 품안처럼 따스하게 다가온다.

종각으로 발길을 돌렸다. 절에서 예불할 때나 의식 때 소리를 내는 기구들로 범종, 법고, 운판, 목어 등 사물(四物)이 있는데 그중에서도 범종은 그 모양새나 소리에서 다른 것들을 크게 압도한다. 범(梵)이란 바로 우주만물이며, 진리이고 맑고 깨끗함이며 한없이 넓고 크고 좋다는 뜻이라 한다. 그런 소리를 내는 것이 범종이다. 새벽의 여명을 가르며 울려퍼지는 서른세 번의 범종소리는 온 법계(法界)에 이 종소리 퍼져 삼도의 괴로움에서 벗어나 모두 깨닫게 하소서 하는 간절한 중생제도의 서원이 서려 있다 한다.

오랜 세월의 비바람과 풍상에 시달린 조그만 종각 안에 천년을 울리던 신흥사 범종은 이젠 조용히 쉬고 있을 뿐이다. 신흥사의 범종은 향성사 창건 당시인 서기 652년에 주조한 것으로 향성사가 불탈 때 깨어진 것을 영조 34년(1757년)에 홍한선사가 개주하였다 한다. 금, 은, 동, 철을 혼합하여 주조된 범종의 무게는 천근(600kg)으로 6.25 때 총상을 입은 후 1963년에 수리하여 보존중이라 한다. 현재 타종하고 있는 종각의 大鐘은 1965년에 주조하여 사용하고 있다 한다.

증일아함경에 의하면 아난존자가 어느 날 부처님의 지시에 의해 많은 제자들을 모아 놓고 건치(健稚 : 종의원조)를 쳤는데 이 소리를 들은 모든 제자들이 번뇌를 끊고 생사의 바다를 건넜다 한다. 속세에 사는 우리네들은 언제쯤 번뇌와 망상의 세계를 끊고 생사의 바다를 건널수 있을까.

발길을 돌려 명부전(冥府殿)으로 갔다. 명부전은 극락보전의 오른쪽 바로 옆에 있는데 죽은 사람의 위패를 안치한 곳으로 주불은 지장보살이다. 지장보살은 지옥에서 고통받는 중생들을 남김없이 구제하겠다고 서원(誓願)한 보살이다. 특히 다른 보살상은 한결같이 화관으로 장식되어 있는데 반해 유달리 지장보살만이 승상(僧像)을 하고 있는 것이 특징이다.

왼손에 든 쇠지팡이로는 지옥의 문을 두드려 열고 바른 손바닥의 밝은 구슬로는 어두운 세상을 광명으로 비춘다 한다. 염라대왕의 업경대(業鏡臺) 앞에서 심판받으러 온 중생들을 위해 변호해준다는 대자대비의 보살, 지옥의 중생을 모두 구제하기 전에는 자신도 지옥문을 나서지 않겠다고 지극한 원(願)을 세운 보살이 대원본존지장보살(大願本尊地藏菩薩)이라 한다.

어둡고 우중충한 명부전 속에서 지장보살의 이같은 지극한 서원으로 인해 한결 숙연하게 보였다. 보살이란 본래의 뜻이 타인의 구원을 통해 자신도 구원받는다는 것이 아닌가. 수많은 이웃과 함께 모순과 갈등을 겪으며 살아가는 우리들 자신도 지장보살의 지극한 자비의 원념을 통해서 구원을 받아야 할 것이다. 그러므로 서로가 가슴과 가슴을 맞대고 사랑하는 것이 진정한 삶이 아닐까 생각해 본다.

죽은 사람의 명복과 극락왕생을 기원하는 명부전 바로 뒤에 삼성각이 있는데 고종 29년(1892년)에 중건하였다 한다. 이 각 안에는 산왕대신(山王大神, 산신), 치성광 여래불(熾盛光如來佛), 나반존자(那畔尊者)를 모시고 있다. 불교가 외래 종교로써 우리 나라의 전통적인 종교인 삼신사상을 포용하면서 포교를 하였기에 절마다 삼성각을 설치한 것이다. 지방문화재 15호인 경판은 조선 현종 원년(1660년)에 고승 호엽스님이 당시에 해장전에 보존하여 오던 것을 명부전으로 옮겨 보존하고 있으며 총 277배로 되어 있다.

명부전 남쪽에는 최근에 건축한 117평의 설법전이 건립되어 신흥사의 새로운 명물로 자리잡고 있다. 지방문화재 제14호인 청동시루는 조선 순조 원년(1801)에 하사하신 것인데 역대 조선왕조의 위패를 봉안하고 봉제 때 사용토록 준 것이라 한다. 일설에 의하면 이상한 징조가 있을 때마다 신비스러운 소리를 내므로 신비한 시루로도 알려지고 있다.

그리고 신흥사를 찾는 대부분의 방문객들이 빠뜨리고 지나가는 것 중에 하나가 향성사지 3층 석탑이다. 이 탑은 설악산 매표소 입구에서 오던 길을 되돌아 내려가면 뉴설악관광호텔 앞 길가에 외로이 서 있다. 보물 제443호로 지정된 통일신라시대의 전형적인 석탑(石塔)이다. 지금은 3층뿐이나 창건 당시는 9층 석탑이었다 한다. 이 탑은 향성사(香城寺) 건립 당시인 서기 652년에 조성되었다 한다.

비교적 안정감과 장엄함이 느껴지며 자장율사가 당나라에서 가져온 석가세존의 사리 33과를 봉안하였다 한다. 신라 효소왕 7년(698) 향성사가 소실될 때 이 탑만 남아 있었으나 선조 25년(1592) 임진왜란 때 병란으로 6층이 파괴되고 3층만 남게 되었다 한다. 상륜부분(相輪部分)인 탑두부(塔頭部)는 보개(寶蓋)가 없고 탑신(塔身)의 옥석(屋石)받침이 매우 담백하고 정연하여 아름다운 신라 문화의 향기를 느낄 수 있다.

신흥사는 중생구제와 호국참회 도량으로서 천년 숨결의 맥을 이으며 남북통일을 염원하는 불법의 성지이다.

2. 전설어린 울산바위

울산바위 전경

신흥사 돌담을 돌아 얕은 계곡물을 따라 동북방으로 500m쯤 올라가면 청기와로 말끔하게 단장한 법당과 요사체가 있는 안양암(安養庵)이란 조그만 암자가 나타난다. 이 절은 신라 진덕여왕 6년(652)에 자장율사가 향성사 창건과 동시에 현재의 안양암 터에 산내 암자인 해운암(海雲庵)을 이곳에 옮겨 지으며 혜원법사의 백련결사(百連結社)에 동참하여 안양국에 원생하는 자만이 암자에 상주케 하고 안양암이라 명명하였다 한다. 그후 1949년에 중건하였고 69년에 새롭게 보수하여 설악산의 염불당으로 사용하고 있다.

안양암에서 조그만 계곡을 따라 올라가면 길 양편에 이름없는 몇 개의 부도가 나타나고 20분쯤 울창한 숲속을 걸으면 길목에 여행객들이 잠시 쉬어갈 수 있는 상가가 나타난다. 새소리 바람소리 벗삼아 걷노라면 길 왼편에 내원암(內院庵)이란 조그만 암자가 나타난다. 염불소리가 조용한 숲속에 은은히 울펴퍼지고 뒷편엔 조그만 삼성각이 서 있다. 내원암에서 바라보는 동쪽 계곡은 시원하고 탁트인 인상을 심어주고 있다. 계곡으로부터 불어오는 시원한 바람과 새소리가 낭랑한 독경 소리에 실려 숲속의 고적감을 한층 돋구고 있다.

신흥사 ➡ 흔들바위 ➡ 울산바위

소공원 $\xrightarrow{1시간}$ 계조암 $\xrightarrow{50分}$ 울산바위

소공원 $\xrightarrow{50分}$ 비룡폭포

소공원 $\xrightarrow{40分}$ 비선대 $\xrightarrow{30分}$ 금강굴

소공원 → 권금성(케이블카 이용)

※ 관광호텔(기준점)
하산시에는 올라간 시간의 30%를 뺀다.

이 절도 자장율사가 향성사와 같이 현재의 내원암 터에 산내암자인 능인암을 세웠으나 향성사와 함께 소실되었다 한다. 그후 의상대사가 이 터에 선정사를 세워 900여 선승들의 수도처로 번창하였으나 1642년에 불타버리고 그 뒤 2년 후에 신흥사를 건립하게 되자 그해 가을에 암자 네동을 지어 내원암을 창건하였다 한다. 그 옛날 번창했던 선정사의 모습은 찾아볼 수가 없고 내원암이란 추사 김정희의 현판 글씨가 새소리 바람소리와 함께 세월을 비켜가고 있다.

차 한잔을 마실 시간을 더 올라가면 몇 채의 상가가 나타나고 깎아지른 듯이 우뚝 솟아 있는 해발 650m의 울산바위가 햇볕에 그 위용을 드러내고 있다. 계조암에서 들려오는 염불소리는 계곡과 숲속에 청아하게 울려퍼지고 있다.

계조암 앞에는 소가 누워 있는 모양을 한 넓고 평평한 바위가 좌측에 있는데 100여 명의 승려가 모여앉아 공양하던 곳이라 하여 일명 식당바위, 식당암이라고도 부른다. 와우암 위에 놓인 둥글게 생긴 바위를 흔들바위 혹은 와우암 위에 있어서 쇠 바위, 즉 우각석(牛角石)이라고도 부른다.

흔들바위는 한 사람의 힘으로 움질일 수 있으나 백 사람의 힘으로도 같은 정도밖에 움직일 수 없는 신기한 바위이다. 이 바위는 원래 두 개였으나 후대에 이르러 풍수지리를 공부하였다는 자가 불가의 영기가 많음을 심히 염려하여 한 개는 굴러 떨어뜨렸다 한다. 우측에 우뚝 서 있는 용암 밑에는 산에서 새어나오는 약수가 나와 불가에서는 감로수라 하고 속인들은 불로장생수라 하여 애용한다. 용암 옆에는 아래층은 선물코너 이층엔 삼성각으로 지은 2층 누각형의 건물이 새로 증축되어 있다.

계조암에 들어서면 무량수(無量壽)란 현판이 쓰여 있고 네모진 좁은 귀퉁이를 한 바퀴 돌아들면 조그만 굴 안에 나무로 만든 단 위에 소박하고 단아한 아미타불이 동굴 분위기와 잘 어울리고 있었다. 바른쪽엔 독성나반존자(獨性那畔)를 모셨는데 성심으로 원을 세우고 기도하면 영험하고 소원성취한다 하여 불자들의 발길이 끊이지 않는 기도처이다.

계조암은 신라 진덕여왕 6년(652)에 자장율사가 건립하였는데 그 옛날 동산, 봉정, 지각 등 이름높은 조사들이 의상, 원효, 자장의 불도(佛道)를 받들어 수도하였다 하여 계조암이라 붙였다 한다.

계조암과 목탁바위 전설

울산바위 여인상

계조암은 다른 암자와는 달리 지붕과 모든벽이 바위로 되어 있고 이곳에서 수도하면 득도하기가 쉬워, 득도하여 조사라 일컬을 만한 고승들이 계속 났다하여 계조암(繼租庵), 즉 조사가 이어서 나는 암자라고 이름지었다 한다.

그런데 계조암은 이름 있는 조사들이 줄을 이을 뿐만 아니라 다른 암자에 비하면 득도가 빠르다는 소문이 파다하게 퍼지게 되었다. 다른 암자에서는 10년이 걸려도 득도가 어려운데 이곳 계조암에서는 수년만에 득도하는 아주 영험한 수도처가 되어 버렸다.

이러한 소문이 퍼지자 전국의 수도승들이 빠른 득도를 열망해서 많은 스님들이 모여들기 시작하였다. 그러나 이 암자에는 한 사람만이 수도할수 있기 때문에 수도승들은 자기의 차례를 기다려야만 했다. 이러한 스님들 중에 이 암자가 다른 곳에 비해 왜 득도가 빨리 되는가를 연구하기 위하여 이곳에 수도하기를 원하는 수도승이 한 사람 있었다. 그 스님은 이 계조암이 득도가 빨리되는 원인을 규명하여 빨리 득도를 이루고자 하는 수도승들을 위하여 이와 똑같은 암자를 몇 개 더 짓겠다고 결심하게 되었다. 그러면 이 계조암에서 차례를 기다리는 많은 수도승과 또한 수십년 걸려서 득도를 하는 스님들의 어려움을 덜게 될 것이라는 생각에 그는 어떤 사명감 같은 것을 갖게 된 것이다. 차례가 왔다기에 행장을 챙겨 들어갔는데 애당초 입산 목적이 수도에 있지 아니하고 들어갔으니 수도할 생각은 하지 않고 매일 득도가 빨리 되는 내력만을 캐려고 하였다. 계조암이 다른 암자와 다른 것은 석굴 속의 암자라는 사실밖에는 별다른 데가 없다고 생각하게 되었다. 팔도에 석굴 암자가 이것 하나뿐은 아니라 다른 곳도 더러 있기는 하나 거기에서 득도가 빨리 된다는 이야기는 없고 같은 석굴암자 중에서도 계조암만이 득도가 속히 된다니 도무지 이해할 수가 없었다.

득도할 생각은 아니하고 이궁리 저궁리하면서 세월을 보내고 있었다. 그러나 그에게 아무런 변화도 일어나지 않았고 처음부터 목적이 딴 데 있었으니 수도나 염불같은 것은 하지도 아니하였다. 낮이면 낮잠 자고 밤이면 밤잠으로 게으름을 피우며 세월을 보내고 있던 어느 날 불상 앞에서 낮잠이 곤히 들었을 때였다. 잠결에 어디선가 들려오는 은은한 목탁소리에 깜짝놀라 깨어보니 보이는 사람은 하나도 없고 주위는 그저 고요할 뿐이었다. 그는 혹시 주변에 누군가 오지 않았나 두리번거리며 살펴보았지만 아무도 없었다. 꿈결에 들었나 보다 하고는 또 다시 낮잠을 청하였다. 잠이 막 들려하는 어렴풋한 기억 속에 또 어디선가 목탁소리가 들려오기에 깜짝놀라 일어나 주변을 살폈으나 역시 아무도 보이지 않았다.

그 후부터는 잠만 어렴풋이 들려고 하면 밤낮을 가리지 않고 어디에선지 목탁소리가 들려와 잠을 잘 수가 없었다. 그러다보니 스님도 자연히 그 목탁소리를 쫓아 밤낮으로 염불을 아니할 수가 없게 되었고 끊임없이 염불을 하며 수도 정진하는 과정에서 자신도 모르는 사이에 수도가 높아져 득도(得道)의 경지에 이르게 되었다.

도(道)를 얻어 이제 계조암을 떠나야 할 시간이 되었다. 하지만 어째서 이곳이 다른 어느 곳보다 득도가 빠른 수도장인지 알 수가 없었다. 다만 어디서 들려오는는지 알 수 없는 목탁소리 때문이라는 것을 알았지만 어디서 어떻게 나는지는 아무리 찾아보아도 그 원인을 알 수 없었다.

흔들바위(계조암)

그러던 어느 날 잠이 어렴풋이 들었을 때 한 노승이 나타나서 "그대는 왜 목탁 속에서 살고 있으면서 목탁소리가 어디서 나는지 몰라 고민하느냐. 내일 날이 밝거든 계조암의 달마봉에 올라가서 계조암을 바라보면 목탁이 보일것이다" 하는 현몽을 하고 사라졌다. 잠결에 깨어보니 꿈이기에 하도 신기하고 기이하여 다음날 시키는 대로 맞은편 달마봉에 올라가 계조암을 바라보니 계조암의 지붕인 바위덩어리가 꼭 목탁과 같고 그 옆으로 흘러내리는 산줄기는 그대로 목탁 방망이와 같이 되어 있음을 보고 계조암이 바로 큰 목탁이었고 목탁소리는 이 바위에서 났으며 목탁 속에서 수도하니 계조암에서 득도가 빠르다는 것을 알게 되었다 한다. 그 후부터 이 바위를 목탁바위라고 부르게 되었다고 한다.

계조암의 매미떼

계조암 근처에는 여름에는 매미가 많기로 유명한 곳이다. 한여름의 계조암에서 듣는 매미떼의 울음소리에 놀라움을 금할 수 없게 되는데 여기에 얽힌 다음과 같은 전설이 전해오고 있다.

옛날에 경상도 울산지방에 도사 한 사람이 살고 있었는데 이 도사의 하루 일과는 먹고 자는 것이었다. 이 사람은 밤낮을 가리지 않고 잠만 자는데 여름철이 되면 개구리 소리 때문에 통 잠을 잘 수가 없어 심사가 매우 뒤틀려 있었다. 수많은 개구리를 일일이 다 잡을 수도 없고 함부로 가두어 살생할 수도 없어 큰 고민거리로 여겼지만 개구리 울음소리를 멈추게 할 수가 없었다. 그러나 그는 여러 방도로 궁리하여 마침내 울음소리를 멈추게 하는 술수(術數)를 터득하고 말았다.

그해 여름이 되어 개구리 울음소리가 들판에서 들려오기 시작하자 주문을 외면서 부적을 써 들판 가운데 던지자 그 시끄럽던 개구리 소리가 멎고 사방이 조용해져 도사는 그날 밤에 아주 깊은 단잠을 잘 수가 있었다.

그러나 한 가지 문제는 해결했지만 낮잠을 방해하는 매미 소리가 그에게 성가신 존재가 된 것이다. 도사는 개구리에게 했던 도술을 매미에게도 부려 벙어리로 만들 셈으로 부적을 써서 하늘로 날리기로 하였다.

그런데 매미들 중에 이 낌새를 눈치챈 매미들은 미리 떼를 지어 도망갔고 낌새를 눈치채지 못한 매미들은 그곳에서 있다가 도사의 술수에 걸려 벙어리 매미가 되었다 한다. 매미 가운데 오늘날, 우는 매미가 있고 울지 못하는 매미가 있는데 우는 매미는 도사가 술수를 부릴 때 미리 낌새를 알고 도망친 매미고 울지 못하는 매미는 도사의 술수에 걸려든 매미라고 전한다.

한편 도사의 도술을 피해 떼를 지어 도망친 매미들은 산수가 수려한 강원도로 가기로 의논 끝에 결정하고 며칠을 계속 날아와 보니 설악산의 산수가 절경인데다가 울산에서 왔다는 낯익은 울산바위가 있어 고기도 놀던 물이 좋듯이 피난온 경상도 매미떼들은 울산바위에 주저앉았다고 한다. 그러한 연유로 설악산은 다른 곳보다 매미 소리가 더욱 많게 되었다고 한다.

이렇게 극성스러운 설악산의 매미 울음소리는 경상도 울산 지방에서 자기들과 함께 지내다 벙어리 매미가 된 동료 매미들의 신세를 슬퍼하여 그들의 몫까지 울어주기 때문이라고 전한다.

계조암은 울산바위 아래에 있는 암자이기 때문에 이 주변 일대에서 들려오는 유난히 요란한 매미소리는 이런 슬픈 전설이 깃들여져 있기 때문이라 한다.

용암바위 밑에서 흘러나오는 시원한 감로수를 마시며 울산바위로 발길을 돌렸다. 발 아래 굽어보이는 설악의 계곡과 능선 사이로 아침 햇살에 부서지는 단풍잎들, 녹음이 우거진 숲속에서 들려오는 산새들과 매미들의 합창소리, 흰 눈발이 흩날리는 겨울 설산의 아름다운 설화(雪花)들 설악은 사계절 어느 때나 늘 새롭고 볼수록 더 매력적이고 신비에

싸여 있는 그런 산의 모습이다. 암벽 틈새에 피어 있는 진달래와 철쭉꽃을 바라보노라면 자연의 신비와 무한한 생명력을 느낀다.

울산바위의 층층계단 입구에 오면 간이 매점이 나타난다. 808계단을 오르기 위해 컵라면에 오뎅국물로 요기를 하고 계단을 올랐다. 깎아지른 듯한 급경사와 바위 암벽을 굽이 돌며 바라보는 설악의 준령은 마치 천군마마를 굽어보는 듯하며 그 장대함이 폐부를 찌르는 통쾌한 쾌감으로 밀려온다. 발밑에 까마득한 절벽이 현기증나듯 스릴을 느끼게 하고 바위 틈새로 용케도 살아남은 수백년 묵은 소나무들이 여행객들을 말없이 지켜보고 있다. 생명력이란 무한한 것인가 보다. 저 암벽틈에서 그리도 오랜세월 동안 어떻게 살아남을 수 있는지 신기하기도 하고 경외감 마저 들게 한다. 산다는 것 살아남는다는 것 그것은 어쩌면 그 무엇으로도 바꿀 수 없는 소중한 인류의 유산인지도 모른다.

설악은 문자 그대로 雪山이며 겨울산인가 보다. 봄, 여름, 가을과는 전혀 다른 모습을 간직하고 있는 것 같다. 깎아지른 절벽의 가파른 계단을 굽이굽이 돌아 정상에 올라서면 피로감은 일시에 사라지고 산맥이 연이어 뻗어내려 계곡과 능선이 동해를 향해 물결치듯 흐르고 있는 눈 속에 덮여있는 설악산의 광경을 바라보면 말문이 막히고 그저 감탄사만 나올 뿐이다. 설악의 겨울 모습을 보기 위하여 얼어붙고 미끄러운 계단을 가슴 조이며 오른것이 새삼 보람있게 느껴졌다. 영하 20도의 체감 온도는 오히려 훈훈하고 통쾌한 희열마저 안겨준다. 울산바위의 정상엔 유난히 바람이 세어서 서 있기조차 어렵다. 동해가 한 눈에 바라보이는 수평선엔 구름이 엷게 퍼져 있고 고깃배들이 점점이 흩어져 있다. 속초시가 바둑판처럼 선명하게 다가온다. 좌측엔 영랑호가 꽁꽁 얼어붙어 있고 우측엔 청초호가 바다와 맞닿는 부분을 제외하곤 거의 얼어 있다. 북쪽으론 미시령이 산기슭을 굽이굽이 돌아 산정으로 뻗어 있고 딱정벌레 같은 차들이 속력을 내고 있었다. 들판은 눈으로 덮여 있고 도로가 그림처럼 선명하게 도시의 윤곽을 드러나게 하고 있다.

서쪽으로 대청봉, 소청봉이 아득히 서 있고 옆에는 둘레가 10리되는 현란한 울산바위가 기암괴봉을 자랑하고 있다.

울산바위는 해발 650m로 사방이 절벽으로 이루어져 있으므로 발붙일

곳이 별로 없는 곳이다. 둘레가 4km이며 6개의 봉우리로 이루어져 있으며 그 경관의 아름다움은 다른 곳에서 찾아보기 어려운 절경 중의 하나다. 이 바위의 정상부에는 항아리 모양의 구멍이 5개가 있는데 이것은 화강암에서 발달하는 구혈(甌穴, 하상의 바위면에 생기는 냄비모양의 구멍) 현상으로 바위가 침식을 일으켜 이루어진 구멍이다. 여기에는 천연의 빗물이 고여 있는데 무색, 무미, 무취해서 영수(靈水)로 일컬어진다. 사방이 절벽이고 암벽이 험난하여 일반 사람은 등반하기 어려웠으나 근년에 쇠다리를 가설하여 지금은 누구든지 쉽게 정상에 오를 수 있다.

울산바위 이름의 유래에 대해서는 세 가지 설이 있다.

첫째는, 조물주가 금강산을 만들 때 울산지방의 거대한 바위가 금강산으로 찾아가다가 여기에 자리잡게 되었기 때문에 울산(蔚山)바위라 하는 설.

둘째는, 거대한 바위가 마치 울타리처럼 생겼다 하여 울산바위라는 설이다. 다른 말로 울타리 이(籬)자를 써서 이산(籬山)이라고도 한다. 「신증동국여지승람」 양양도호부 산천조에는 "이산(籬山) ; 부(府) 북쪽 63리 쌍성호(현재의 청초호) 서쪽에 있는데 태백산맥의 동쪽 가닥이다. 기이한 봉우리가 꾸불꾸불하여 마치 울타리를 친것과 같으므로 이산이라 명명하였다. 항간에는 울산(蔚山)이라고도 한다.

(籬山在府北 六十三里 雙成湖西即大嶺東支也有奇峯縱橫如設藩籬故名俗云蔚山)"

셋째는, 울산(鬱山) 즉 우는 산, 울고 있는 산이란 의미의 울산이다. 비가 내리고 천둥이 칠 때면 산 전체가 뇌성에 울리어 마치 산이 울고 하늘이 으르렁거리는 것 같다 하여 천후산(천효산)이라고까지 한다는 기록이 신흥사지에 기록되어 있다.

여름이면 하루 몇 번이고 천후지동의 소리를 들을 수 있는 기암절벽이며 울산바위에 구름이 허리를 감아 걸쳤을 때는 그 경치가 흡사 구름꽃송이가 피는 것 같아 외설악의 팔기(八奇) 가운데 하나가 된다.

울산바위 유래에 얽힌 전설

울산바위는 본래 이곳에 있는 것이 아니라 멀리 경상도 울산에서 왔다는 전설이다. 조물주가 강원도 땅에다 산봉의 수를 꼭 1만 2천봉의 천하의 명산을 만들고자 모월모시를 기한으로 금강산쪽으로 오면 심사하여 합격한 산에 대하여는 각각 그 용모에 알맞는 자리를 정하여 줄터이니 이 기회를 놓치지 말고 오라고 했더니 각처에 흩어져 있는 수많은 산들이 좋은 기회를 놓칠세라 모두 모여들었다 한다. 이때 경상도 울산 땅에 둘레가 4km나 되는 웅장하기로나 준초하기로 이 고을에서는 다시 견줄 대상이 없이 산봉의 왕자라고 스스로 뽐내고 있던 울산바위도 이 소식을 듣고 인근 산봉에게 "나는 본래 암산의 왕자로 자질구레한 너희들 하고 같이 있을 처지가 아닌데 어쩌다 이곳에 있게 되어 오늘까지 빛을 보지 못하고 지냈으나 이제 조물주가 금강산이라는 천하의 명산을 만든다 하니 내 있을 곳이 바로 그곳이니 곧 이곳을 떠나겠다"고 알리고 그곳을 떠나왔다. 길을 떠나 울산바위는 태백산맥을 따라 부지런히 걸었다. 그러나 워낙 몸집이 육중하여 빨리 걸을 수가 없어 온 힘을 다하여 부지런히 걸었으나 설악산 즉 지금의 울산바위 있는 근처까지 오니 한숨쉬지 않고는 갈 수 없을 정도로 기진맥진하여 있었다. "빨리 가야지 좋은 자리를 차지할 터인데" 하고 마음에 조바심이 있기는 하나 기진맥진하여 하루를 쉬지 않을 수 없어 쉴 자리를 골라보니 설악산의 수석이 좋기에 "이왕 쉴 바에야 경치 좋고 편안한 곳을 골라야겠다"고 골라잡은 자리가 바로 지금의 울산바위터였다. 정말 편안하고 살 것만 같았다.

이곳에서 하루를 쉰 뒤에 다음날 다시 육중한 몸을 끌며 금강산에 가서 조물주를 만나기로 했다. 조물주를 만나러 금강산 어귀에 들어서 보니 이미 금강산은 거의 되어버린 것같이 보였기에 속으로 섬뜩했으나 그래도 암산의 왕이라 자처하고 있는 터이니 "내가 있을 곳이야 한 자리 있겠지" 하고 마음을 다지고 조물주를 만나 정중하게 절을 올리고 난 후에 "조물주께서 보시다시피 내 몸집이 유난히 육중하여 걸음을 빨리 걸을 수 없어 오느라고 온 것이 좀 늦기는 하였으나 나만하면 이 웅대한 모습으로 보나 준초한 용모로는 금강산의 주역 노릇을 할만할 터이니 주역자리 한 자리 마련하여 주십시오" 하니 조물주가 울산바위 모습을 샅샅이 살피더니 "이만하면 족히 금강산의 주역 노릇을 할만은 하나 아깝게도 시간이 늦어 앉을 자리가 없으니 산록에 가서 단역을 할 수 있도록

해 줄 수 있다"고 입장을 밝혔다.

울산바위가 그 말을 듣고 기분이 매우 언짢아졌다. "체면이 있지 내가 이 용모로 어떻게 금강산의 단역 노릇을 하겠소. 자리가 없어 주역 노릇을 못할 바에야 차라리 나는 되돌아 가겠소" 하고 홧김에 문별도 없이 그곳을 떠나 귀로에 올랐다. 그런데 돌아오며 가만히 생각해 보니 울산을 떠날 때 동료 산봉들에게 "내가 금강산에 가도 좋은 자리 한 자리 차지할 것이다" 하고 떠나왔는데 이제 초라한 모습으로 돌아가면 조소거리밖에 되지 아니할 것을 생각하니 오도 가도 못하게 된 것을 느끼게 되었다. 돌아갈 수도 없는 데다가 그렇다고 하여 금강산에 다시 단역자리에라도 앉겠다고도 할 수 없고 보니 난처하게 되었다. 이궁리 저궁리 한참 하다보니 문득 떠오른 것이 수려한 설악산의 산수요, 어젯밤 쉬어온 그 자리 였다. "금강산 만은 못할지 모르나 금강산에서 단역을 맡는 것보다는 어제 그 자리에 가서 앉으면 외설악의 주역 노릇을 할 수 있을 터이니 그 자리로 가자"고 마음을 다지고 찾아와 앉은 곳이 지금의 설악산 울산바위라는 것이다. 그리하여 그 이름도 울산에서 온 바위이기 때문에 울산바위로 불리우게 되었다.

울산바위와 동자승

조선시대에 한창 유생들의 기세가 등등하던 때의 일이다. 울산고을 원님이 설악산에 구경을 왔다가 이곳에서 우연히 울산바위의 전설을 듣고 승려들을 골탕먹여 치부를 해볼 생각으로 밤이 새도록 궁리를 하여 다음날 아침에 신흥사로 들이닥쳐 주지 스님을 불렀다.

주지가 다가오니 위의(威儀)를 갖춘 고을원님의 행차가 절 앞뜰에 좌정하고 있어 어리둥절한 판인데 별안간 큰 소리로 "나는 경상도 울산부사인데, 내 고을에 있던 울산바위가 이곳 사찰림에 와 설악의 경관을 빛내고 있는 데도 지세를 이제까지 물지 아니하였느냐? 몇 해를 기다려도 지세를 가지고 오는 낌새가 없기에 오늘은 천리 먼길을 내가 직접 울산바위의 지세를 받으러 왔으니 그리 알고 세금을 준비하여 바치라"고 자못 그 기세가 심상치 않았다. 그렇지 아니하여도 기승을 부리는 유생들 때문에 한번 기를 펴보지 못하고 살고 있는 판에 이 억울함을 당하였으나 거부 한번 하지 못하고 그해부터 울산부사가 물라는대로 지세를 물기로 그 자리에서 승락하고 말았다. 그 후부터 해마다 막대한 지세를 물다보니 신흥사의 재정이 점점 어려워져서 어느 해에는 도저히 물수 없는 형편에 이르렀다.

절의 재정은 지세를 물 수 없는 형편인데 멀지 아니하여 지세를 받으러 올 것을 생각하니 걱정이 태산같아 주지스님은 밤잠을 설치며 수심에 가득찬 나날을 보내게 되었다. 자나깨나 시름에 젖어 있는 주지스님을 본 이 절의 동자승이 보다못해 주지스님에게 "스님은 요즘 무슨 걱정이 있기에 날마다 그렇게 시름에만 젖어 있습니까? 그 내용을 소승에게도 알려주시면 해결할 방법을 함께 강구하겠습니다." 하고 말했더니 "너는 알 것도 못되고 안다 했자 네 힘으로 해결할 도리가 없는 것이다" 라고 하시며 긴 한숨만 쉬시는 것이었다. 그러나 동자승은 조금도 주저함 없이 "백지장도 맞들면 가볍다는데 같이 생각해 보면 좋은 수가 있을 수도 있을 것이니 속시원히 이야기나 좀 해주십시오." 하고 다그치니 그제서야 주지스님도 할 수 없다는 듯이 울산바위의 지세 이야기를 다 털어놓고 이야기를 하였다.

이 이야기를 듣고 난 동자승이 "앞으로 울산에서 울산바위의 지세를 받으러 오거든 저에게 맡겨 주십시오. 제가 그것을 해결할 방안이 있습니다." 주지스님도 별다른 좋은 생각이 없었고 어차피 밑져보아야 본전이니 그렇게 해볼 생각으로 "네게 좋은 방이 있다고 하니 어디 맡아서 처리해 보라"고 말하였다. 그 뒤 얼마 있다가 울산에서 지세를 받으러 왔다. 약속대로 동자승이 울산에서 온 사람들을 상대하여 "이때까지도 억울한 지세를 물어왔으나 이미 문 것은 어찌할 수 없지만 금년부터는 물어 줄 수 없으니 되돌아가시오"라고 딱 잡아 떼었다. 그러자 그들은 우리 고을의 바위가 이곳 설악산에 와서 이 경관을 빛내 주었는데 무슨 소리를 하냐고 하면서 지세를 더 받아야 한다고 호통이 대단하였다. 그러자 동자승은 침착한 어조로 "웅장한 바위가 우리 사찰림에 와 있는 바람에 나무 하나 풀 한포기 나지 않게 되어 도리어 우리에게는 손해가 이만 저만이 아니니 우리가 울산에 지세를 줄 것이 아니라 도로 받아야 할 형편이 아니오, 우리는 금년부터 줄 수 없으니 그리 아시고 가시든지 그렇지 아니하면 울산바위를 도로 울산으로 옮겨 가든지 하시오" 하니 울산에서 온 사람도 동자승의 의견이 틀린 것이 아님을 알자 할 이야기가 없어 말문이 막히고 말았다. 그러자 그들은 내일 다시 와서 결정할 터이니 그리 알라고 하고는 자리를 떴다. 다음날 그들은 밤새 궁리하여 동자승에게 그들의 요구를 이야기했다. "네 말대로 울산바위를 옮길 수 있는 차비를 해 주면 내가 옮겨가든지 옮기지 못하면 다시 지세를 받으러 오지 않겠으니 그렇게 하겠는가?" 하니 동자승이 "하겠습니다"고 했다. "그러면 재로 새끼를 꼬아 울산바위를 얽어 놓아라 그렇게 하면 우리가 와서 울산바위를 옮겨 가겠다"라고 하기에 동자승은 "그렇게 하겠습니다" 하고 대답하였다. 울산사람이 돌아간 후에 이야기를 듣고 있던 주지스님께서 "너는 일을 맡아 한답시고 되지도 아니할 일을 약속했으니 도대체 어찌할 작정이냐"고 나무랬더니 동자승은 태연히 "제게도 생각이 있으니 구경이나 하고 계십시오" 하고 걱정하는 기색조차 없다.

그 뒤 동자승은 마을 사람과 절간의 모든 스님들을 모아서 지금까지 일어났던 일들을 모두 설명하고 며칠을 걸려 울산바위를 몇 겹 두를 만한 긴 새끼를 꼬게 하여 새끼가 다되자 전부 바닷물에다 3일 동안 담가 두었다가 다시 바짝 말린 다음 들기름을 부어서 사람을 동원하여 울산바위를 칭칭 얽기 시작했다.

이 거동을 보고 주지스님이 "너는 울산사람과 약속하기를 재로 꼰 새끼로 얽겠다 해놓고 성한 새끼로 얽으니 어쩌란 말이냐" 하고 물으니 "스님은 그저 구경만 하고 계십시오. 제게 생각이 다 있습니다"라고 귓전으로 흘려 버리고는 새끼치는 일을 보살피느라고 이리 뛰고 저리 뛰고 할 뿐이다. 이윽고 새끼를 다 얽고나니 광솔에 불을 붙여 얽어놓은 새끼를 다 태워버리니 소금에 절여진 속은 타지 않았지만 기름이 묻은 겉은 타버려 까맣게 재처럼 되어 버리니 울산바위는 완전히 재로된 새끼로 얽어지게 되었다.

그렇게 되자 사람을 시켜 근처에 묵고 있던 울산사람을 약속한 대로 울산바위를 재로 꼰새끼로 얽어 놓았으니 이제 가져가세요 라고 했더니 설마 제놈들이 하면서 의기양양하게 산문에 들어선 울산사람들은 아무 소리도 못하고 그대로 돌아갔고 그 뒤부터는 다시는 울산바위의 지세를 받으러 오지 아니하였다 한다.

그 기지를 발휘한 동자승은 신흥사 지장보살의 화현이라고 전해진다.

3. 천연요새 권금성(權金城)

권금성 케이블카

신흥사로 들어가는 일주문(一柱門)에서 서쪽으로 바라보면 하늘을 찌를듯한 해발 860m의 험준한 돌산이 우뚝 솟아있는데 이 부근의 돌산 일대를 권금성이라 부른다. 1969년에 설악관광(주)에서 케이블카를 설치하여, 거리 1.2Km, 경사 26°의 급경사를 6분 정도의 관광 코스로 연중 운행하고 있다.

케이블카를 타면 울산바위의 기이하고 웅장한 모습, 비선대, 와선대의 비경(秘景), 기암괴석들로 늘어선 천불동 계곡의 절경, 토왕성 폭포 등의 아름다운 설악의 모습을 한눈에 바라볼 수 있다. 케이블카에서 바라본 설악은 별천지처럼 느껴진다.

산정에 도착하여 동해를 굽어보면 탁트인 시야엔 끝없이 펼쳐진 바다와 시원한 산바람이 가슴에 밀려온다. 영랑호와 청초호 사이에 오밀조밀하게 들어선 속초 시가지의 모습이 한눈에 들어온다. 발길을 돌려 차한잔 마실 정도의 시간을 오솔길을 따라 가면 야트막한 단층건물이 나타난다. 이곳이 바로 그 유명한 권금산장이다. 진한 커피 향기와 이곳을 거쳐간 사람들이 남기고 간 메모지 쪽지가 벽 한면에 담쟁이 덩굴처럼 덮여 있다. 세월에 손때 묻은 통나무 탁자와 의자는 언제 와 보아도 친근감을 안겨 준다. 가슴까지 늘어뜨린 검은 수염의 주인 털보 아저씨 그도 어느새 희끗희끗한 수염의 반백이 되었다. 세월은 속일 수 없나 보다.

천년 역사의 숨결 속에 남아 있는 산성의 자취, 부서진 와당에 스민 신라, 고려의 흔적들은 그 높은 험산에 성을 쌓았던 선조들의 채취를 실감한다.

때론 외부의 침략에 사활을 건 항전의 성터로, 때론 사찰의 수호지로, 더러는 도적들의 소굴로도 사용되었으리라.

권금성케이블카 정류장

세월은 가고오고 비바람 몰아치는 이 산정에 마디 굵은 어버이의 손마디와 오손도손 뛰놀던 오누이는 어떻게들 살았을까. 지금 그 터엔 사진을 촬영하는 다정한 연인들과 당귀의 향긋한 차를 내미는 아낙과 박제된 반달곰 옆에 포즈를 취하는 여행객들이 있을 뿐이다.

눈 내리는 겨울 설원에 핀 설악의 눈꽃(雪花)과 가을 햇살에 붉게 물든 단풍, 봄날에 핀 진달래 향기, 설악의 자태는 볼수록 신비롭다.

염불 소리를 쫓아 길을 따라 내려가면 여행객들의 발길을 잡아 끄는 조그만 암자가 나타난다. 안락암, 이름 그대로 나그네의 마음을 편안하고 따뜻하게 맞이해 주는 암자다. 허리 굽혀 참배하고 돌아서 나오면 동쪽 암벽에 커다란 소나무 한 그루가 눈에 들어온다.

1300여 년을 살아온 이 소나무는 해발 600의 기암절벽 암반 위에 뿌리를 내린 노송(老松)으로 바람에 흔들리는 모습이 마치 한 마리 학(鶴)의 형상과 같다하여 그 이름을 무학송(舞鶴松)이라 한다. 소토왕성(小土旺城) 계곡과 절묘한 조화를 이루고 있어 그 청청(靑靑)고고한 자태는 신선이 그린 한 폭의 그림과 같다.

권금성 설경

소공원 남쪽에 위치한 이 성은 해발 860m의 험준한 돌산 위에 위치해 있다. 케이블카가 있어 짧은 시간내에 많은 관광을 할 수 있으며 노약자나 부녀자들도 관광하기에 편리하다.

권금성에 대한 유래는 여러 가지가 있으나 현재 확인할 수 있는 가장 오래된 것은 신증동국여지승람 권44 양양도호부 조에 설악산 꼭대기에 있는 석축이다. 둘레는 1,112척(尺)이고 높이는 4척(尺)이었으나 현재는 반쯤 무너져 소실(消失)되었다.

세상에 전해오는 얘기로는 예전에 권(權)씨 김(金)씨 두 집이 이곳으로 피난온 까닭으로 권금성이라 하였다고 한다. 낙산사(洛山寺) 기록에 몽고(蒙古)군사가 쳐들어왔을 때 이 고을에서는 설악산에다 성을 쌓아서 방어하였다라고 기록되어 있는데 그곳이 여기가 아닐까 생각된다.

신증동국여지승람(新增東国輿地勝覽)의 기록으로 볼때 이 성은 늦어도 고려시대 몽고침입 이전에 축조된 성이다. 실제로 고려사(高麗史), 고려사절요(高麗史節要) 등의 기록을 보면 이때 몽고군은 동해안까지 쳐들어와 고종(高宗) 40년(1253)년 10월 현재의 양양(襄陽)인 양주(襄州)를 함락시킨 것이 확인된다.

불우 낙산사(佛宇洛山寺)조의 기록대로 이 고장에서는 설악산이 있는 산성에 웅거하여 항쟁하였을 것으로 추정되고 그 성이 권금성일 가능성이 많다. 혹은 고종(高宗) 40년에 양양읍성이 함락되자 계속되는 몽고와의 전쟁에 대비하여 설악산에 권금성을 새로 축조할 가능성도 있다.

그러나 최근에 권금성이 군사적인 성이 아니라 사찰 방어 형태의 성이라는 견해가 있다. 이것은 권금성의 유일한 통로가 칠성봉쪽인 남쪽으로 되어 있어 칠성봉(七星峰) 동남쪽 진전사(陳田寺)와 연결되었을 것이라는 점이다.

이 성은 전형적인 신라시대 사찰 축성양식으로 토성문이 칠성봉을 향한 고갯마루에 자리잡아 외부와의 유일한 통로는 칠성봉 통로가 사용되었다. 성의 형태가 모두 사찰 수호 형태로 이같은 고증은 권금성 뒷편 절터에서 신라와 고려시대의 많은 기와들이 발견되어 축성당시 이미 사찰이 들어서서 사찰에 의한 축성을 단정했다. 사찰에서 나온 기와는 칠성봉 남쪽에 있는 통일신라시대 선종의 발생지인 진전사지(陳田寺址)의 기와류 형태와 연대가 일치하여 사찰축성이란 견해가 제기되고 있다.

예전엔 양양 군수와 산적괴수와의 사연을 새긴 비석이 있었는데 지금은 없어지고 말았다고 한다. 이런 여러 가지 점으로 미루어 보아서 권금성은 진전사와 밀접한 관계를 가진 사찰로써 축성되었고 역사의 흐름에 따라 때론 침략하는 적을 방어하고 유사시엔 주민들의 안전한 피난처로 사용한 산성으로서의 역할도 했고, 때로는 도적의 소굴로도 사용되었음을 알 수 있다.

권금성(權金城)의 유래에 얽힌 전설(傳說)

아주 오랜 옛날 한 마을에 권(權) 장사와 김(金) 장사가 살고 있었는데 어느 해 병란(兵亂)을 당하여 함께 가족을 거느리고 피난길에 올랐다.

적병이 뒤따라오고 사태가 급한지라 험준한 산정(山頂)으로 가족을 데리고 올라가보니 산정에 방어할 아무런 지형물도 없었다. 적병이 처들어오면 대단히 불리한 형편인데다 여유있게 성(城)을 쌓을 시간도 없었다. 게다가 산정 일대에는 쌓을 만한 돌도 없었다. 날이 밝으면 적병이 처들어올지도 모르는 급박한 처지였다. 하룻밤 안에 성을 쌓아야 하는데 산 밑의 냇가에서 돌을 가져오는 수밖에 없는 형편이고 돌을 일일이 등짐으로 져서 올려와 쌓자니 며칠이 걸릴지 모르는 난처한 상태에 빠져 있었다.

권장사가 무엇인가 골똘히 생각하더니 "좋은 생각이 떠올랐소. 이렇게 하는 것이 최선의 방책 같소. 내가 냇가에 가서 성을 쌓을 만한 돌을 던질 것이니 김장사는 받아서 쌓으시오. 그렇게 밤새 쌓으면 성 하나야 쌓지 않겠소." 하고 서로 상의하여 결정한 뒤 권장사가 산 밑으로 내려가 돌을 주어 던지는 것을 김장사가 받아 쌓기 시작하여 밤새도록 서로 교대를 해가며 쌓았다.

이렇게 하여 권금 두 장사가 하룻밤 사이에 성(城)을 다 쌓았다 하여 이 성의 이름을 권금성이라 부르게 되었다는 전설이 남아 있다.

4. 무지개 타고 넘는 비룡폭포

비룡폭포

매표소를 조금 지나 좌측으로 100여 m 걸어가면 화강암으로 만든 비룡교가 나타나고 넓은 냇가를 끼고 동쪽으로 조금 걷다가 우측 산기슭으로 꺾어지면 울창한 소나무와 참나무 숲이 나타난다.

상쾌한 아침 바람을 가르고 들려오는 온갖 새들의 즐거운 합창 소리에 마냥 들뜬 가슴으로 걷던 학창 시절의 수학여행이 떠오르는 산책로다. 친구들과 함께 여행한다는 기대감과 즐거움에서 잠을 설치며 좋아했던 기억들, 그 개구장이 친구들은 지금쯤 어디서 무엇을 하고 있을까. 어쩌면 자기를 닮은 말썽꾸러기 아이들을 데리고 이 길을 걷지는 않을런지. 상쾌한 숲속의 바람소리와 소나무에서 묻어나는 솔향을 맡으며 그 옛날 그리운 친구들의 얼굴을 떠올려 본다.

10분 정도 걸으면 선물가게 코너가 나타나고 앞뜰엔 통나무로 된 둥근 탁자와 걸상이 놓여 있는 휴게소가 나타난다. 지나가는 여행객들이 잠시 걸음을 멈추고 산천의 아름다움을 만끽하며 막걸리 한잔에 메밀 부침을 안주삼아 목을 축이는 낭만적인 숲속의 휴게소다. 넓적한 무늬 있는 돌로 벽면을 장식한 상가 건물과 붉은 벽돌로 쌓은 화장실이 인상적이며 조금 더 걸으면 비슷한 상가가 또 나타나며 여행객을 맞이하고 있다. 지금까지와는 달리 오른쪽 산기슭으로 들어서면 서서히 경사가 급해지고 조그만 계곡이 나타난다. 좁은 계곡 속으로 맑은 계곡물이 흘러내리고 계곡을 따라 올라가면 가파른 골짜기 입구에 들어선다. 단풍잎과 계곡 옆으로 늘어선 바위와 청아한 물소리는 마치 선경에 와 있는 착각마저 들게 한다. 이곳부터는 산허리에 층층 철계단을 만들어 험한 계곡을 통과하게 만들었다. 2.6km 거리의 비룡폭포에 걸리는 시간은 약 30분 정도다.

소공원 쌍천의 봄

위에서 밑으로 밑으로만 내리 쏟아지는 거센 물줄기가 폭포를 이루고 골짜기를 흘러내리는 물이 한곳에 모여 신비한 음향을 내면서 낙하하는 그 광경을 보면 자연의 아름다움에 매료당하지 않을 수 없으리라. 이마에 맺힌 땀방울은 어느새 시원한 폭포소리에 묻히어 상쾌한 기분에 젖어들고 온몸은 마치 폭포 속에 빨려 들어가는 착각마저 들게 한다. 멀리서 보나 가까이서 보나 좁고 험한 골짜기에서 150여 척이나 되는 물줄기가 마치 용이 물줄기를 타고 하늘로 승천하는 듯한 느낌을 준다 하여 비룡폭포(飛龍瀑布)라 이름 지었다 한다.

좌우 암벽에 은하를 누비듯 줄기차게 떨어지는 물줄기에서 수없이 많은 무지개가 섰다가 사라지는 광경을 바라보면 막힌 가슴이 뚫리는 듯 통쾌한 기분을 안겨주며 과연 설악팔경 중의 일미라 아니할 수가 없다. 봄이 오면 수백 갈래로 갈라진 암벽에 아름답고 기이한 절리(節理)가 나타나고 바위 틈새틈새마다에서 뿜어내는 자연의 향기가 폭포와 어우러져 나그네의 마음을 설레게 만든다. 햇살에 부서지는 물줄기, 붉게 타오르는 단풍잎과 바위틈에서 묻어나는 옛 친구들의 얼굴을 떠올리며 잠시 즐거웠던 시절을 회상해 본다.

5. 하늘의 병벽 토왕성(土旺城) 폭포

소공원 ➡ 비룡폭포 ➡ 토왕성폭포

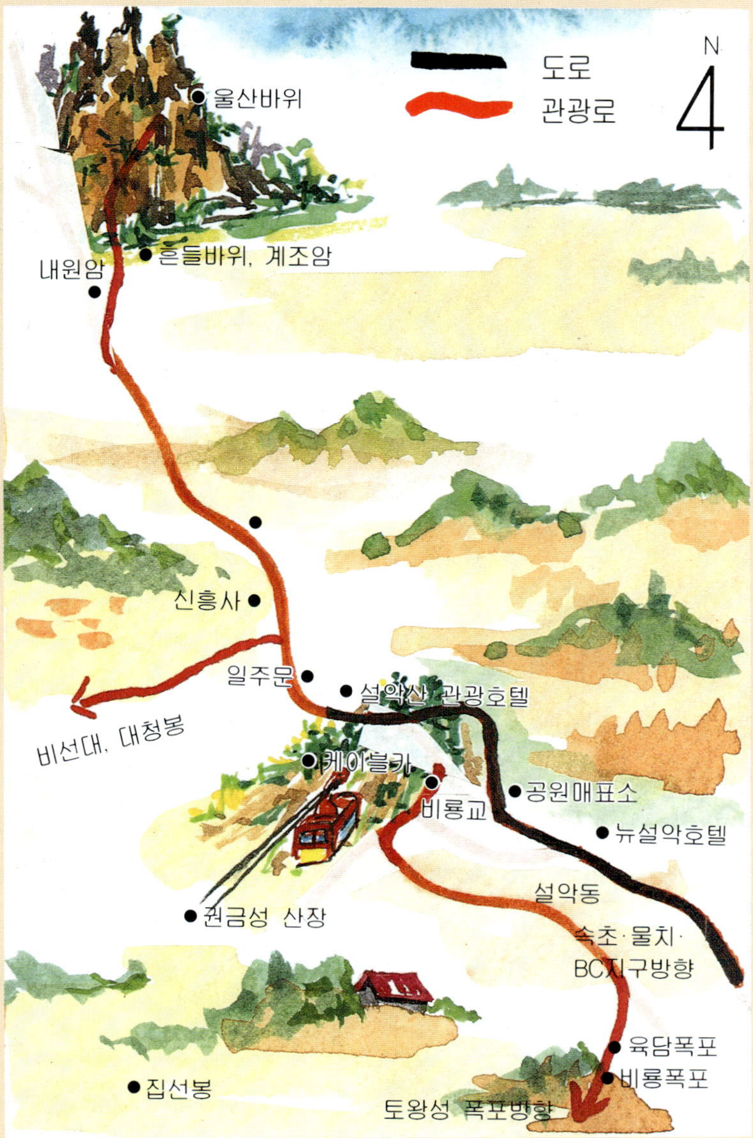

암벽등반

살을 에이는 듯한 추위가 즐거웠던 추억을 깨웠다. 비룡폭포 옆의 암벽 위로 빙벽훈련을 하는 등반객들의 통로가 조그맣게 나 있었다. 겨울 빙벽으로 유명한 토왕성 폭포로 갈것인지 아니면 되돌아갈 것인지 잠시 망설였다. 헐렁한 바지에 콤비를 걸친 평상복으로 암벽등반 코스로 간다는 게 다소 부담스러웠지만 내친김에 부상을 당하는 한이 있더라도 가기로 결심했다. 내게 준비된 것이라곤 파이프로 된 가벼운 지팡이 하나와 이천원짜리 아이젱을 발에 설치한 것이 전부였다.

비룡폭포 옆의 가파른 바위 능선을 타고 간신이 넘었다. 이 계곡은 지금까지와는 달리 기암절벽들이 계곡을 연이어 펼쳐지고, 간간이 등산객들의 겨울캠프가 눈에 띄었다. 산행에 나온 사람들도 전부 빙벽훈련용 구두와 장비를 무장하고 있었다. 나는 가끔씩 마주치는 사람들에게 길을 물으며 계속해서 전진했다.

토왕빙벽

중간쯤에서 만난 한 등산객은 내 모습을 보고 우스운지 그런 차림으로 어떻게 올라왔는지 의아해 했다. 서로 마주칠 때마다 '수고하십니다' 하는 말 한마디를 건넬 때 추운 겨울바람도 눈녹듯이 포근하게만 느껴진다. 여러 차례 미끄럽고 어려운 코스를 지나 토왕성 폭포 근처까지 왔을 때 얼굴에 피가 엉긴 붕대를 감은 사람과 그 일행을 만났다. 빙벽을 타다 심한 부상을 당해 캠프로 돌아가고 있다고 한다.

토왕성 입구에 들어서니 저 멀리 거대한 빙벽에 사람들이 개미처럼 붙어 올라가고 있는 것이 보였다. 몇 번이나 넘어지고 암벽 아래로 미끄러질 것같은 위기감을 넘기고 무사히 폭포 아래에 도착했다.

땀을 닦으며 올라온 코스를 뒤돌아보았다. 계곡 사이로 뭉게구름이 피어 오르고 햇볕에 밝은 모습을 드러낸 달마봉 줄기가 흰 눈과 바위, 소나무와 어울려 한 폭의 아름다운 수묵화를 담아 놓은 듯 선명하게 다가온다.

숨을 돌리고 320m의 거대한 얼음 빙벽을 쳐다보니 깎아지른 듯한 바위가 병풍처럼 펼쳐져 있고 산 꼭대기에서 별안간 떨어지는 웅장한 얼음덩이가 허공에 걸려있는 듯 장중한 중압감이 말로 표현하기 벅찬 감동을 던져주고 있었다. 자연의 신비함과 인간의 위대한 모험정신이 빙벽을 사이에 두고 서로 무엇인가 교감을 하는 것인가 보다. 옆에 서서 쉬고 있는 등반객에게 다가가 왜 저 험하고 위험한 빙벽을 올라가는지를 물어보았다. 그는 지팡이를 짚고 단장의 신사처럼 서 있는 낯선 이방인의 모습에 호기심을 가지며 "한 마디로 무어라 대답할 수 없다"며 그저 미소를 지은 채 손가락으로 빙벽을 가리키며 몇 가지 설명을 해 주었다.

빙폭등산

70년대 중반까지는 여러 번 빙벽 등반을 시도했지만 사상자만 내고 올라가지 못했다고 한다. 그 당시는 굵은 군용 로프를 사용했고 지금 같은 좋은 장비가 발달되지 못했다는 것이다. 70년대 후반에 들어 대학의 산악부원들이 몇일간 등벽시도 끝에 성공했고 지금은 장비와 기술이 발달하여 혼자서도 2~3시간 이내에 정상까지 정복이 가능하다고 한다.

얼음을 찍는 피켈 소리가 규칙적으로 들려오고 폭포 앞의 조그만 동굴 앞에서는 등벽을 준비하는 몇몇 대원들의 구령소리가 겨울 바람을 가르고 있었다. 여름에는 물의 수량이 많지 않아서 선명하지 않지만 겨울에는 흘러내리는 물이 얼어 거대한 빙벽을 만들게 된다. 빙벽 앞에 서면 마치 딴 세상에 들어온 착각을 느끼게 한다. 대승폭포, 소승폭포와 함께 우리나라에서 겨울 빙벽등반에 가장 어려운 세 곳 가운데 하나인 토왕성 폭포는 동양에서 가장 긴 폭포라 한다. 토왕성 폭포는 일명 신광폭포(神光瀑布)라고도 부르며 신흥사에서 동편을 쳐다보면 기암괴봉이 즐비하게 늘어서서 마치 성벽처럼 보인다. 이 폭포는 3단으로 이루어져 연결되는 연폭(連瀑)이다. 토기(土氣)가 왕성하지 않으면 기암괴봉이 형성되지 않는다는 오행설에서 폭포 이름이 연유된 것같다. 석가봉, 문수봉, 보현봉, 취적봉, 노적봉, 문필봉 등이 성벽처럼 둘러싸고 있다.

깎아세운 성벽을 날아 쏟아지는 물줄기의 광경은 멀리서 보면 심산유곡의 바위 위에 하늘의 선녀가 크고 긴 흰 비단천을 길게 늘여뜨린 것같이 아름답다.

엊그제 밀려든 대한(大寒) 추위가 살을 에이는데 저 거대한 빙벽을 타는 젊음의 정열과 모험심의 그것이 바로 인류를 발전시킨 원동력이고 에너지가 아닐까 생각해 본다. 왜 히말라야를 넘어야 하는지 왜 목숨을 걸고 빙벽을 넘고 싶어하는지를 우문해 본다. 이 설원과 빙벽 위에 서면 내 마음이 그저 후련하고 통쾌해지는 그것이 그들의 무언의 대답이리라.

군데군데 불을 지피고 있는 등산객들을 지났다. 위험한 비탈길이지만 내 발걸음은 날아갈 듯이 가벼웠다.

비룡폭포 뒤편 미끄럽고 가파른 언덕에 왔을 때 앞서가던 젊은 친구가 잠시 멈추어 서서 내가 내려올 때까지 기다리고 있었다. 운이 나빠 미끄러지면 절벽 아래로 떨어질 수도 있는 지점이었다. 순간 온몸에 긴장과 위기의식이 번개처럼 지나갔다. 내가 무사히 내려서는 것을 보고 그는 발걸음을 떼어 놓았다. 나는 생전 처음 보는 젊은이의 그 따뜻한 마음이 고마와 이름을 물었더니 쯔요시 크그보라는 일본인 청년이었다. 일행 두 사람과 함께 어제 서울에 도착하여 곧바로 설악산으로 왔다고 한다. 나는 그에게 커피 한잔을 하자고 청하고 일행과 함께 휴게소에서 잠시 즐거운 환담을 나누며 여행의 피로를 풀었다. 켄조 쓰즈키라는 젊은이는 일행 중 가장 어리게 보였고 코치하다는 30대 중반쯤 보이는 깡마른 얼굴이었는데 히말라야, 알프스, 미국 등지를 비롯한 세계의 유명한 산들을 많이 등반한 프로 산악인이었다. 어떻게 설악산을 알고 왔냐고 물었더니 부산에 있는 친구가 소개해서 왔다고 한다. 코치하다는 작은 낙빙을 맞아 얼굴이 잘게 찢어져 있었고 오늘은 사람이 많아 내일 새벽에 일어나 제일 먼저 암벽을 등반하고 싶다며 결의가 대단하다.

혹시 미끄러져 떨어질까봐 안전하게 내려설 때까지 기다려 주던 쯔요시 코그보의 따뜻한 마음씨를 생각해본다. 그들 일행과 따끈한 커피 한 잔을 마시며 잠시 즐거운 한때를 보낼 수 있어서 무엇보다 즐거운 산행이었다.

6. 선녀의 옷자락/비선대(飛仙臺)

비선대

신흥사에서 왼쪽편으로 놓여 있는 조그만 다리를 하나 건너면 울창한 숲속길이 펼쳐지고 10여 분쯤 걸으면 화강암으로 만든 이름모를 자유용사의 비를 만나게 된다.

북괴군과 맞서 싸워 나라를 구하고 숨져간 이름도 군번도 모르는 수 많은 병사들의 넋을 위로하기 위하여 관광객들의 발길이 끊이지 않는 설악산 소공원과 비선대의 중간지점에 1965년 10월 30일 이 비를 세웠다.

"지금은 자유의 땅, 여기 님들이 고이 쉬는 설악에 영광의 탑은 높이 섰나니. 아아 붉은 원수들이 성난 파도처럼 밀려오던 날, 조국의 이름으로 최후까지 싸우다가 꽃잎처럼 흩어진 수많은 영들, 호국의 신이여, 님들의 이름도 계급도 군번도 누구 하나 아는 이 없어도 그 불멸의 충혼은 겨례의 가슴 깊이 새겨져 기리 빛나리라. 천추에 부를 님들의 만세여 언제나 푸른 동해처럼 영영 무궁할지어다."

잠시 이름도 모르는 무명 용사의 탑 앞에 묵념을 하고 이 아름다운 산하를 여행하고 대자연의 풋풋한 숨결을 느끼게 해준 그들에게 감사의 마음을 보낸다. 꽃다운 나이에 숨져간 젊은 넋들. 지나는 이들로 하여금 전쟁의 아픔을 되새기게 하며 웬지 눈시울을 적시게 한다.

선물코너와 토속 음식점을 겸한 청운장 식당과 커피를 파는 산악인의 집은 지나가는 여행객들이 한잔의 차를 마시며 피로를 풀 수 있는 길목이다.

맑은 계곡물이 흐르는 길을 따라 올라가면 넓은 개울이 나타나고 시멘트 다리 왼쪽 맞은편에 속초시 노인들을 위해 만든 노인정이 나타난다. 잠시 쉬면서 붉게 물든 단풍잎과 가을 햇살을 음미해 본다. 새소리, 바람소리를 들으며 여행객들의 바쁜 걸음들을 지켜본다. 아름다운 선경 속에 있는 사람들의 얼굴은 밝고 즐거운 표정들이다. 산에서 만나는 사람들의 얼굴은 한결같이 인정미가 넘친다. 이것은 모두 자연의 위대한 힘일 것이다.

20분쯤 걸었을까 조그만 개울가 옆 자연석에 군량장(軍糧場)이라고 쓴 비석을 만나게 되었다. 길 맞은편에는 바위 밑에서 비를 피할 수 있을 만큼 큰 군량암(軍糧岩)이란 바위가 여행객들의 시선을 끌며 마주보고 있다. 군량장이란 예전에 병사들의 양식을 저장하던 곳이라 한다.

군량장 비석에서 5분쯤 걸어가면 이쁜이네, 몽실이네, 심이네 선물코너와 음식점이 나타나고 가게 앞엔 소나무 의자와 탁자를 설치하여 행인들을 기다리고 있다. 휴계소가 있는 앞의 계곡이 와선대(臥仙臺) 자리다. 소나무가 울창한 가운데 자리잡고 있는 천연의 암반대석으로 옛날 신선들이 놀던 곳이라 한다. 반석은 높이 3척 폭이 10여 칸 되므로 70~80여 명이 앉아서 놀 수 있다. 전설에 의하면 옛날 손톱이 긴 늙은 선녀인 마고선인(痲姑仙人)이 신선들과 함께 이 바위 석대위에서 바둑을 두고 거문고를 뜯으며 즐겨 놀다가 드러누워서 주위의 산수를 살폈다는 이야기에서 와선대라 불려지게 되었다 한다. 그러나 홍수로 상류에서 바윗돌이 떠내려와서 와선대 위에 얹혀 있으므로 옛 모습을 찾기가 어려운 것이 못내 아쉬움을 남긴다. 이곳은 천불동 계곡과 대청봉을 찾아드는 첫 입구다.

와선대에서 300m쯤 올라가면 둥근 타원형 철교가 나타나고 이곳을 지나 왼쪽 산기슭의 상가지역을 통과하면 비선대(飛仙臺)가 나타난다.

비선대 앞에 서면 오른쪽엔 날씬하고 날아오를 것같은 적색의 색깔을 띤 선녀봉과 의좋은 형제처럼 깎아지른 듯이 우뚝 솟아 있는 장군봉(일명 미륵봉) 중간허리에 금강굴과 그 입구의 층층계단이 아득하게 쳐다보인다.

비선대는 반석 위로 물이 흘러 몇 번이나 꺽이어 폭포를 이룬다. 연이어진 바위에 폭포들이 흐르는 광경은 흡사 선녀들의 옷자락이 봄바람에 나부끼는 것같다. 와선대에 누워서 경치를 감상하던 마고선녀가 이곳에서 목욕을 하고 하늘로 올라갔다고 하여 비선대(飛仙臺)라 하였다 한다. 옛부터 시인묵객들과 나그네들이 찾아와 시정을 돋우고 풍경을 감상하던 곳이다.

봄이 오면 산꽃의 냄새가 골짜기를 메우고 여름이 오면 녹음방초(綠陰芳草)가 우거지며 가을이 오면 단풍이 물들어 금수강산이 되고, 겨울이 오면 설화(雪花)가 피어 절경을 이룬다.

비선대의 개화설경(開花雪景)은 설악팔경(雪岳八景) 중의 하나이다. 신흥사지(神興寺址) 비선대조의 한 귀절을 떠올려 본다.

반석 위에 흘러가는 맑은 물은 아름다운 옥구슬이 굴러가는 것 같고, 녹음방초는 향기를 토하는데, 백화(百花)는 제각기 미모를 자랑하는가 하면 높은 봉 저 멀리서 짐승들 울음소리 들리고 푸른 소나무 위로는 백학이 춤춘다. 화창한 봄, 서늘한 가을계절의 질서, 비선대야말로 무릉도원이 아니겠는가. 비선대를 찾아 노송가지에 의관(衣冠)을 걸어두고 맑은 물에 발을 씻고 반석 위에 누워 있으면 속세를 벗어나 신선이 되어 있는 듯 하고 주위의 산봉우리들은 불경(佛境)임이 분명하다. 이런 연유로 옛부터 어진 선비들이 이곳을 찾아 자기 이름을 새겨 암면(岩面)을 장식하게 되었다 한다.

비선대에는 머리가 어지러울 정도로 수많은 인명들이 새겨져 있는데 대부분이 조선조 중엽 초반기인 선조 때부터 3.1운동 후까지 약 380년간에 걸쳐 새겨진 것들이다. 본인들이 직접 새긴 것이라기보다는 이 일을 직업으로 하는 석공들이 명승지 부근에 살면서 하나의 생활 수단으로 유람객들의 요구에 의하여 이루어진 것들이 많다고 한다. 그러나 오늘날에는 아름다운 자연을 훼손시키는 이러한 유습은 본받지 말아야 할 것이다. 비선대는 선경이며 시경(詩境)인 데다 늘 오가는 발길이 끊일 날이 없는 명승지다.

7. 사색의 문 금강굴(金剛窟)

장군봉(미륵봉)

비선대 위에 새겨진 철 다리를 건너 금강굴로 향했다. 오른쪽 가파른 능선을 따라 올라가면 철근계단이 설치되어 있고 오르기 힘든 바위 비탈길과 철구름 다리를 간신히 오르면 외설악의 전경이 한눈에 들어와 안광을 황홀하게 한다.

금강굴은 미륵봉(일명 장군봉) 중간 허리에 있는 석굴을 말하며 깎아지른 듯한 큰 돌산허리에 굴을 팔 수 없는 것으로 보아 자연굴이라고 볼 수 있다. 길이 18m 넓이 24㎡ 굴 안에 관세음보살상이 봉안되어 있고 믿음이 돈독한 불자들에게는 소원을 성취할 수 있는 기도처로서도 유명하다.

이 굴을 금강굴이라 부르는 것은 원효대사의 대표적 저서인 금강삼매경의 앞머리를 따서 '금강굴'이라 이름지었다 한다. 이곳은 모든 사악과 번뇌를 물리칠 수 있어 다른 어느 곳보다 수도가 잘되는 선승들의 수도처로 유명하다.

굴 안의 관세음보살님께 삼배를 올리고 굴 안 입구에서 조그만 좌판을 벌이고 기념물을 팔고 있는 아저씨에게 설악산의 지도가 그려진 수건을 한 장 사고 잠시 한담을 나누었다.

멀리 동해의 만경 창파가 보이고 남쪽 골짜기 저 편에 천불동(千佛洞) 계곡이 보인다. 천연의 암석들이 무수한 불상으로 보이는데 아미타불인가 하면 문수보살이고, 관세음인가 하면 미륵봉이다. 수십리 계곡에 펼쳐진 봉의 형태가 천만 개의 불상을 연상케 한다는 천불동계곡이 깊숙히 들여다 보이고 계곡의 상류로 따라 올라가면 병풍처럼 우뚝선 신선암이 보인다. 신선암 뒤에 대청봉과 소청봉이 희미하게 보이고 대청봉에서 화채 능선을 따라 내려오면 화채능선의 대표적인 봉우리인 화채봉이 우뚝 솟아 있다. 공룡의 등같이 생긴 공룡능선에 나한봉과 1,275m봉, 노인봉 등이 한가운데 우뚝 솟아 있다. 설악골과 토막골이 층층이 산맥을 이루어 동쪽으로 뻗어내리고 2천여 봉우리를 한눈에 볼 수 있는 최고의 전망대가 금강굴이다.

그 옛날 신라 때부터 원효 의상스님과 같은 고승대덕의 발자취가 묻어있는 이곳이야말로 신성한 성역임을 절감케 한다. 세속의 모든 번뇌를 석양에 띄워 보내고 조용히 일심으로 서원을 세워 기도 드리면 모든 서원이 이루어질 수 있는 영험 있는 법당이라 한다. 요즘은 신흥사의 부속암자로 새 불상을 모셔 놓았지만 6.25 이후 제일 먼저 이 굴을 개척했을 당시에는 오래된 술병(물병) 하나와 삼베로 싼 토기(土器)에다 엽전 한 되박 정도를 담아서 굴 안에 철조망을 치고 그 안에 넣어두었는데 언제 누가 가져갔는지 다 없어지고 말았다 한다.

암벽을 돌고 가파른 사다리를 오르면서 내내 1300년 전의 원효대사를 생각했다. 무엇 때문에 짐승조차 살기 어려운 이곳에 수도처를 정하고 무엇을 생각하며 설악을 굽어보았을까.

사다리 계단으로도 오르기 힘든 이 길을 어떻게 오르내렸을까. 밧줄을 타고 다녔을까 아니면 칡덩굴을 엮어 다녔을까 아니면 공중을 나는 경공술이라도 있었단 말인가. 의상과 함께 불법을 구하려고 당나라로 가던 길목에서 해골 바가지 물을 마시고 "마음이 나면 여러 가지 불법이 나고 마음이 없어지면 해골과 둘이 아니다(心生則種種法生 心滅則髑髏不二). 부처님 말씀에 三界가 오직 마음뿐이라 하였으니 어찌 나를 속였으랴"라고 깨달았던 그 길로 본국으로 돌아와 분양사에 거주하면서 독자적인 통불교(通佛敎)를 제창하며 민중속에 불교를 보급하고자 노력했다. 때론 파계승으로 소성거사(小性居士)로 자칭하면서 무애가(無碍歌)를 지어 병들고 고통에 찬 민중 속에서 춤추고 노래하며 불법을 전하여 온몸으로 백성을 사랑했던 선각자 원효대사의 파란만장한 일대기는 오늘날 물질문명과 도시화에 병든 우리들 가슴속에 늘 살아 있는 전설로써 전해지리라.

노을이 물든 단풍잎들은 타오르는 불길처럼 계곡을 뒤덮고, 수억겁을 비바람에 씻기고 깎여도 설악의 준봉들은 장엄하고 청수함이 옛그대로이니 여기가 神仙이며 극락이 아니겠는가.

설악산의 8경(八景)

(1) 용비승천(龍飛昇天)

설악산은 폭포로 유명하고 떨어지는 물줄기를 바라보면 마치 용이 하늘로 승천하는 것같이 황홀하며 물이 떨어지는 것이 아니라 거꾸로 하늘로 올라가는 느낌을 갖게 한다.

(2) 설악무해(雪嶽霧海)

여름이 되면 봉우리마다 구름과 안개 속에 잠겨 설악산은 안개와 구름의 신비로운 바다로 변한다.

(3) 칠색유홍(七色有虹)

폭포에서 떨어지며 흩날리는 물방울이 아침과 저녁 햇살에 반사되어 영롱한 일곱 가지의 무지개 빛깔을 띤다. 선녀가 금시라도 타고 갈 수 있는 듯한 무지개 다리가 놓여지고 바람이 불면 무지개가 하늘거리며 움직이는 모습은 진경이 아닐 수 없다.

(4) 홍해황엽(紅海黃葉)

가을이 되면 단풍으로 붉게 물든 온 산천이 넓은 바다를 이룬다는 풍경이다.

(5) 춘만척촉(春滿躑躅)

봄에 진달래와 철쭉이 만발하여 산에 가득하다. 특히 대청봉에 피는 진달래 철쭉꽃은 상상할 수 없는 절경이다.

(6) 월야선봉(月夜仙峰)

가을밤 하늘에 둥근달이 중천에 뜨면 기암괴봉의 모습이 마치 선녀처럼 보인다.

(7) 만산향훈(滿山香薰)

봄에 초목이 소생하면 그 향기가 산에 가득하여 바람이 불면 향긋한 냄새가 온 골짜기에 가득하다. 계곡에 군생하는 눈향나무 숲을 지나면 숲 향기가 코를 찌른다.

(8) 개화설경(開花雪景)

설악산은 겨울산이 특미(特味)다. 나무나 기암절벽에 눈이 쌓이면 온갖 형태의 눈꽃이 피어 절경을 이룬다.

설악산의 8기(八奇)

(1) 천후지동(天吼地動)

여름철에 비가 많이 내리면 으레 천둥이 치고 번갯불이 번쩍거려 온통 하늘이 찢어지는 듯이 울부짖고 땅이 갈라지는 듯 지축이 흔들릴 때 나는 신비하고 기이한 울림소리.

(2) 거암동석(巨岩動石)

집채같은 바위가 한 사람의 힘으로도 움직인다는 것은 신기한 현상이다.

(3) 전석동혈(轉石動穴)

계조암(繼祖岩)같이 바위와 바위가 서로 맞대어 하나의 자연굴을 만들었고 곳곳에 이러한 자연굴이 많이 있다.

(4) 백두구혈(百斗甌穴)

내설악 외가평에서 백담사로 가는 도중에 있는 구혈은 콩 백(百) 말을 넣을 수 있는 구멍이다. 옛날에 학이 날아간 자국이라는 전설이 있다.

(5) 수직절리(垂直節理)

천불동(千佛洞) 골짜기의 뾰족한 바위 봉우리나 울산암 가리봉의 만물상 할 것 없이 모두 수직절리로 천태만상의 형상을 하고 있으니 참으로 신기하고 기이한 자연의 조화다.

(6) 유다탕폭(有多盪瀑)

폭포가 있는 곳에는 으레 소(沼)나 못(淵)이 있기 마련인데 설악산에는 바위가 많아서 탕(盪)이 많다. 내설악의 12선녀탕이 대표적이다.

(7) 금강유혈(金剛有穴)

장군봉(일명 미륵봉)의 허리에 있는 금강굴처럼 암산에 큰 구멍이 뚫린 것은 신기롭고 기이하다.

(8) 동계지설(冬季遲雪)

11월부터 3월까지 눈이 많이 내리고 쌓여 수십장이나 되는 설산으로 변하며 겨울에 핀 설화는 설악의 절경을 이룬다.

8. 天上의 도솔천 천불동(千佛洞) 계곡

대청봉을 오르는 등산객들

비선대에서 동동주로 목을 축이고 희운산장으로 출발하였다. 계곡 위쪽에 무지개 모양의 둥근 철교를 건너면 맞은편 미륵봉 중간 허리에 까맣게 쳐다보이는 금강굴과 철계단이 암벽 위에 매달려 있고 왼쪽길로부터는 천불동계곡이 시작된다. 설악산을 대표하는 계곡인 천불동은 수천 수백길의 절벽 단애에 곳곳이 가로막혀 인간이 범접할 수 없는 신성한 처녀지였다 한다. 옛 사람들이 정고평에서 미륵봉 뒤를 돌아 금강문을 거쳐 마등령으로 넘어가는 길을 이용했다 한다.

천불동 계곡의 처음 등정은 1955년 10월 서울대 문리대 산악회가 개교 10주년 기념 등반으로 시도한 것이 첫 등정으로 전해지고 있다. 요즘 같으면 3시간이면 오를 수 있는 양폭산장 부근까지 도착하는 데 꼬박 이틀이 걸렸다고 한다. 20여 명의 대원들은 3일째 되는 날 화채 능선을 경유하여 대청봉에 오르게 되었다 한다.

비선대 ➡ 양폭 ➡ 대청봉가는길

비선대 —1시간→ 귀면암 —1시간→ 양폭산장 —1시간→ 희운각사대피소 —1시간 30분→ 소청봉 —30분→ 중청봉 —20분→ 대청봉 —3시간→ 오색

비선대 —2시간 30분→ 금강문 —40분→ 마등령 —40분→ 오세암 —2시간→ 백담사

천불동 계곡 등산로에 오늘날과 같은 쇠다리, 쇠난간 등의 인공 구조물이 건설된 것은 1969년경의 일이라 한다. 당시 설악산 개발에 많은 관심을 가졌던 강원도지사의 전폭적인 지원에 따라 69년 9월 봉정암, 대청봉, 양폭을 넘어가는 등산로가 개척되었고 비선대에서 마등령으로 가는 코스와 양폭을 잇는 등산로도 그때 이뤄졌다 한다.

설악산이 금강산에 가려 빛을 보지 못했던 가장 큰 원인은 교통의 불편함과 현대적인 등산장비 없이는 천불동과 같은 아름다운 계곡에 접근이 거의 불가능했던 때문이라고 생각된다.

설악산 사진작가 성동규 선생의 말에 의하면 일본을 통해 들어오는 금강산 사진을 보면 설악산과 별 차이가 없다고 한다. 만약 옛부터 설악산 천불동 계곡이나 공룡능선 같은 곳이 개발되어 사람들이 왕래할 수 있었다면 설악산이 결코 금강산에 뒤질 수가 없는 명산으로 평가받았을 것이라 한다.

육당 최남선 선생님은 금강산이 수려한 반면 웅장한 맛이 없고 지리산은 웅장하기는 하되 수려하지 못한데, 설악산은 수려하면서도 웅장한 맛이 일품이라고 칭송했다. 탄탄히 짜이고 아기자기하고 현란한 모습은 금강산이 낫다고 하겠지만 너그러이 펴인 맛과 웅장미는 설악산이 도리어 낫다. 금강산은 절세의 미인이 길가에서 서서 지나가는 나그네의 마음을 황홀하고 현란하게 넋을 빼앗는다면 설악산은 골짜기 속에서 부끄러움을 살짝 가린 산처녀의 백옥같은 살결의 수줍은 미인으로 비유해 볼 수 있다.

천불동계곡은 비선대에서 대청봉에 이르는 설악산의 가장 대표적인 골짜기이며 협곡을 이룬 계곡 양쪽의 기암괴봉들이 마치 천 개의 불상이 늘어서 있는 듯한 경관을 이루고 있다 해서 천불동계곡이라 한다. 설악을 대표하는 절경들이 거의 이 골짜기에 밀집되어 있다고 해도 과언이 아니다. 계곡의 입구에서 보면 가운데 멀리 높이 솟아오른 공룡능선의 1, 275m봉과 왼쪽 한가운데쯤에 우뚝 솟은 천화대(天花臺)의 20여 개 봉우리 중에서 가장 높은 봉우리인 범봉의 뒷면이 나타난다.

서북 방향에 위치한 미륵봉(일명 장군봉)은 부처를 보호하며 마치 미륵불처럼 우뚝 솟아 있다고 하여 미륵봉이라고 부르기도 하며, 또는 비선대 입구에서 씩씩하고 늠름한 장군의 형상을 하고 계곡의 입구를 지키는 수문장같이 가장 믿음직스럽고 잘 생긴 바위로 외설악을 통과하는 관문의 보호신 역할을 하고 있다 하여 장군봉이라고도 부른다.

이곳에서 마등령까지 3.6km에 달하는 거리는 약 4시간 정도의 시간이 소요되며 3.4km의 양폭산장까지는 약 2시간 30분, 5.6km의 희운각 대피소는 4시간 30분, 7.2km의 중청봉까지는 6시간 30분, 7.9km의 대청봉까지는 약 7시간이 소요된다.

계곡 입구에 들어서면 두 개의 멋진 기암괴봉이 여행객들을 환영하는 듯 반갑게 맞이하고 흰눈과 검푸른 암벽들이 어울려 설악의 겨울 풍경은 마치 별 세계의 한가운데 와 있는 것 같은 착각마저 느끼게 한다.

눈 덮인 바위능선, 깎아지른 듯한 암벽의 군상들, 연이어진 기암괴석의 연봉들이 계곡 양쪽을 병풍을 둘러치듯 늘어서 있어 마치 여행객들에게 베일에 싸인 신비의 세계를 끊임없이 펼쳐보이고 있는 것 같다.

비선대를 지나서 바로 오른편으로 갈라진 골짜기가 토막골이며 그 다음에 철교를 지나면 설악골이 나타나 공룡(恐龍)능선까지 이어진다. 이 골짜기는 등산전문가들이 주로 이용하는 길이다. 실지로 스님, 신도들이 이 길을 이용하여 가야동 계곡을 건너 봉정암 아래 탑골을 거쳐서 가는 길로 수백년 동안 이용했다 한다.

옛날에는 천불동계곡이 바위와 암벽이 가파르고 험하여 이 계곡을 등산하지 못했으나 60년대 초부터 철계단이나 다리를 설치하여 이용할 수 있게 만들었다. 이곳 산에서는 까치가 없는 대신 가끔씩 까마귀 울음소리가 들려온다. 그러나 웬지 싫지 않은 것은 산에서는 반가운 손님이 오거나 길(吉)한 일이 있을 때 까마귀가 운다고 하여 까마귀를 길조로 여기기 때문이다. 히말라야에서는 사람이 죽으면 시체를 바위 위에 올려놓는다. 그러면 까마귀들이 내려와 시체를 먹어 치우는 조장(鳥葬)을 지내고 네팔의 라마교나 시베리아에서는 옛부터 까마귀를 영물로 취급해왔다고 한다.

몇 구비 더 돌면 이호담(二壺潭)이 나타나며 배가 불룩한 병 모양의 아담한 담(潭)이 2개가 있기 때문에 그렇게 부른다.

귀면암

같이 떠난 일행과 설악의 변화 무쌍한 모습을 이야기하며 눈길을 산행했다. 겨울 날씨에도 불구하고 걷다보면 땀이 나고 계곡은 포근한 느낌을 주고 있다.

높은 산 능선에서 보면 한문의 七자를 연상시킨다는 칠성봉이 멀리서 모습을 나타내고 맞은편에는 잦은 바위골이 전개된다. 이 골짜기는 여러개의 폭포와 바위가 많아 겨울 등산, 암벽, 빙벽 훈련의 메카로 산악인들에게 사랑을 받고 있다. 난이도에 있어서도 고난도가 있는가 하면 평범한 것들이 있어 다양하게 훈련을 할 수 있는 곳이라고 한다.

그러나 암벽과 험한 바위들이 자주 나타나고 굉장히 좁은 협곡이기에 일반인들이 등산하기에는 위험하므로 출입을 자제하는 것이 좋다. 잦은 바위골에서 한 구비 돌아 철계단 위에서 쳐다보면 계곡 한가운데에 생김새가 괴이하고 무서운 귀신 얼굴 모양을 하고 있는 귀면암(鬼面岩)이 나타난다. 귀면암이라는 이름은 근래에 붙여진 것이고 옛날에는 천불동 계곡의 입구에 버티고 서서 마치 수문장 역할을 하고 있으므로 겉문다지 혹은 겉문당이라고 불렀다고 한다.

귀면암을 돌아내려 물가에 앉아 계곡의 물소리를 들으며 잠시 주변을 둘러보았다. 여러 번 천불동 계곡을 등산했지만 눈덮인 설악의 진면목을 보기는 이번이 처음이다.

가을 햇살에 설악의 모든 계곡과 골짜기가 타오르는 불길처럼 현란할 때나 연두색 신록이 푸릇푸릇 나무가지를 뚫고 돋아나 산골짜기를 덮을 때 뉘라 필설로 그 아름다움을 표현할 수 있으랴. 눈속에 잠긴 설악의 모습과 신비로운 자태도 마찬가지일 것이다.

맞은편 암벽비탈에 뿌리를 박고 수백년이나 계곡을 지켜온 몇 그루의 노송들이 눈꽃(雪花)을 피우고 계곡의 곳곳엔 단풍나무, 후박나무, 산목연, 소나무, 참나무들이 어울려 조화를 이루고 있다.

쇠처럼 단단한 바위틈 속에 뿌리를 내리고 있는 나무들을 보면 강한 의지와 생명력을 느낄 수 있다. 계곡의 많은 수목들을 키우는 바위들에게도 그 틈새마다에 생명력과 무한한 자연의 에너지를 가지고 있다고 생각하니 절로 고개가 숙여진다.

"하루저녁 자고 일어나면 눈이 1~2m씩 쌓여있는가 하면 감쪽같이 사라지는 자연의 변화 무쌍하고 오묘한 신기루를 겪어보지 못한 사람들은 상상도 할 수 없을 겁니다."

땀을 닦으며 상기된 표정으로 설악의 구석구석을 마치 의사가 청진기를 대고 진찰하듯이 사진작가 성선생님이 이야기하고 있다.

귀면암 고개에서 서남쪽을 바라보면 칠형제봉(峰) 중 막내봉의 모습이 우뚝 솟아 앞에 다가와 서 있다. 칠형제봉은 공룡능선 신선암 북쪽에서 천불동계곡을 향하여 용소골과 잦은 바위골 사이로 뻗은 여러 개의 봉우리를 말한다. 동북쪽 아래 계곡을 바라보면 바위가 연이어 겹쳐져 있고 바위와 어우러진 소나무 계곡의 여울물이 얼음 밑으로 흐르며, 깎아지른 듯한 급경사로 철옹성을 겹겹이 쌓아 놓은 것 같은 아름다운 기암괴석들은 한폭의 동양화를 화선지에 옮겨 놓은 것 같다.

가파른 계곡 아래 길이 나 있어 계곡 기슭을 돌면 저 멀리 화채능선이 반원형의 병풍처럼 펼쳐져 있다. 화채능선은 대청봉에서 시작하여 화채봉(華彩峰), 칠성봉(七星峰), 집선봉(集仙峰), 권금성(權金城)까지 이어진 능선으로 일명 동북능선이라고도 한다.

계곡 왼편에 커다란 바위조각들을 층층이 쌓아 올린 듯한 암벽이 솟아 있고 암벽 바위 위에 여인의 젖무덤을 연상시키는 유방과 같은 바위가 있고 그 위에 젖꼭지처럼 솟아오른 바위가 유난히 눈길을 끌고 있다.

오련폭포

조각가가 여인의 젖가슴을 조각하여 얹어 놓은 것 같은 착각마저 들게 할 만큼 비슷하다. 바로 그런 모습으로 등정에 피로한 여행객들이 잠시 피로를 잊고 바라보게 하는 기묘한 바위이다. 눈이 조금 덮여 있고 꼭지부분만 살짝 나와 있을 때 보면 정말로 처녀의 젖가슴처럼 아름답고 풍요롭게 보인다.

서북쪽에서 동남방향으로 계곡이 연이어 펼쳐지고 병풍처럼 앞을 가로막고 있는 병풍바위기슭으로 긴 철교가 가설되어 있다. 철교에서 보면 칠선골이 나타나고 골안에는 아름다운 칠선(七仙)폭포가 있다. 칠선골은 귀면암에서 양폭(陽瀑)을 향해서 올라가다가 오련(五連)폭포 못미처 왼편(동남쪽)으로 갈라진 골짜기를 말하며 일명 구만물상(舊萬物相)골이라고도 한다. 특히 칠선계곡은 등산하기가 힘들고 위험하여 산행을 하지 않는 것이 좋다.

칠선골에서 오른쪽 계곡을 따라 조금 올라가면 오련(五連)폭포가 나타난다. 깎아지른 듯한 바위 협곡 사이에 5개의 폭포가 연이어 떨어지며 장관을 이루고 있다. 이전에는 폭포 일대의 암벽을 천불동계곡 앞문의 수문장 같다고 하여 앞문다지라고 불렀다 한다.

오련폭포 입구에서 오른편(서쪽)으로 용소골이라는 조그만 골짜기가 나타나 신선암부근까지 뻗어있는데 일반인들이 등반하기에는 길이 험하고 어려운 좁은 협곡으로 암벽등반을 하는 산악인들의 훈련장소로 이용되고 있는 곳이다.

오련폭포에서부터 올라가면서 칠형제봉이 나타나고 공룡능선의 바위들이 하나 둘씩 보이기 시작한다. 오련 폭포가 흐르는 계곡 위로 깎아지른 암벽 바위들이 수천의 군중이 열병해 있는 형상으로 만경대 줄기가 펼쳐진다.

천당폭포

커다란 바위가 허공에 솟아 올라 햇빛을 받아 불그스레한 색조를 띨 때면 마치 그랜드캐년의 웅장함과 같은 풍광을 맛볼 수 있다. 오련폭포 위 오른쪽 계곡의 깎아지른 듯한 산허리에 안전을 위해 철계단이 설치되어 있다. 특히 겨울철에는 절벽 위에서 쏟아지는 눈사태를 조심하기 위해서는 보행시 오른쪽 계곡을 쳐다보면서 주위해서 걸아가야 한다. 철교 위에서 동남쪽으로 보면 저멀리 깊숙한 죽음의 계곡 초입이 보인다.

철다리를 지나 계곡을 따라 올라가면 벽을 돌로 붙인 슬라브 2층 집이 나타나고 큰 암벽을 뒤로 하고 공룡능선 줄기에 양폭산장이 자리잡고 있다. 산장뒤로는 좁은 계곡이 펼쳐지고 산장 안에는 3단으로 만든 나무침상이 여행객을 기다리고 있다. 양폭산장 맞은편에 만경대가 깎아지른 듯이 솟아 있다.

만경대(萬景臺)는 화채봉에서 양폭으로 내려오는 길 중간에 위치하고 있는 좁고 높은 바위산이다. 주위의 전망이 좋아 많은 경관을 볼 수 있으므로 만경대(萬景臺)라고 하며 또는 많은 경관을 바라볼 수 있다고 하여 망경대(望景臺)라고도 한다. 또 만경대에 서면 주위의 경치로 인하여 무아의 경지에 이르게 된다고 하여 무아대(無我臺)라고 명명하기도 한다.

양폭산장에서 암벽바위 사이로 만경대로 올라가는 조그만 길이 있는데 쇠줄을 설치하여 중턱까지 연결해 놓았다. 나는 호기심으로 깎아지른 암벽길을 쇠줄을 잡고 올라가 주변을 둘러보았다. 중턱 암벽에서 보면 수많은 봉우리가 겹겹이 우뚝 솟아 별천지에 들어선 것같은 비경이 펼쳐지고 저 아래 양폭산장엔 사람들이 인형같은 모습으로 분주히 움직이고 있다.

올라갈 때보다 내려올 때가 더 위험한 것 같다. 흐르는 물이 얼어 빙판이 되고 눈이 쌓여 방심하면 천길 낭떠러지에 떨어진다.

등반을 하는 동안 일행은 라면과 떡을 썰어 맛있는 점심식사를 준비해 놓고 기다리고 있었다. 땀을 흘리고 대자연의 정기를 만끽해서일까 점심은 정말 꿀맛같이 맛있었다.

양(陽)폭포는 아래쪽의 오련(五連)폭포와 바로 위의 천당(天堂)폭포 중간에 있다. 음(陰)폭포와 이웃하여 있는데 양(陽)폭포는 겉에 있으므로 양(陽)폭포이고 음(陰)폭포는 음폭(陰瀑)골에 들어가서 속에 있으므로 음(陰)폭포이다. 현재는 양폭포라는 말보다 양폭포를 줄여서 양폭(陽瀑)이라는 말이 더 널리 쓰이고, 또 양폭이라는 말은 폭포를 의미할 뿐만 아니라 나아가서 그 주변 일대를 가리키는 말로 변화되었다.

점심 식사와 따끈한 차 한잔을 마시고 양폭 위쪽에 있는 가파르고 위태로운 석벽에 설치한 철계단을 오르면서 천당(天堂)폭포를 바라보았다. 아찔한 스릴감과 까마득한 계곡 절경이 펼쳐져 천당에라도 온듯한 느낌이 든다.

천당폭포에서부터 등산코스가 점점 더 험해지고 양폭산장을 중심으로 반경 1.5km 이내가 설악산에서 가장 아름다운 절경을 이루고 있는 지역이라고 할 수 있다.

양폭산장에서 500여 미터쯤 올라갔을 때 만경대가 서서히 운무(雲霧)에 잠기고 있었고 어느새 먼 산들은 점점 사라지고 보이지 않았다.

나는 성선생님께 설악산과 금강산을 비교하며 금강산이 여성적이라면 설악산은 남성적이지 않느냐고 말했다. 내말을 듣던 성선생님은 목소리를 높이며 금강산이 전라(全裸)의 여인이라면 설악산은 미니스커트를 입은 여인이라고 힘주어 강조했다.

"금강산이 옷을 벗은 여인이라면 설악산은 반쯤 옷을 걸친 여인이 아닐까요. 설악산은 볼수록 아름다운 미지의 여인같아요. 무엇인가 잡힐 것같으면서도 잡히지 않는 여인의 옷자락같은 은밀함이 계곡 골골이 스며 있어요. 20여 년을 한결같은 마음으로 짝사랑하는 사나이의 불타는 가슴같은 게 우리네의 생명의 에너지로 작용하지요. 지나간 세월을 되돌아보면 설악산을 감히 어떻게 안다고 할 수 있겠어요. 산은 무한한 생명의 신비로움과 아름다움을 간직한 채 제 마음을 아는지 모르는지 언제나 말없이 서 있을 뿐이지요. 어쩌면 밤마다 가슴 태우는 영원한 짝사랑일지도 모르지요.

이전에 무당이 산신제를 지낼 때 산신이 좋아한다고 해서 남근(男根)을 깎아서 제사를 지냈지요. 그래서 나도 산신을 즐겁게 하기 위해서 남근을 깎아서 목에 걸고 다녔죠."

"그럴만한 어떤 근거라도 있습니까?"

"지금은 명확하게 근거를 제시하기는 어렵지만 십여 년 전만 하더라도 산신제를 지낼 때 무당들은 장군복장을 하고 제를 올렸지요. 그 당시 사진에 담아 놓지 못한 것이 아쉽습니다. 그래서 나는 설악산은 여성의 산이라고 생각하고 있습니다. 물론 산의 모습이나 내용도 남성적인 산이라고 보기에는 어렵지요."

성선생님과 설악산에 대한 이야기를 주고 받으며 무너미 고개에 이르렀다. 이 고개는 천불동계곡과 가야동(伽倻洞)계곡의 경계에 위치하며 내설악과 외설악을 구분짓는다. 고개 바로 북쪽에는 희운각 대피소가 있다. 무너미란 말의 어원은 무는 물에서, 너미는 넘는다(건넌다)란 뜻을 가지고 있으며 한자로 수유(水踰), 수월(水越)이라고도 표기하는데 이러한 지명은 전국적으로 무수히 많이 분포한다고 한다.

무너미계곡 입구에서 왼쪽으로 죽음의 계곡 입구가 나타난다. 이 계곡은 천불동계곡 맨 끝 골짜기로 대청봉에서 희운각으로 내려오는 능선길 바로 동편 골짜기에 위치하며 1969년 한국산악회원 10명이 해외원정을 위한 훈련을 하다가 조난당하였다. 그래서 이 계곡이 죽음의 계곡으로 불려지게 되었다.

1956년 8월 한국산악회원이 처음 등반하였으며 아직 뚜렷한 등반로가 없다. 풍수지리적으로 설악산은 닭이 알을 품고 있는 산세라고 한다. 대청봉은 닭의 머리부분인 부리에 해당되고 화채(華彩)능선은 닭의 오른쪽 날개, 서쪽 능선은 닭의 왼쪽 날개, 공룡능선은 닭의 몸통, 죽음의 계곡은 닭의 목 부분에 해당된다고 한다. 풍수전문가들의 얘기에 의하면 닭의 목에 먹이가 되는 것이 붙어 있을 때 닭이 그것을 쪼아 먹는 것은 시간 문제라 한다. 산에 다니는 산사람들은 입산할 때 닭을 절대로 먹지 않는다 한다. 또한 여자와 잠자리하는 것을 금기사항으로 지키고 있다. 그래서 등산전문가들의 말에 의하면 죽음의 골짜기를 들어가지 않는 것이 좋다 한다. 여름에는 입구를 찾기가 어렵고 겨울에야 빙벽하는 사람들이 길을 내어 놓고 있다 한다.

죽음의 계곡에는 100m 정도의 높은 건(乾)폭포가 있다. 여름에 비가 오면 웅장한 폭포로 변하고 겨울에는 물이 얼어서 암벽등반 훈련을 하는데 얼음의 질이 좋아 산악인들의 훈련캠프로 이용한다. 1969년 이전에는 건폭(乾瀑)골 이라고 불렀는데 10여 명의 산악인들이 죽고 나서부터는 죽음의 계곡이라고 불리어졌고 근래에도 여러 명이 훈련도중 이 계곡에서 불행을 당했다.

뒤돌아보니 저 멀리 기암괴봉들이 서서히 운무에 싸이고 눈이 조금씩 내리기 시작한다. 안개 속에 잠기고 있는 수목들과 바위 숲으로 간간히 들려오는 새소리가 정적을 뚫고 있다. 산세가 가파라서 몇 번 넘어지기도 하고 쉬기도 하면서 희운각 100m전방 지점에 도착하니 안내판이 기다리고 서 있다. 여기서부터 대청봉까지 700m 정도다.

오른쪽 공룡능선을 따라 신성봉으로 향했다.

공룡능선은 마등령(馬登嶺)에서 희운각(喜雲閣) 못미쳐 바로 북쪽 신선암(神仙岩)까지의 바위 능선을 말하며 바위가 뾰족하여 마치 공룡(恐龍)의 등같이 생겼다하여 공룡능선이라 한다. 이 능선에서는 나한봉(羅漢峰), 1,275m봉, 노인봉(老人峰), 1,184m봉이 위치하고 있으며 1963년 겨울 처음으로 산악인들이 공룡능선을 주파하였다 한다.

만경대 운해

능선을 따라 산위로 올라가면 해발 1,100m 정도의 신선봉에 이르게 되는데 이 능선을 중심으로 왼쪽은 내설악 오른쪽은 외설악으로 양쪽의 기후, 온도, 서식하는 나무의 종류가 서로 다른 분기점을 이루는 곳이다.

갈림길에서 암벽산길을 따라 30분 정도 가면 신선암(神仙岩)이 나타나는데 희운각 쪽에서 북쪽으로 올려다 보이는 암봉으로 일명 신선대(神仙臺)라고도 한다.

희미한 구름 속에 햇볕이 희뿌옇게 빛나고 중청봉, 소청봉이 엷은 구름 속에 아슴프레한 윤곽으로 떠 있다. 잠시 앉아 주변을 감상하는 사이에 거대한 청봉은 안개처럼 운해(雲海)의 바다로 사라지고 안개에 잠겼는가 하고 아쉬워하면 어느새 연기처럼 흩어져 나타나곤 한다. 도무지 종잡을 수 없는 자연의 변화무쌍한 현상을 그저 멍하니 넋을 잃고 바라볼 뿐이다. 설악의 운무는 정녕 여인의 변덕스러운 마음이라고나 할까. 보일듯 하면 사라지고 잡힐 듯 잡힐 듯 잡히지 않는 여인의 치맛자락과 같은 것일까. 가까이 있는가 하면 끝 닿은 데 없는 천상의 여인처럼 베일에 가려있고 안았다고 생각하면 안개처럼 흩어지는 그 숨결을 뉘라서 말할 수 있으랴. 서서히 운무(雲霧)가 걷히면서 대청, 중청, 소청의 웅장한 산봉우리가 구름 위에 솟아 오르고 베일에 가려졌던 골짜기가 제모습을 조금씩 드러낸다.

신성봉쪽에서 바라본 북주능선(北主稜線)이 대청봉에서 북쪽으로 마등령(馬登嶺), 저항령(低項嶺), 황철봉(黃鐵峰), 미시령(彌矢嶺), 신선봉(神仙峰)까지 이어져 있다.

대청봉의 줄기와 서북주능선은 서로 번갈아가며 나타났다 사라지고 동시에 나타나기도 하면서 저마다 자신의 은밀한 세계를 잠깐씩 언뜻 언뜻 보여준다. 구름에 낀 태양이 석양에 기울어가고 솟아오른 대청봉의 중간 허리부분까지 운무가 뽀얗게 피어올라 나목들의 희미한 윤곽을 삼키고 있었다. 서쪽으로는 저 멀리 귀떼기청봉이 첩첩겹겹 주름치마처럼 산능선들이 병립해서 동해를 연모해 내어 달리고, 북쪽에는 공룡능선의 1,275m 봉만이 운무 속에서 서서히 선명하게 솟아오르고 있다. 북동쪽에 황철봉이 허리까지 잠겨 있고 동해안쪽으로는 저 멀리 화엄사 뒤편 금강산 줄기의 신선봉이 운무 속에 희미한 윤곽을 드러내고 그 가운데는 수백리에 걸친 운무의 바다가 동해바다와 연이어 펼쳐져 엷은푸른색 구름만이 바다와 육지의 희미한 경계선을 느끼게 한다. 보드라운 솜을 수백리 허공에 펼친 듯, 끝없이 광활한 동해바다에 안개를 뿌린 듯한 신비의 세계, 어쩌면 이것이 바로 무릉도원이 아닌가 한다.

범봉은 천화대(天花臺)의 20여 개의 봉우리 중에서 가장 높은 봉우리다. 천화대는 공룡능선의 주인공이라고 할 수 있는 1,275m 봉에서 희운각 방향으로 첫번째 나타나는 노인봉이라고 부르는 암봉에서 북동쪽으로 뻗어내린 20여 개의 연봉을 말한다. 주봉은 범봉이며 외설악에서 가장 날카로운 봉우리가 밀집되어 있어서 암벽등반을 즐기는 산악인들에게는 더없이 좋은 곳이기도 하다. 1969년 한국산악회 해외원정 훈련대의 10명의 산악인이 조난사고를 당한 후 당시 설악산악회 이박사와 설악산 개발위원회가 하늘 나라의 꽃처럼 피어오른 곳이란 뜻으로 천화대라 이름지었다 한다.

만경대 가을

겨울 등반으로는 1974년 1월 어센트 산악회가 처음으로 등정하였다 한다. 신성봉에서 보면 공룡능선의 1,275m봉이 바로 눈앞에 잡힐듯이 가까이 다가서 보인다. 운무의 바다에 돛대가 아득히 솟아오른 듯한 범봉의 자태에 매료되어 같이 온 사진작가 일행들은 장소를 바꾸어 가면서 카메라의 셔터를 누르거나 좀더 좋은 순간이 오기를 기다리며 앞을 응시하기에 여념이 없다.

맑은 날에는 산봉우리에 햇볕이 닿는 부분이 저녁 노을에 물들어 불그스레한 황금빛 윤곽이 선명하게 드러나 산의 자태가 황혼녘의 고요와 아름다움에 잠기게 된다. 산행을 시작하여 무너미 고개를 넘을 땐 눈발이 날려 좋은 경치를 보기가 어렵다고 실망을 했는데 이곳 신선봉에 올라 보니 전혀 새로운 세계가 펼쳐져 같이 온 일행들을 흥분하게 만들었으니 어지간히도 운수가 대통한 날이라 하겠다.

성선생님의 말에 의하면 이런 정도의 아름다운 운해의 바다를 만나기란 1년에 한두 번 정도 올까말까한 기회라고 한다.

“새벽 3시부터 눈속에 올라가 몇시간씩 기다리기도 하고 텐트를 치고 한 장소에서 며칠씩 한 장면을 찍기 위해 기다리기도 하지요. 찍는 시기를 놓칠 때면 몇 년 동안 그 시간 그 장소에 가서 기다려보기도 합니다. 허나 여러 가지 조건이 맞는 이상적인 장면을 잡기란 극히 드물고 1년에 마음에 드는 사진은 두세 장 정도밖에 촬영하지 못하지요.”

“겨울에 혼자서 어떻게 설산(雪山)에서 보냅니까. 위험하지 않습니까?”

“물론 초보자들은 위험하지요. 하지만 설악산 사진만 찍고 사는 지가 벌써 15년째입니다. 2월이 되면 설악산은 일년 중 눈이 가장 많이 쌓이지요. 한달 정도 먹을 식량을 짐을 나르는 젊은이와 함께 천막을 칠 곳에 나르지요. 물론 천막은 눈이 내려도 주저앉거나 덮이지 않게 튼튼하게 설치해야 하고 식수는 얼음물을 녹여 사용합니다. 한달 정도를 보내면서 일년 중 가장 즐거운 시간을 맞이한답니다. 아름다운 설악이 전부 내 것같이 느껴지기도 하고 때론 전혀 본적도 없는 신비의 세계에 사는 것 같은 착각에 빠지기도 하지요. 작년엔 양폭산장 앞에 보이는 만경대 꼭대기에서 한달 동안 천막을 치고 지냈는데 바람이 몹시 부는 날 천막이 찢어지고 날려보낼 뻔한 일도 있었지요. 한달 동안 두세 컷 찍었는데 그것도 시원치 않았어요. 노력하고 기다린 것에 비하면 소득은 별로 없었지요. 하지만 저 신비로운 대자연의 음향과 영감의 교감은 그 무엇으로도 바꿀 수 없는 값진 것이라고 생각합니다.”

“저도 89년도에 거의 일년 가까운 시간을 산사(山寺)에서 보냈지요. 이듬해 2월 초순쯤 될겁니다. 강릉 기상대가 생긴 이래 60년만에 최고의 눈이 내렸던 해지요. 그때 어성전 만월산 명주사에 있었는데 처마까지 눈이 내렸지요. 거의 3m 정도의 눈이 내렸으니 상상하기가 어렵지요. 다들 잘 믿지 않아요. 그래서 그때 찍은 사진을 보여주면 수긍을 하더군요. 그때부터 1미터쯤 내리는 눈은 별로 높아 보이지 않더군요. 어성전 마을에는 조그만 국민학교가 있는데 그 국민학교 교정에 있는 골대가 완전히 눈에 덮혔답니다. 그래서 동네사람들이 자로 재어보니 2m 60cm 였답니다. 제가 있던 절은 그 마을보다 훨씬 더 눈이 많이 내리는 곳이니까 이해가 갈만 할겁니다.”

악골 쌍폭

우리는 서로 겨울 등반과 눈에 대해서 얘기를 나누면서 주변의 경관에 대해 이야기했다.

"칼라 사진일 경우는 해넘어가기 2분전쯤이 기대가 가장 크답니다. 노을과 사진의 색조 관계 때문이지요. 오늘 함선생님은 운이 무척 좋으신거지요. 겨울에 한두 번 있을까말까한 운무의 절경을 보았지 않습니까? 겨울에는 이런 현상 자체가 별로 일어나지 않는답니다. 여름에도 몇 번 정도의 이런 장면을 볼 수 있지만 오늘같이 아름다운 광경은 15년 동안 네다섯 번 정도 만났지요. 물론 이보다 좀더 좋은 장면도 한두 번 촬영할 기회가 있었지요."

신선이 된듯한 이 기분은 그 무엇으로도 살 수도 바꿀 수도 없는 기쁨일 것이다. 여행의 즐거움이란 바로 이런 것이구나 하니 절로 행복감이 젖어든다. 재력이나 권력을 가진 사람들이 물질적인 것을 추구할 수 있다 하더라도 이 천상의 기쁨같은 자연현상의 경이로움과 즐거움만은 돈이나 권력으로 살 수가 없으리라. 잡힐 듯 하면서도 곧 사라지는 저 아름다운 대자연의 언어를 눈으로 보고 가슴으로 담을 수 있다는 것은 땀을 흘리며 산행한 사람들만이 가질 수 있는 특권일 것이다.

공룡능선은 영동 영서지방을 나누는 분기점이 되며 기후 또한 판이하게 다르다. 속초시가 빗속에 잠겨있는가 하면 능선 오른쪽인 서쪽은 햇볕이 쨍쨍 내리쬐이고 한쪽에 바람이 불어도 능선을 넘어 몇 발짝 내려가면 바람이 전혀 없다. 불과 몇 발짝 사이에 너무나 판이한 자연현상에 경외감마저 들게 하기도 한다.

신선봉에서 남쪽으로 보면 대청봉에서 화채능선

맨 끝쪽 두 번째 능선 중간에 죽음의 계곡이 있다. 대청봉과 중청봉 능선 계곡 사이인 가야동 계곡 상부에는 설악산에서 가장 오랫동안 눈이 쌓여 있는데 7월까지 눈이 남아 있다고 한다.

해가 지고 어둠이 깃들 때 희운산장(喜雲山莊)에 도착하여 짐을 풀었다. 이 산장은 천불동 계곡과 가야동(伽倻洞)의 경계인 무너미 고개 바로 북쪽에 위치한 대피소로 1971년 한국산악회 최태묵 씨가 건립했다 한다. 지금은 그 일대를 가리키는 지명이며 동쪽으로는 천불동계곡 서쪽으로는, 가야동계곡 남쪽으로는 대청봉, 북쪽으로는 공룡능선으로 갈라지는 교통의 요지이다.

밥을 짓고 찌게를 끓이며 난로가에 둘러 앉아 술잔을 건네며 주고 받는 끝 없는 산 사나이들의 얘기에 산장의 시간은 화살처럼 지나갔다. 2층 침상에 누워있던 다른 일행들도 동참하고 시를 쓰고 공부한다는 산장지기 문학도며 머지않아 외국으로 파견나간다는 방송국 엔지니어, 소청봉에서 일년 동안 산장을 지켰다는 김군, 뽀얗게 피어오르는 담배 연기 속에서 홀린 듯이 얘기에 열중하고 열심히 듣고 있다. 사람들의 얼굴에서는 속세에 찌든 표정이나 근심 걱정은 전혀 느낄 수 없는 산 사나이들의 표정, 바로 그것이다. 새벽 산행을 위하여 자정이 넘어서야 아쉬운 마음으로 잠자리에 들었다.

6시 40분경에 일출을 보기 위해 서둘러 사진작가 일행과 산행을 시작했다. 산악에서는 아침 일찍 일어나 산행을 시작하고 저녁 때는 해지기 전에 일찍 돌아오는 것이 안전하다. 저녁 늦게 산행을 하다보면 길을 잃거나 안전사고를 당할 위험이 많기 때문에 각별히 주의를 기울여야 한다.

희운각에서 소청봉으로 올라가는 험한 등산길에 가파른 철계단이 설치되어 있다. 소청봉의 3부 능선 쯤에서 북쪽을 바라보면 눈 앞에 나한봉과 1275m봉, 그 아래쪽에 연해있는 범봉과 정면엔 신선봉이 연이어져 기지개를 켜며 다정하게 새벽잠에서 깨어나고 있다. 동쪽에는 화채봉 능선이 병풍처럼 둘러쳐져 있고 남쪽에는 대청봉이 새벽잠에서 깨어나 우람한 자태로 동해를 굽어보고 있다. 저 아래 계곡 멀리 말등처럼 생긴

악골

용대리가 보이고 백담사 골짜기가 희미한 윤곽으로 잠겨 있다. 산정으로 올라갈수록 추운지방과 그늘에 많이 자라는 자작나무 전나무 숲이 늘어서 있고 소나무는 거의 찾아볼 수 없다. 드문드문 고사목과 쓰러진 나무등걸이 길을 막거나 숲에 뒹굴고 있어 깊은 산속의 정취를 실감케 해 준다.

중청봉 산정 등성이로 뚫린 좁은 길을 따라 고개를 넘으면 군인 막사를 연상시키는 중청봉 산장과 헬기장이 나타난다. 이곳은 설악산 관리공단에서 관리운영하는 곳이라 한다.

산장에서 비스듬히 대청봉 정상까지 올라가는 길 옆에는 많은 돌무더기와 눈잣나무와 전나무, 잔디와 주목나무들이 정상부근에 넓게 퍼져 있다.

대청봉(大青峰)은 양양군 서면 오색리 산1의 1번지에 위치한 영산 설악산의 지붕이며 1,708m로 가장 높은 주봉(主峰)이다.

설악산은 북으로 금강산을 거쳐 백두산에 이르고 남으로는 오대산, 태백산맥을 지나는 백두대간의 중추적인 산이다. 설악산은 최고봉인 대청봉을 중심으로 북쪽의 미시령과 남쪽의 점봉산을 잇는 설악산맥이자 태백산맥이기도 한 주능선을 경계로 하여 동쪽(동해)을 외설악, 서쪽(내륙쪽)을 내설악이라 부르고 있다. 외설악은 천불동계곡을 끼고 양쪽에 창검같이 솟은 기암절벽으로 남성적인데 비해 내설악은 백담, 수렴, 가야, 백운, 12선녀탕골 등의 계곡으로 경관이 우아하고 여성적이다. 설악산의 빼어난 경치는 지질기반인 화강암에 그 바탕을 두고 있는데 화강암의 관입으로 인한 암질(岩質)의 차이와 여기서 비롯된 오랜 세월에 걸친 차별침식으로 웅장하고 다채로

대청봉에서 필자

운 모습을 이루고 있다. 대청봉은 이 봉에서 화채능선을 타고 화채봉으로 나갈 수 있고 중청봉에서 비선대로 나가는 코스와 대청봉과 중청봉을 거쳐 소청봉을 지나 독주암 능선을 타고 양양쪽인 오색약수로 나갈 수도 있어 등산로의 분기점이기도 하다. 대청봉 산정 주변에는 유난히도 많은 돌과 돌로 쌓여진 암산(岩山)들이 넓게 흩어져 있다. 이곳에서는 무리지어 자라는 잣나무, 주목들과 더불어 우리 나라의 설악산과 사할린 지방 등에 분포된 희귀식물인 눈잣나무가 눈속에 낮게 엎드려 누워 있다. 이것은 흰 눈과 조화를 이루어 아름다운 설경을 더욱 돋보이게 만들고 있다. 눈잣나무는 소나무과의 묘목으로 높은 산에서 자란다. 평지에서는 곧게 자라며 산정에서는 낮게 눕는다. 꽃은 6~7월에 피며 열매는 다음해 9월에 익는다. 정상 부근에는 세찬 바람탓인지 다른 지역보다 눈이 많이 쌓여 있지 않았고 수목들 사이에 낮게 덮여져 있었다.

정상에 오르면 주변 일대의 전경이 눈 아래 굽어보이며 붉은 해가 공중에서 떠서 공중에서 진다고 하여 대청봉의 일출낙조(日出落照)가 특히 유명하다. 7시 30분쯤 해가 구름 속에 낮게 드리워 떠 있다. 주변 일대가 엷은 아침 햇살을 받아 조금씩 불그스레한 색조를 띠고 동해바다는 뽀얀 운무 속에 잠겨 있다. 상쾌한 아침 바람이 새벽 공기를 가른다. 중부 능선에 올라서면 나한봉, 1275m봉, 범봉, 신성봉이 엷은 운무에 쌓여 서서히 걷혀가며 제 모습을 확연히 드러내고 있고 저 멀리 바둑판 위에 성냥갑을 올려 놓은 듯한 오밀조밀한 속초 시가지와 야트막한 푸른 야산들이 새벽잠에 엎드려 있다. 화채능선을 따라 솟아 있는 화채봉과 계곡들이 안개 속에서 저마다의 아름다운 속살을 새벽 공기에 조금씩 드러내고 있고 저 멀리 북쪽 해안쪽으로 눈이 쌓여 흰빛으로 아득하게 솟아 있는 그리운 금강산이 시야에 들어 온다.

중부능선에서 소청봉까지의 등산로는 매우 미끄럽고 오르기가 험하다. 내려오는 등산객들이 엉덩이로 눈썰매를 타고 온 코스가 많아서 자칫하면 미끄러 넘어져 부상당하기 쉽다.

힘겹게 소청봉에 올라 정방형의 나무 탁자에 걸터 앉아 땀을 닦으며 주변의 상쾌한 공기를 마음껏 들이 마셨다. 아침을 먹지 않은 탓인지 몹시 시장하여 주머니에 넣어온 초콜릿을 꺼내어 성선생님과 함께 나누어 먹었다. 등산을 할 때 허기지거나 갈증이 날 때 초콜릿을 먹으면 든든할 뿐만 아니라 갈증도 가시기에 산에 갈 때는 항상 비상식량으로 준비하여 가는 것이 꼭 필요하다.

소청봉 아래쪽 500m 지점에 소청봉 산장이 있고 그곳에서 백담사까지 가는 계곡이 매우 경치가 좋은 코스중의 하나다.

소청봉에서 중청봉을 바라보면 산 꼭대기에 둥근 공모양의 커다란 백색 통신시설이 설치되어 있고 외부인의 접근과 출입을 통제하고 있는 푯말이 유난히 눈에 선명하게 들어온다. 산정에서 왼쪽으로 내려다 보면 천불동 계곡의 천의 얼굴과 자태를 지닌 기상천외의 절경과 망망한 동해가 눈 앞에 전개된다. 저 멀리 속초항의 청초호, 영랑호와 호숫가의 작은 마을과 항구가 나타나고 낙산, 양양, 강릉이 한 눈에 들어온다. 위대한 설악산으로 막혔던 가슴이 확 터지는 것 같은 후련한 생각에 추위마저 잊게 한다.

동해의 수평선을 바라보고 있노라면 엷은 구름이 피어오르는 수천 수백의 높고 낮은 봉이 모두 청봉(青峰) 앞에 무릎을 끓고 열병을 하고 있는 것같다. 설화산인 무진자(雪華山人無盡子)의 오세암 사적기(五歲庵事蹟記)에 의하면 옛날에는 청봉을 봉황대(鳳凰臺)라 불렀다 한다. 또 봉황대의 정상(頂上)인 봉정(鳳頂)이 이 산의 극(極)한 곳(鳳頂卽岳極處成海應의 東國名山記)이다 하고 기록하였다. 노산 이은상은 봉황대(鳳凰臺), 봉정(鳳頂), 청봉(青峰)이라 한 것은 옛 신앙의 근원이었던 광명(光明)에서 나온 말이라고 단정하였다. 東國名山記에서 청봉이라는 까닭을 살펴보면 青色으로 보인다하여 그 봉우리를 青山峰이라 하였다 한다.

천불동 설경

대청봉 정상에 오르면 눈에 띄는 건 돌집정도다. 이곳은 대청봉 산신을 모셔둔 제단이며 누군가가 돌담을 쌓아 담을 돌렸다. 그리고 옛날에는 오른쪽에 설악산산신령(雪嶽山山神靈) 왼편에 팔도산신 중도신령(八道山神中道神靈)이라고 써서 각각 세웠고 한가운데 위패에 설악산 봉 국가천왕불신지위(雪嶽山峰國家天王佛神之位)라고 써서 세워 놓았다 하나 지금은 없어지고 산정엔 樂山樂水라 새긴 표지석을 자연석에 세워 등산객들을 맞이하고 있다.

대청봉

눈덮인 설악의 설해(雪海)와 설화(雪花)를 바로보면 겨울 설악이 얼마나 신비롭고 웅장하고 아름다운지를 실감하게 될 것이다. 가을 햇살에 골마다 흔들거리는 환상적인 단풍잎 물결, 따뜻한 겨울날 수증기가 올라가다 해질녘에 나무가지에 맺혀 얼음이 얼었다가 아침 햇살에 감쪽같이 사라지는 신기루 같은 현상들. 봄, 여름, 가을철 골짜기마다 안개가 덮여 베일에 쌓인 아름다운 산야. 5월말에서 6월에 피는 대청봉의 진달래, 철쭉꽃이 눈잣나무와 주목들 사이에 피어올라 꽃바다를 이룰 때 가슴은 활활 타오르는 뜨거운 정념으로 별천지의 세계를 경험하게 된다.

9. 태고의 비경 공룡(恐龍)능선을 넘어

아침 식사를 마치고 공룡능선을 향해 준비를 했다. 휘운산장 주변엔 일찍부터 밥을 짓거나 식사를 마치고 산행을 떠나는 여행객들로 붐볐다. 어젯밤 2층 침상 위에서 등산 코스에 대해 이 얘기 저 얘기 나누던 중 의기가 투합하여 처음 만난 사람끼리 같은 일행이 되기로 하였다. 30대 중반의 김씨 부부와 대학생 안군과 박군은 자연스럽게 같이 동행하게 되었다.

휘영청 밝은 달빛 아래서 술잔을 나누며 세상 얘기를 꽃피우다 보면 밤이 깊어가는 것조차 잊기 쉽다.

공룡능선이 너무 험하고 힘들다며 망설이는 안군과 박군에게 김씨와 나는 함께 가는 것이 좋겠다고 권유했다. 어쨌거나 몇 잔의 소주잔이 오가는 사이에 우리는 마치 먼 옛날부터 사귀어온 친구처럼 가까워졌고 산장에서의 정취를 한껏 만끽할 수 있었다.

아침밥도 함께 짓고 나무 그늘에서 같이 식사도 했다.

물을 뜨러 냇가에 가보니 샴푸나 비누로 머리를 감는 아가씨의 모습과 트리오나 퐁퐁으로 식기를 닦는 젊은이들을 바라보니 한 줄기의 분노와 안타까움이 가슴을 아프게한다. 이 아름다운 대자연 속에서 마음의 때를 닦아야지 얼굴에 묻은 때와 식기를 닦으며 자연을 오염시키는 것은 이 곳을 오지 않는 것이 도와주는 것이 아닐까.

8시 40분 산장에서의 즐거운 추억을 남기고 공룡능선으로 발길을 돌렸다. 희운각에서 100m지점 아래에 이르르면 우측은 천불동계곡, 좌측은 신성봉, 공룡능선으로 가는 두 갈래의 길이 나타난다.

공룡능선은 입구부터 험난함을 예고하듯 돌암벽산 위로 가파른 길이 뻗어 있다. 맞은편엔 용아장성 능선이 뻗어내리고 가운데로는 가야동 계곡이 펼쳐져 있다.

암벽과 산 능선을 돌아 처음으로 산 정상에 도착해 보니 공룡능선과 천불동계곡 사이에 황금빛 단풍물결이 엷은 운무 속에 불타오르는 것만 같다. 저 멀리 귀떼귀청봉이 구름 속에 고개를 들고 가야동 계곡은 정적에 싸여 있다. 공룡의 등과 뼈 사이로 등정하는 것같은 등산코스다.

천화대 설경

설악의 날씨는 도무지 종잡을 수가 없다. 운무에 쌓이는가 하면 어느새 안개처럼 걷히고, 맑은 날씨라고 안심하고 산행하면 비바람이 뿌리는 변덕장이다. 우리 일행 다섯 명은 운무에 싸였다 걷히는 천화대의 암봉들을 쳐다보며 황홀한 경치에 넋을 빼앗겼다. 천화대는 외설악에서 가장 험한 봉우리가 모여 있는 곳이며 산봉우리들이 꽃밭같이 모여 있는 형상으로 하늘 나라의 꽃처럼 피어오른 곳이란 뜻으로 천화대(天花臺)라 부르게 되었다 한다.

천화대는 희운각 방향으로 첫번째 나타나는 노인봉(老人峰 1,120m)에서 북동쪽으로 뻗어내린 20여 개의 연봉을 말하며 가장 높은 봉우리를 범봉이라 부른다.

봄날의 푸르름과 가을의 붉은 단풍잎 물결, 겨울날의 눈꽃으로 덮인 경치를 바라보면 하늘 나라의 꽃밭이 천상에 있는 것이 아니라 설악의 이 깊은 계곡 속에 있다는 것을 느끼게 된다.

잦은 바위골에서 바라본 범봉

충분한 휴식을 취한 후 북쪽 1,275m봉을 향해 아쉬운 발길을 돌렸다. 첫번째 봉우리를 넘은 이후에는 주변의 아름다운 경치를 감상하느라 발걸음이 가벼웠다. 뾰족뾰족한 암봉의 등을 밟고 가는 기분이 힘들다는 생각보다는 참으로 오기를 잘했다는 흐뭇한 마음이 앞선다.

공룡능선은 비가 올 때나 바람이 심하게 불 때는 등산을 삼가하는 것이 좋다. 바위를 주로 타야 하는 능선 코스고 바람이 세게 불 땐 계곡으로 날려 떨어질 염려가 있기 때문이다. 특히 바람이 심한 지역을 통과할 때는 북풍으로 인하여 나뭇가지가 남동쪽으로만 뻗어 있어 특이한 형상을 하고 있다.

아름다운 주변 경관을 둘러보다 보면 발걸음이 떨어지지 않는다. 갑자기 운해가 몰려와 주변 일대가 안개에 잠긴다.

천화대의 주봉인 범봉을 지나 5번째 봉우리를 넘어서면 공룡능선의 주인공이라고 할 수 있는 1,275m봉이 나타나고 정상에서 동북방향으로 나한봉(羅漢峰)이 보인다. 나한봉은 1,275m봉과 마등령 사이에 있는 봉우리다. 나한(羅漢)은 아라한(阿羅漢)의 준말로 아라한은 불교에서 최고의 깨달음을 얻은 자를 가리키는 말이다.

공룡능선의 특징은 9개의 커다란 봉우리를 넘어야 한다. 이 길은 나무를 잡거나 암벽을 더듬으며 걷는 경우가 많기 때문에 반드시 장갑을 끼고 등산하는 것이 좋다. 등산 코스는 거의 대부분 봉의 위에서 아래로 멀리 내려갔다 산꼭대기까지 올라가기 때문에 실감나는 등산 코스다.

칠형제봉

두 시간 반쯤 등정하여 1,275m봉에 도착하였다. 난코스가 많기 때문에 상당히 힘든 등산로다. 우리 일행은 주변을 둘러보며 잠시 휴식을 취했다. 김형이 준비해 온 오이를 나누어서 맛있게 먹었다. 땀을 닦으며 주변을 둘러보던 나는 암벽 틈새에 핀 눈에 익은 꽃 한 송이 발견하였다. 오스트리아의 나라 꽃인 알프스의 별 에델바이스다. 이 솜다리 꽃은 에델바이스란 노래가 "사운드 오브 뮤직"이란 영화를 통해 전국적으로 애송되면서 무차별 채취되고 반출되면서 지금은 험한 암벽이나 낭떠러지 바위 틈새에 겨우 명맥을 유지하는 희귀종 꽃으로 변하게 되었다.

중국을 대표하는 동물이 팬더곰이라면 설악산을 상징하는 것은 반달곰이다. 1983년 밀렵꾼의 총에 맞아 죽어가는 반달곰의 모습이 TV에 방영되면서 국민들의 경악과 아쉬움을 남겼던 사건을 떠올려보면 세계적인 자연보존지역인 설악산의 보존 문제가 좀더 심도 있게 연구되어야 할 것이다. 지금은 박제된 반달곰이 여행객의 사진찍는 배경이 되어 돈벌이에 이용될 뿐 설악의 골짜기 그 어느 곳에도 그림자조차 볼 수 없다.

등산을 할 때는 만일의 사태를 대비하여 항상 비상 식량을 준비하는 것이 좋다. 초콜릿 종류나 오이는 목이 마르거나 배가 고플 때 먹으면 고단백 식품이라 많은 도움이 된다. 그리고 설악산처럼 날씨의 변화가 많은 곳은 비옷이나 방수가 되는 옷을 준비하는 것이 필요하다. 산행을 하는 데 등산로가 개설되어 있지 않은 곳을 삼가는 것이 좋다. 조금 일찍 가려다 길을 잃거나 험한 암벽 코스를 만나면 자칫하면 생명을 잃을 수가 있다.

70년대 중반쯤이었을 것이다. 친구 몇몇과 봉정암에서 가야동 계곡을 지나 오세암을 가는 길에 산사람을 만나 길을 물은 적이 있었다. 그때 가르쳐준 지름길을 갔는데 오세폭포에 도달해 우리 모두는 난감한 심정에 처했다.

비가 온 뒤라 바위길은 미끄러웠고 오세폭포 오른쪽 암벽을 등산 장비도 없이 손으로 오를 때 조금만 실수해도 계곡 아래로 떨어져 치명상을 입거나 목숨을 잃는 상황이었다. 그때 그 아슬아슬했던 기억을 생각하면 지금도 가슴이 서늘하다.

에델바이스(솜다리)

휴식을 취한 후 일곱번째 봉우리를 향했다. 1,275m봉에서 100m정도 가면 오른쪽으로 설악골로 갈라지는 등산로가 있는데 가능한 이런 코스는 가지 않는 것이 좋다. 사람들이 잘 이용하지 않을 뿐 아니라 험한 코스이기 때문에 암벽 등반가들이 훈련코스로 이용하는 길이기 쉽다.

이 봉은 굉장히 험난하여 어떤 곳은 밧줄을 타고 암벽 양쪽을 넘어야 하는 등산로가 있기도 하다. 서로 손을 잡아주거나 밧줄을 당겨주며 봉정에 서면 나한봉이 눈앞에 장엄한 모습을 드러내고 동쪽으로는 천불동 계곡과 설악의 소공원지역 상가와 콘도가 보인다. 저 멀리 장군봉의 금강굴 입구와 사다리 사이로 희미한 사람들의 모습이 어른거린다. 북쪽으로 공룡능선이 끝나는 마등령 정상과 수렴동 계곡의 바닥이 보인다.

우리 일행은 큰 봉우리를 하나씩 넘을 때마다 세면서 아홉째 봉을 넘었다. 정상에 서면 동쪽으로는 설악골이 펼쳐지고 마등령 정상과 거대한 남근(男根)형상을 한 진대봉이 하늘을 향해 우뚝 솟아 있다. 상쾌한 산바람이 피로와 땀방울마저 눈녹듯이 삼켜 버린다. 영랑호와 청초호 사이에 속초시가지가 붉은 단풍잎 물결 속에 그림 같은 모습으로 한낮의 햇살을 받고 있다.

잔잔하고 푸른 바다위에 뭉게 구름이 피어 오르고 거대한 산맥의 물결이 겹겹이 둘러쳐져 바다를 향해 연모하고 있다. 서늘한 바람을 맞으며 사방을 둘러보면 마치 허공에 떠 있는 기분이다.

4시간 40분 정도 걸어서 마등령 대피소에 도착했다. 마등령 휴게소 앞에서는 작은 돌을 둥근 원형으로 쌓은 3층 석탑이 있다. 휴게소 매점 아저씨 얘기에 의하면 지난 겨울 3명의 등산객이 이곳을 넘다가 죽어서 그들의 영령을 위로해서 쌓은 탑이라 한다.

마등령 휴계소에서 남서쪽으로 오세암 가는 길이 있는데 산능선쪽 200 m 지점에 샘물이 있다. 박군과 안군은 샘물을 길으러 가고 김형과 나는 점심 식사를 준비했다. 주변 일대에 많은 등산객들이 점심 준비와 식사를 하고 있다. 소나무 그늘 아래 자리를 깔고 넉넉한 마음으로 즐거운 식사 시간을 보냈다.

길러온 샘물로 밥과 국을 끓이고 가지고 온 반찬을 모두 내 놓아 푸짐한 점심 식사를 했다. 어쩌면 우리에겐 이별의 만찬인지도 모른다. 김형 부부는 오세암을 방문하고 수렴동 계곡과 백담사를 들러 용대리로 나갈 계획이라 한다. 나는 두 젊은이들과 마등령을 넘어 금강굴 비선대 코스로 가기에 이젠 김형 부부와 헤어져야 할 시간인 것이다. 따끈한 커피 한잔을 마시며 하룻밤 한낮을 만나 먼 옛친구처럼 서로 손을 잡고 끌어주며 보낸 짧은 시간들이 퍽 아쉽고 소중하게 기억될 것이다.

만남은 헤어짐이 있기에 더욱 아름답고 소중한 것이 아닐까. 오손도손 다정하게 얘기하고 식사하는 우리들의 모습을 보면 어제까지 한번도 본 적도 만난 적도 없는 사이라는 것을 누가 믿을 것인가. 산은 모든 사람을 본연의 모습으로 돌아가게 하고 넉넉한 마음을 되돌려주기 때문이다. 어쩌면 인간은 산을 찾고 산을 의지하고 산을 사랑할 수밖에 없는 운명이 아닐까.

10. 구름 속을 달리는 마등령(馬登嶺)

비선대 ➡ 금강굴 ➡ 마등령길

비선대 30분 → 금강굴

비선대 2시간 30분 → 금강문 40분 → 마등령 → 오세암 2시간 → 백담사

마등령 → 공룡능선 → 희운각 (4시간)

신선한 아침 공기를 마시며 일행과 함께 비선대에서 마등령을 향해 돌계단을 오르기 시작했다. 투명한 아침 햇살에 소나무, 참나무, 물푸레, 자작나무, 도토리, 후박나무 등 형형색색의 연록색 물결이 계곡을 타고 불어오는 미풍에 흔들리고 있었다.

장군봉 3부 능선쯤에 이르면 두 갈래의 길이 갈라져 있다. 왼쪽으로는 마등령으로 가는 돌계단이 뻗어 있고 오른쪽으로는 원효대사의 수도처였던 금강굴로 가는 길이 나 있다. 장군봉 위쪽을 쳐다보면 암벽 사이로 철계단이 설치되어 계단을 오르는 사람들의 까마득한 모습이 아침 햇살에 이채롭다.

마등령 초입 천화대

장군봉 허리를 돌아 올라가면서 남쪽을 바라보면 하늘 한가운데 거대한 성벽을 둘러친 것 같은 화채봉 능선이 앞을 가로막고 오른편엔 천화대와 천불동 계곡 사이로 맑은 시냇물이 흘러가는 골짜기가 조금씩 모습을 드러내고 있다.

산에서 불어오는 시원한 바람이 땀을 식혀주고 그저 바라보기만 해도 마음이 샘처럼 푸릇푸릇 솟아오르고 새소리 바람소리에 속세의 모든 티끌을 씻어버리게 된다.

거대한 장군봉 허리를 뒤로 하고 땀을 닦으며 천화대, 1,275 m봉, 천불동계곡을 굽어보며 망중한을 즐겨본다.

칼바위

천불동 계곡의 돌, 맑은 물, 기암괴석들과 주변의 연두색 녹색물결에 취해 잠시 어린아이처럼 순수한 동심의 세계로 되돌아가 본다.

사진 촬영을 마치고 일행과 함께 마등령으로 가는 능선을 넘으니 능선 왼쪽편에 인자하게 생긴 커다란 현인암이 나타나고 등산로 주변엔 늦게 핀 진달래 철쭉꽃이 드문드문 무리져 피어 있다.

마등령(馬登嶺)은 내설악과 외설악을 가름하는 태백산맥의 준령으로 해발 1,327m의 준봉이고 주변 일대의 경관이 매우 아름다운 등산 코스다. 옛날에 이 산을 넘을 때 어찌나 가파른지 엎드려 땅을 짚고 올라야 하는 고개로 마치 말의 등과 같이 생겼다 하여 마등령이라 불렀다. 과거에 영동 영서간에 물물교환을 하던 상인들이 이 고개를 넘어다녔던 요로이기도 하다. 신흥사에서 마등령까지는 10km 정도가 되며 백담사에서 오세암을 거쳐 외설악으로 빠질 때 이 마등령을 이용하기도 한다.

금강문 운해

가파른 능선을 타고 올라가면 마등령 7부 능선쯤에 마치 男根처럼 생긴 둥그스름하고 깎아지른 듯이 긴 봉(峰)이 솟아 있는데 동서남북 위아래 어디서나 보아도 모습이 동일하게 보이는 진대봉이 있다. 이 봉은 마등령 바로 북쪽에 위치한 해발 1,327m 봉우리로 최근에 등산객들에 의해 붙여진 이름이 아니고 이전부터 주민들에 의하여 불리어진 지명이나 요즈음은 거의 잊혀지고 지도에는 1,327m 봉으로 표기되어 있다.

마등령 코스에는 두 군데의 샘물이 있는데 진대봉에서 50, 60m 아래에 맑은 샘물이 항상 넘쳐 흐르고 금강문에서 40m 위로 올라가면 샘이 하나 더 있어 나그네를 기다리고 있다.

진대봉 샘물은 특히 여자들에게 좋고 금강문 앞에 있는 샘은 남녀 모두에게 좋다 한다. 진대봉은 어디서 보나 힘찬 남근처럼 생겨서 그 밑에서 솟아나는 샘이기에 그런 얘기가 생긴 것같다.

진대봉에서 십여 분 정도 숨을 몰아쉬며 올라가보면 금강문이 나타나는데 바위가 길 양쪽에 문기둥처럼 갈라져 마치 거대한 문이 열려져 있는 것같은 형상을 하고 있다. 이 문은 불가(佛家)에서 마치 극락으로 들어가는 관문이 열려져 있다는 뜻으로 누구든지 이 문을 통과하면 극락으로 들어가게 된다는 뜻이다.

마등령에서 바라본 천불동

금강문을 통과하여 십여 분 걸어가면 마등령 정상이 나타나는데 앞엔 공룡능선이 그 끝엔 신성봉과 청봉이 웅장하게 버티고 서 있고 동쪽엔 푸른 동해바다와 속초시가지와 설악산 입구가 눈아래 전개되고 하늘나라 꽃밭인 천화대의 암봉군들이 하늘을 찌를 듯이 도열해 있다.

마등령 정상을 넘어가면 오세암이 나타난다. 정상에 오르면 서쪽으로는 내설악 일대와 동남쪽으로 동해와 외설악의 절경이 한눈에 전개된다. 남쪽으로는 대청봉에서 시작하여 화채봉, 칠성봉, 집선봉, 권금성까지 이어진 화채능선이 거대한 성벽처럼 뻗어내려가고 북쪽으로는 저항령, 황철봉으로 이어지는 능선이 동해로 뻗어내려 마치 천군만마가 좌우에서 도열해 있는 것 같은 웅장한 모습이다.

옛 노인들에게서 전해오는 얘기에 의하면 마등령은 험준하여 한번 오르자면 힘겹게 손을 잡고 더듬으며 네 발로 기듯이 올라갈 수 있는 고개라하여 어루만질마(摩)인 摩登嶺이라 불렀다 한다.

동쪽으로는 흡사 둥글기가 달마같다 하여 부르게 된 달마봉은 부드럽고 점잖게 앉아서 영랑호와 청초호의 잔잔한 물결을 바라보고 있는 듯하다.

11. 神山, 대청봉의 진달래 철쭉꽃

혀끝을 톡 쏘는 사이다 맛을 연상케하는 오색약수를 마시고 오후 1시 30분 대청봉을 향해 출발했다. 옛날에 오색꽃이 피었다 하고 또 사기(史記)에 오색석사(五色石寺)가 있었다하여 오색리라고 전하는 이 마을은 우리 나라에서 가장 유명한 오색약수와 80년대 초에 개발한 온천으로 인하여 아름다운 자연 경관과 더불어 천혜의 관광자원을 갖춘 보고(寶庫)이다. 오색천을 좌우로 끼고 형성된 식당과 숙박지구를 지나 한계령으로 이어지는 아스팔트 길로 발길을 돌렸다.

오색온천 남쪽 산기슭에 자리잡은 망월사(望月寺)에서 들려오는 은은한 독경소리가 나그네의 마음을 편안하게 가라 앉힌다.

둥근돌로 쌓은 성벽같은 돌담 위에 우뚝 솟은 뾰족뾰족한 그린야드의 녹색 지붕들, 둥근 유리벽, 대형 탄산 온천장과 펄럭이는 만국기들은 마치 알프스의 어떤 산 중턱에 와 있는 것 같은 묘한 분위기에 젖게 한다.

오색 ➡ 대청봉가는길

매표소 →(3시간 30분) 대청봉(설악폭포경유)

대청봉 →(40분) 소청봉 →(40분) 희운각대피소

대청봉 →(40분) 소청봉 →(30분) 봉정암 →(2시간) 수렴동 →(1시간 10분) 백담사

그린야드의 바윗돌로 쌓은 돌담을 지나면 남설악호텔의 잘 정돈된 주차장과 한계령을 넘나드는 차들의 소음소리가 윗길 숲에서 들려온다. 남설악호텔 동쪽 맞은편 계곡에 치마처럼 흘러 퍼지게 생긴 치마폭포에서 시원한 물줄기가 흘러내린다.

아스팔트가 끝나는 지점의 매표소에서 왼쪽으로는 한계령을 넘어가는 코스와 오른쪽으로는 양양읍으로 가는 길이 나 있다.

매표소를 지나 산을 오르다 보면 독주폭포로 가는 구간이 나타나는데 이 구간은 안전사고 방지와 자연보호 차원에서 1979년 3월 15일부터 폐쇄된 등산로다. 철교를 지나 메마른 개울과 좁은 숲길, 돌과 바위 그루터기를 헤치고 올라가면 두 개의 갈림길이 나타나는데 왼쪽 길은 독주골로 가는 등산로이고 오른쪽은 설악폭포 대청봉으로 이어지는 길이다.

오른쪽 계곡의 좁은 길로 나 있는 등산로를 선택하면서 잠시 망설였지만 바위 위에 희미한 화살표 방향의 표시를 발견하고는 반가움과 확신을 가질 수 있었다.

이곳에서부터는 경사면이 점점 더 가파라지고 험한 코스가 시작되었다. 삐죽삐죽한 돌로 깎아 만든 돌길이 산정으로 계속 올라 뻗어 있다. 어찌나 가파른지 땀이 눈앞을 가려서 주변 경치를 감상할 여유도 별로 없거니와 울창한 송림숲으로 덮여 있는 곳이라 확트인 전망조차 볼 수 없는 코스다.

오색에서 대청봉을 선택하는 등산코스의 장점은 가장 짧은 시간에 대청봉 정상에 도달할 수 있고, 대청봉에서 내려가는 다른 등산코스의 선택이 용이하고, 내려가는데 그만큼 편리하여 설악의 여러 코스를 감상하기에 유리하기 때문이다.

제1쉼터에서 조금더 올라가면 시야가 확 트인 산허리 능선이 나타나는데 계곡 아래 그린야드와 오색숙박지구가 산속에 둘러싸여 선명하게 시야에 들어오고 남쪽엔 거대한 태백산맥 줄기가 물밀듯이 끊임없이 동해로 뻗어내려 거대한 산맥의 성벽을 이루고 있다. 제1쉼터에서 1.5km 정도 올라가면 50장 정도의 맑은 폭포수가 바위틈을 굽어치며 유연하게 흘러내리고 있다.

설악의 여느 폭포와는 달리 폭포라는 이미지보다는 대청봉 가는 직선 코스와 험한 계곡 옆에 한적하고 유유히 흘러내리는 바위계곡을 연상하는 것이 더 적절한 표현일 것이다.

설악폭포에서 오색관터로 가는 등산로도 89년부터 폐쇄되었다. 가끔 가다 마주치는 일행들을 계속 앞지르며 울창한 숲길을 걸어 올랐다. 설악산 날씨는 변화무쌍하고 변덕스러워 맑은 날씨가 갑자기 운무에 휩싸이는가 하면 예상치도 못한 비를 만나기도 하고 우비를 입으면 해가 나와, 벗어야 하는 종잡을 수 없는 것이 설악의 기상이기도 하다.

흐린 날씨에 간간히 뿌려지는 빗방울에 더위를 식히며 1,450m지점인 제2쉼터 매점에 도착하여 따끈한 당귀차를 마시며 피로를 풀었다. 봄이면 늘 배낭 하나 짊어지고 남도를 여행하던 학창시절부터 나는 혼자 여행하는 데 익숙해 있었고 지도를 바라보며 내리고 싶은 역이 있으면 어느 때라도 내려서 도회지의 밤 풍경을 탐닉했던 그 시절의 추억을 떠올려 보았다. 혼자 여행하는 것이 외롭게 보일지 몰라도 언제나 새로운 사람을 만나 대화하고 모든 상황에 혼자 대처해야 하기 때문에 여행의 진수를 느끼기엔 안성맞춤이라 생각된다. 무엇보다도 여행의 모든 선택은 백퍼센트 자신의 결정에 있다는 게 가장 매력이라 생각된다.

여기서 대청봉까지는 1.2km로 약 1시간 걸리는 거리다. 정상으로 가까이 올라갈수록 산새가 완만해지고 늦게 핀 철쭉과 진달래꽃이 바위틈에 수줍게 피어 아직도 봄의 정취를 간직하고 있다.

끝없이 이어지는 울창한 숲속에서 갑자기 환한 곳으로 빠져나오는 해방감을 맞본다는 것은 어느새 정상 가까이 다가섰다는 기쁨과도 같은 것이다.

대청봉 산장을 지나 정상에 서면 남쪽으로 거대한 파도같은 능선인 태백산맥의 줄기가 동해를 연모해 굽이쳐 흐르고 대청봉의 서북쪽을 종주하여 한계령을 지나 1,424m의 점봉산(點鳳山)으로 내려가는 한계령 능선과 1,577m의 귀떼기 청봉에서 대승령(大勝嶺)을 거쳐 1,430m의 안산(鞍山)까지 뻗쳐 서북쪽으로 흘러가는 장엄한 서북주능선이 이어지고 있다. 산세가 너무 험하여 안산부근을 일명 길마산(吉馬山)능선이라 부른다고 한다.

붉은인가 목

대승령에서 귀떼기 청봉까지는 험한 봉우리가 연이어져 경치가 매우 아름답다 한다. 기암절벽이 많이 솟아 흡사 용(龍)의 치아(齒牙)처럼 뾰족뾰족한 봉우리가 연이어진 용아장선능선(龍牙長城稜線), 동쪽으로는 1,305m의 화채봉(華彩峰)을 지나 칠성봉(七星峰), 집선봉(集仙峰), 권금성(權金城)으로 이어지는 화채능선(華彩稜線)이 거대한 성벽처럼 동해로 뻗어내려간다. 이 능선은 외설악의 유명한 천불동, 만경대 골짜기를 이루어 수많은 폭포를 만들고 설악의 가장 아름다운 경관을 이루고 있는 천불동계곡을 애워싸고 있는 능선이다. 중청, 소청 무너미고개를 지나면 북쪽 신선암부터 바위가 뾰족하고 험난하여 마치 공룡(恐龍)의 등같이 생긴 공룡능선을 따라 1,275m봉, 노인봉(老人峰), 나한봉(羅漢峰)이 장엄하게 버티고 서 있다. 연이어 내·외설악을 연결하는 말등같이 생긴 마등령(馬登嶺)이 동으로는 금강굴, 비선대, 서로는 오세암, 백담사, 북으로는 저항령(低項嶺), 황철봉(黃鐵峰), 미시령(彌矢嶺)으로 연이어져 장엄한 설악의 절경이 한눈에 굽어보인다.

외설악에서 가장 날카로운 봉우리가 밀집되어 하늘나라의 꽃처럼 피어오른 천화대(天花臺), 푸른 녹음 속에 빼어난 자태를 드러낸 기암 괴석의 연봉들이 물결치듯 사방을 겹겹히 에워싸 천군만마를 호령하는 기상으로 우뚝 솟아 있는 대청봉. 산 정상에 서면 호연지기가 저절로 솟아나 가슴이 확 트인 장쾌한 쾌감을 맛보게 되며 그때 산행의 어려움은 눈녹듯이 사라지게 된다.

가을이 오면 설악의 골마다 단풍으로 붉게 물들고 나뭇가지마다 황금빛 잎새에 싸여 바람에 흔들리는 모습을 보면 뉘라 가슴이 타오르지 않겠는가.

눈잣나무

겨울이 오면 나무와 기암절벽에 눈이 쌓여 온갖 형태의 눈꽃(雪花)이 피는 겨울 설악의 비경(祕景)은 바로 선계(仙界)가 아닌가 한다. 유난히 산정엔 바람이 심하게 불어 손이 시리고 뻣뻣해져 반소매 옷으로는 견딜 수 없어 벗었던 등산복을 다시 꺼내 입었다.

진달래와 철쭉꽃이 만발한 대청봉 일대가 운무에 쌓일 때는 천상의 화원처럼 별세계에 서 있는 느낌이다.

비바람과 고온지대로 인하여 낮게 몸을 눕힌 눈잣나무와 눈주목들, 가끔씩 낮은 나뭇가지를 날아다니며 지저귀는 새들의 모습, 잔디와 돌들이 어울려 전혀 새로운 느낌과 모습으로 봄의 향연을 만끽하는 이 일대의 전경을 바라보며 선경(仙景)이 따로 있는 것이 아니라 이곳이 천상이요 선경이란 생각을 들게 한다.

나는 잠시 숨을 몰아쉬며 진달래꽃 속에서 아름다운 천상의 여인이 미소를 지으면서 다소곳이 걸어 나오는 모습을 연상한다. 잔디밭에 누워 여인의 나부끼는 옷자락 향기를 음미하여 꽃 한 송이를 건네준다.

수줍은 미소를 머금은 여인의 눈동자를 바라보며 천상의 선남선녀가 되어본다. 6월의 진달래 철쭉꽃 속에서 아름다운 여인과 그윽한 눈빛을 마주하지 못한다면 어찌 설악의 봄을 만끽했다고 할 수 있겠는가.

12. 유배의 땅 백담 계곡(百潭溪谷)

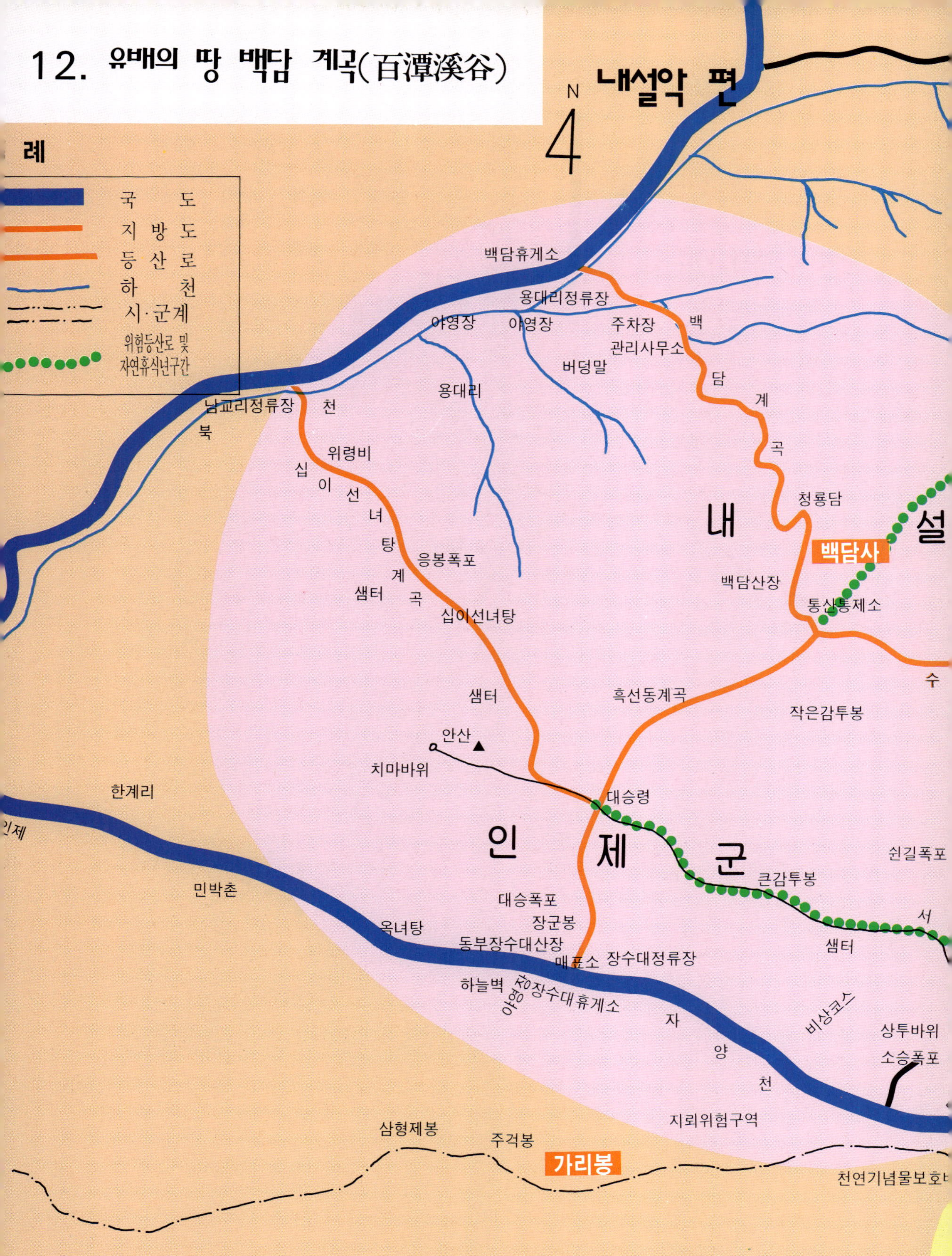

속초 ➡ 백담사가는길

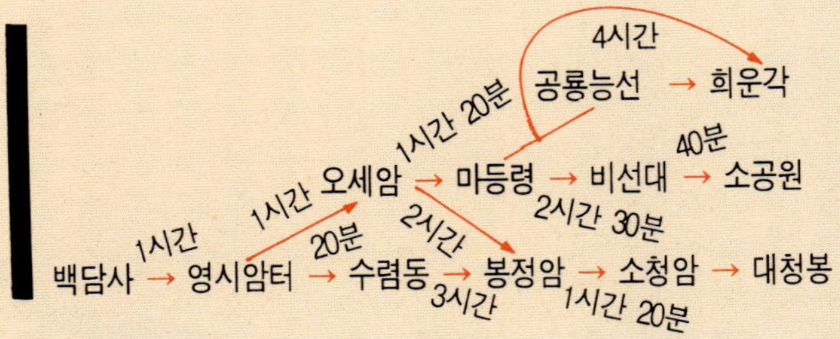
백담사
1시간
영시암터
1시간
오세암
1시간 20분
공룡능선
4시간
희운각
마등령
비선대
40분
소공원
2시간 30분
20분
수렴동
2시간
3시간
봉정암
소청암
1시간 20분
대청봉

간성
알프스 리조트
용대교
미시령
속초
용대리
외가평
야영장
백담휴게소
용대국교
외가평교
내가평교
매표소
주차장
관리분소
백담
계곡
수교
야영장
강교
백담사
수심교
백담산장
오세암
원명암
만경대
횡장폭포
수렴동계곡
대피소
옥녀봉
십이 선녀탕 계곡
복숭아탕
무지개탕
두문폭포
치마바위
안산
1430
대승령

9시 정각에 속초 시외버스 터미널에서 진부령을 넘는 버스를 탔다. 진부령을 넘어 용대리라는 백담사 입구의 마을을 찾기 위해서다. 겨울 산행에 눈이 많이 내리는 설악산을 걷는다는 게 다소 마음에 부담은 있었지만 한번쯤 겨울 산사를 찾아보고 싶어서였다.

영랑호를 지나 청간정 송지호, 삼포 해수욕장으로 이어지는 동해안의 푸른 물결은 편안함과 넉넉함을 안겨주기에 더욱 정감이 간다. 간혹 나타나는 이름 모를 조그만 마을과 횟집들, 몇 척의 배가 겨울 바다를 지키는 포구마을을 스치며 30분 정도 지나 간성읍에 도착하면 해변 마을은 시야에서 흩어지고 산길로 접어든다. 산 능선에 짙푸른 소나무들의 행렬과 낮게 뿌린 흰눈이 어우러져 마치 굵은 선으로 산의 능선을 힘차게 그린 한폭의 동양화를 연상케 한다. 길가에 늘어선 나목들과 골짜기를 굽이 돌아 50분 정도면 진부령 휴게소를 지나 진부령 정상에 도착한다.

길 왼편에 유명한 알프스 스키장 입구의 푯말이 나타나며 인제군으로 들어가게 된다. 백골병단 전적비가 길 옆 야트막한 동산에서 갑자기 나타났다 스쳐가면 논두렁 위에 대규모 황태를 말리는 덕장을 볼 수 있다.

명태를 말리는 방법은 시냇물에서 한 주일쯤 얼음을 녹인 뒤에 내장을 빼내고 며칠 동안 물속에 다시 담가 두었다가 두 마리씩 짚에 엮어서 덕장에 걸어 긴 겨울잠을 자게 하는데, 얼었다 녹았다 하는 동안에 살이 부풀어 오른다고 한다. 마른 명태는 추위가 풀린 3월말쯤에 잠에서 깨어나 황금빛깔을 지닌 제 모습을 갖추게 되는데 추운 해일수록 맛이 난다고 한다. 이런 과정을 거쳐 말린 명태의 이름은 황태로 부르고 해방 전에는 원산에서 말린 것을 높이 쳤지만 해방 후에는 이곳 간성읍 진부령에서 말린 고성지방의 황태를 제일 좋은 것으로 쳐준다고 한다.

특히 연탄까스에 중독될 경우나 과음했을 경우에 특효약이라 한다. 인체의 불순물을 해독하는 기능이 강하고 건강식으로도 각광을 받고 있는 식품이다.

출발한지 1시간 10분 정도 지나 용대리 마을에 도착했다. 마을 앞에 큰 개울물이 흘러가고 맞은편 한옥마을과 도로쪽 동네를 연결하는 큰 다리가 놓여 있다. 그곳을 지나면 도로양편 부근에 민박을 전문으로 하는 한옥들이 깨끗하고 아름다운 전통식 한옥의 모습으로 여행객들을 반갑게 맞이해 주고 있다.

백담사 전경

매표 관리소에서 백담사까지 차량통행을 철저히 통제를 해서 차를 타고 가려던 사람들은 대부분 되돌아가고 있었고 길 오른쪽엔 대형 주차장이 만들어져 있었다.

표를 끊으면서 순박하게 생긴 안내원 아가씨가 동그란 눈을 굴리며 약간은 농섞인 말로 어제 백담사에 갔다오다가 다섯 번 미끄러졌으니 아저씨도 세 번 정도는 넘어질 것이라는 말을 하며 재미있어 했다. 나도 왠지 그 농이 싫지 않고 오히려 재미가 있어서 내려올 때 몇 번 넘어졌는지를 알으켜 주겠다는 말을 남기고 발길을 돌렸다.

내설악은 비교적 산세가 완만하게 느껴졌다. 특히 둥근 자갈돌들은 외설악에서 거의 볼 수 없는 것들이다. 백담사 관리사무소를 지나면 길이가 60m 정도 되는 내가평교가 나타나고 왼편 맞은편에 비슷한 다리가 놓여 있어 쌍다리 형태를 취하고 있었다. 관리사무소에서 100여 m 올라가면 길 입구에 수문장처럼 떡 버티고 선 큰 바위가 나타나고 계곡이 갑자기 좁아졌다. 계곡을 몇 굽이 돌면서 눈이 무릎까지 빠지는 것을 연상하며 단단히 각오를 하고 출발했던 것과는 달리 대부분의 백담사 계곡 길은 큰 차량이 두 대 정도는 비켜갈 수 있을 정도로 잘 닦여져 있었고 특히 개울가 쪽으로 곳곳에 둥근돌과 시멘트로 옹벽을 만들어서 심산유곡의 산길이라는 생각을 전혀 느낄 수가 없었다. 차라리 도시 근교에 있는 공원 길을 걷는다는 것이 더 적절한 표현일 것같다.

산 비탈엔 낙석이나 토사를 방지하기 위하여 많은 시설물을 설치한 것을 보면서 한동안 세인의 이목과 관심을 집중시켰던 전두환 전대통령의 칩거 생활로 인한 영향을 곳곳에서 느낄 수가 있었다.

교통의 편리함은 좋지만 심산유곡의 아름다운 자연 속에 묻힌 산사를 그리던 내 기대는 거의 산산조각이 나고 있었다. 이런 저런 생각으로 백담계곡의 겨울 풍광을 감상하다가 시멘트 다리 위에 철물로 견고하게 난간을 만든 수교다리에 도착했다. ㄱ자를 뒤집어 놓은 것같은 큰 규모의 시멘트 옹벽과 오른쪽 계곡쪽으로 시원하게 확트인 넓은 공간이 나타나고 둥근 돌과 바위가 어우러져 계곡의 아기자기한 이야기를 속삭이는 것 같은 착각을 주게 한다.

내설악은 비교적 중생대 초기에 관입(貫入)한 화강암류로 구성되어 지세가 완만하고 둥근 돌들을 볼 수 있으며 외설악은 말기에 관입한 화강암류로 구성되어 있어 기암괴석과 암벽이 잘 발달되어 있어 외설악과 내설악은 지세와 경관이 서로 다른 모습을 보여 주고 있다. 백담계곡은 기암괴석과 현란함으로 사람의 마음을 사로잡지는 않지만 어머니의 품 안처럼 편안하고 단백한 느낌을 주는 계곡이다.

60년대 말에 준공된 낡은 강교를 지나면 야트막한 산을 둥굴게 굽어싼 넓고 큰 계곡이 눈 아래 펼쳐지며 산과 바위와 둥근 돌더미가 어우러져 한가로우면서도 넉넉한 자연의 품을 마련해 주고 있다.

용대리에서 백담사까지 펼쳐지는 백담계곡엔 다른 절보다는 유난히 다리가 많고 또 최근에 만든 돌과 시멘트 옹벽이 자연의 멋을 많이 희석시키는 것이 아쉬움을 남긴다. 백담사 입구 수심교(修心橋)에 이르기 위해서는 60년대 말에 생긴 것으로 추정되는 원교까지 합쳐 다섯 개의 다리를 건너야 한다.

용대리에서 백담사까지 8km 정도의 거리를 성인의 걸음으로 1시간 30분 정도 걸린다. 도로 보수와 다리가 잘 설치되어 있어 걸어다니기에는 무난한 코스이며 겨울 이외엔 시내버스가 운행되고 있어 신도들이 절을 방문하기에는 편리한 사찰인 것 같다. 중간쯤 지날 때의 일이었다. 등 뒤에 배낭을 짊어진 오십대 후반의 농부를 만났는데 백담사까지의 거리를 물으며 요즈음 대청봉을 넘을 수 있는지를 물어보았다.

요즈음엔 눈이 많이 오지 않아 갈 수 있다는 얘기를 하며 오색에서 대청봉까지 3시간 30분이나 4시간 정도 걸리는 그 능선을 타보는 것이 좋겠다는 얘기를 해 나는 이 계곡과 겨울 등산로에 대해 물으며 백담사로 가시느냐고 물어보았다.

"아니요, 지금 개를 찾으러 갑니다."

너무나 엉뚱한 농부의 대답에 농담이겠지 하는 호기심으로 다시 한번 물었다.

"개를 찾으러 간다구요? 이 산중에 어디로 말입니까?"

"글쎄말입니다. 등산객을 따라 올라갔나봐요. 소청봉에서 연락이 왔는데 지금 산장에 묶어 놓았답니다."

아주 스스럼 없는 말투로 진지하게 대답해서 면전에서 웃을 수도 없고 더 이상 말문이 막혀서 산 기슭쪽으로 얼굴을 돌리고 소리 안나게 배꼽을 잡고 웃었다. 개를 찾으러 하루가 걸리는 대청봉 소청봉을 넘으러 가는 농부의 뒷모습과 1,708m의 고지에서 개를 끌고 내려오는 농부와 개의 모습을 생각하면서 어떤 인간적인 냄새를 맛 볼 수 있었다. 산은 농부의 일부이며 삶 자체라는 생각을 하니 발걸음이 한결 가벼워졌다. 내일 눈이 내리지 않으면 나도 대청봉을 넘으리라.

백담사 입구로 들어서면 산중에선 보기 드문 넓은 하천이 나타나고 오른쪽엔 마른 잡풀들이 큰 공터에 무성히 자라 있으며 뒤편엔 현대식 화장실이 있다.

절과 개울 위엔 길이가 95m 폭 4m의 좁고 긴 화강암으로 새로 만든 수심교(修心橋)가 단단한 모습으로 놓여 있는데 난간기둥은 탑 형식의 좌대 위에 좌우에 돌로 연꽃을 조각하였고 다리 아래로는 얕은 개울물이 얼음 밑으로 흐르고 있었다. 다리를 건너 백담사란 현판이 붙은 지붕이 세 개인 일주문을 들어서면 왼쪽엔 만해당과 오른쪽엔 식당으로 쓰는 후원이 좌우에 서 있고 그 가운데 조그마한 3층 석탑이 서 있다. 석탑 뒤엔 아미타불을 주불로 모신 극락보전(極樂寶殿)이 말끔히 새롭게 단장되었으며 지붕의 좌우 용마루엔 동으로 만든 용의 머리가 다른 곳에서는 보기드문 퍽 인상적인 모습이다.

대웅전 안에서 예불을 드리고 나오면서 보면 아미타불 좌우에 나무로 만든 용이 막 날아갈 것같은 역동적인 모습으로 조각된 것이 매우 인상적이다. 극락보전의 지붕은 한번 녹이 슬어 산화하면 다시는 슬지 않고 영구적으로 쓸수 있다는 동(銅)기와로 이었고 최근에 완성했다는 오백 나한전은 아직 녹이 슬지 않아서 인지 구름 사이로 잠깐 쏟아지는 햇살을 받아 황금빛으로 웅장하게 빛나고 있었다.

절 왼쪽엔 간단한 불교 용품과 컵라면을 파는 매점이 있고 그 옆에 서 있는 자판기는 왠지 산사의 분위기를 너무 세속적인 모습으로 옮겨 놓은 것같다. 시장하던 터라 칸막이나 포장도 없는 매점 옆 썰렁한 탁자위에 컵라면에 물을 붓고 서 있는데 의자에 앉아 먹던 여행객이 일어나며 엉덩이로 먼저 의자를 덮혀 놨으니 앉으라고 자리를 주며 일어났다. 웃으며 건네주는 말 몇 마디가 참으로 따뜻하고 훈훈한 정감을 돋구어 준다. 이곳 산사를 찾을 땐 김밥이나 요기를 할 수 있는 것을 미리 준비하고 오는 것이 필요하다. 마땅히 식사할 것이 없기 때문이다. 이곳에서 계곡을 따라 조금 올라가면 백담산장이 있는데 둥근 자연석 돌을 개울에서 가져와 벽에다 붙여 놓았는데 밖에서 보면 2층으로 된 건물이 상당히 호기심을 불러일으켰지만 안으로 들어가보니 겨울철이라 매우 썰렁하고 벽을 돌로 쌓은 뻬치카에서 장작불이 타고 있었다. 커피 한잔으로 몸을 녹였으나 가슴에는 어느새 겨울산장의 외로움과 황량함이 엄습하고 있었다. 갈길이 바쁜지라 백담사로 다시 발걸음을 옮겼다.

원래 백담사는 신라 진덕여왕 원년(647년)에 자장율사가 창간하였다 한다. 창건 당시의 절 이름은 백담사가 아니고 한계사(寒溪寺)라 했으며 한계사는 백담사의 전신이 되는 셈이다. 43년 후 불타고 재차 중건하였으나 그마저 불타버렸다고 한다.

그러다가 원성왕(元聖王) 6년 (790년)에 이곳을 떠나 30리 지점에 사찰을 세우고 이름을 운흥사(雲興寺)라 바꾸었다고 한다. 그러나 운흥사 터도 어느새 폐허가 되고 세월이 흘러 고려 성종(成宗) 3년(984년)에 변(變)으로 인하여 없어졌다가 성종 6년(987년)에 옛터의 북쪽 60리 지점에 다시 옮겨서 심원사(深源寺)라 이름을 바꾸었다고 한다.

백담사 수심교

조선시대에 들어와 다시 불타 버리고 세종 16년에 30리 지점에 선구사(旋龜寺)라 하였으나 9년만에 불타고, 다시 4년만에 옛터 서쪽 10리 지점에 영취사(靈鷲寺)를 세웠으나 재화를 입고 그 이듬해에 재익, 재화, 신열 스님 등이 옛터의 위쪽 20리 지점에 절을 세우고 백담사라 이름을 바꾸어 부르니 백담사란 이름은 이때부터 시작되었다 한다.

백담사도 여러 번 우여곡절을 겪으며 영조 46년(1772년)에 불타버리고 3년후 심원사(尋源寺)를 세웠으나 정조 7년(1783년)에 다시 백담사로 바꾸어 불렀다 한다. 1915년 160여 칸의 백담사는 불타버리고 4년 후에 중건하였으나 6.25동란으로 소실되어 1957년에 다시 중건한 것이라 한다.

백담사는 이렇듯 많은 화재와 사연을 지닌 채 천삼백 여년 존속된 것을 보면 스님들의 구도의 집념과 종교의 위대한 힘을 새삼 실감케 한다.

전해 오는 얘기에 의하면 사찰이 계속 화재로 소실되어 폐허가 되므로 이름을 고쳐보려고 애를 쓰던중 어느 날 주지스님의 꿈에 신령스러운 백발노인이 나타나 청봉에서 지금의 절까지 담(潭)을 세어 담이 100개가 되는 장소에 사찰을 건립하면 3재(水, 火, 風)를 면하리라고 현몽하기에 현재의 위치에 건립하였으며 潭자는 水氣를 강하게 막을 수 있다고 하여 百潭寺라 이름을 바꾸었다고 전한다. 기억하기조차 어려울 만큼의 화재와 중건으로 절이름을 바꾸면서 수난의 역사를 극복하고 오늘날까지 끈질기게 그 명맥을 유지한 것은 만해 한용운 스님같은 시대의 등불을 만들기 위한 긴 세월의 기다림이었으리라. 백담사는 만해사상의 고향이다. 내설악의 바람소리와 맑은 물소리를 들으며 님의 침묵, 불교유신론(佛敎有新論) 등의 주옥같은 글들을 쓸 수 있었으리라.

3·1운동의 중심 인물로서 조국광복을 그리도 염원했던 이 땅의 선각자로서 비록 그는 떠났지만 민족의 가슴에 샛별같은 존재로 영원히 살아 있을 것이다.

한용운 시비

나룻배와 行人

한 용 운

나는 나룻배
당신은 行人

당신은 흙발로 나를 짓밟습니다.
나는 당신을 안고 물을 건너갑니다.
나는 당신을 안으면 깊으나 옅으나 급한 여울이나 건너갑니다.

만일 당신이 아니 오시면 나는 바람을 쐬고 눈비를 맞으며 밤에서
낮까지 당신을 기다리고 있습니다.
당신은 물만 건너면 나를 돌아보지도 않고 가십니다 그려.
그러나 당신이 언제든지 오실줄만은 알어요.
나는 당신을 기다리면서 날마다 날마다 낡아갑니다.

나는 나룻배
당신은 行人

만해당 앞 삼각형의 큰 돌 받침 위에 자연석을 깎아세운 그의 시비가 있고 방 한켠에 방문객들이 볼 수 있도록 전두환 전대통령의 사진 세 장과 가재도구들이 잘 정돈된 채 전시되고 있었다.

나룻배와 행인이라는 시를 읽으며 많은 생각들이 떠올랐다. 누가 나그네고 행인인가, 누가 오고 가는 것인가. 저녁 노을에 간간히 들려오는 풍경소리를 들으며 발길을 돌려본다.

조국광복을 염원했던 선각자의 방엔 나그네의 행장만 남아 세인을 발길을 끌고 그 옛날 바람소리, 새소리, 물소리를 벗하며 키웠던 그 기개와 사랑은 어디로 가고 비바람 속에 서 있는 비석하나가 우리들의 시선을 끌 뿐인가.

수심교를 막 지나려 할 때 젊은 매점 주인아저씨에게 매점이 예전에 삼성각 건물이 아니었는지를 물어보았다.

"아니지요. 예전에 변소로 사용되던 건물입니다. 말하지 마세요."

재미있다는 듯이 키득거리며 대답할 때 내 뱃속에 있던 컵라면이 울컥 토해질 것같아 기분이 묘해졌다.

"결국 화장실에서 컵라면을 먹었군요."

"아니지요. 지금은 매점입니다. 화장실은 저렇게 현대적으로 잘 지어져 있으니까요."

마음을 갈고 닦고 수양한다는 수심교를 지나면서 왠지 거북하고 답답한 것은 진정 내 수양이 부족함 때문일까? 무엇이 이 깊은 산사의 화장실마저 매점으로 바꾸고 자판기들이 줄을 서서 낯선 나그네를 맞이하는가. 이따금씩 구름 속에서 쏟아지는 햇볕과 바람소리를 벗하며 백담계곡을 돌아나왔다. 나는 매표소 아가씨에게 다가갔다.

"무슨 볼일이 있으세요?"

"아까 약속했잖아요. 정말 미끄럽더라구요. 아가씨보다 한 번 더 미끄러져서 여섯 번이나 엉덩방아를 찧었지 뭡니까."

"아, 정말이에요. 정말 그렇게 넘어지셨었어요?"

그녀는 손뼉을 치며 재미있어 했다.

통통하게 살찐 볼과 동그란 두 눈을 가진 시골 아가씨가 너무 재미있다는 듯이 깔깔거리며 웃기 시작했다. 앞에 앉은 직원에게 민망했던지 손으로 입을 막아가며 정말 신나게 웃고 있었다.

백담사에 얽힌 전설

원래 백담사의 위치는 현재의 화천(華川)땅에 해당하는 한천땅에 북금사(北琴寺)라는 이름으로 있었다 한다. 그런데 포수들이 짐승을 잡으러 자주 들리는 등 불도에 어긋난 불미스러운 일들이 절 근처에 자주 일어나 할 수 없이 인제군 북면 한계리에 절을 옮기고 한계사라 이름을 바꾸었다 한다. 그런데 이 절을 옮길 때 한천에서 한계까지 하룻저녁에 옮겼는데 옮기는 도중 실수로 청동화로 하나와 절구를 떨어뜨리고 왔다 한다. 춘성군 절구골은 이때 절구가 떨어졌기 때문에 붙여진 이름이고, 한계리 부근의 청동골은 청동화로가 떨어졌던 곳이어서 마을 이름이 그렇게 붙여졌다 전해진다. 한계리에서 옮겨온 이 절은 이곳에서도 다섯 번이나 화재를 만났는데 화재를 만날 때마다 주지스님의 꿈에 도포를 입고 말을 탄 사람이 나타나 절터를 옮기고 이름을 고쳐보라고 일러주곤 하였다고 한다. 화재를 자주 만난 이 절은 그 부근에 있는 용대리 암자동으로 옮기고 영취사(靈鷲寺)라 이름을 고쳤으나 이곳에서도 역시 화재를 당하게 되었다. 여기에서 마저도 화재의 재난을 당하자 주지스님은 이름이 잘못되었기 때문이라 생각하고 이름을 고치려 노심초사하고 있었다. 그런데 어느 날 주지스님의 꿈에 백발노인이 나타나 “청봉에서 절까지 담을 세어 담이 백 개가 되는 장소에 사찰을 건립하면 3재를 면하리라”고 일러주었다. 꿈에서 깨어난 주지스님은 그 이튿날 청봉에서부터 절까지 물굽이를 세어 백 번째가 되는 현재의 자리에 절을 세우고 백담사로 명명하였다 한다. 그랬더니 그 후부터는 화재가 전처럼 자주 일어나지 않았다고 한다.

13. 득도의 길 오세암 가는 길

계곡의 물줄기가 찾아드는 수렴동 계곡

따끈한 녹차 한잔을 마시고 9시경쯤 백담산장에서 수렴동 계곡으로 출발하였다. 상쾌한 산바람과 맑은 계곡의 물소리가 아침 햇살을 가르고 있었다. 계곡의 바닥과 주변에 한가롭게 앉아 있는 회색빛 바위와 둥근 돌들이 눈부시게 청순한 소녀의 목덜미처럼 아름답게 다가섰다.

여울져 굽이치는 물결, 바위 웅덩이 속에 노니는 점박이 개구리, 개구리 알더미들, 신록이 돋아나는 5월의 봄향기가 천지간에 가득차 저절로 가슴이 뛰고 힘이 솟구치며 유쾌한 기분에 젖어드는 것은 극히 자연스러운 감정일 것이다.

바위틈에 돋아난 돌단풍잎들이 바람에 한들거리고 냇가에 드문드문 수줍게 핀 진달래와 철쭉꽃들이 심심산골의 조용한 자리에서 아직도 4월의 향기를 늦게까지 간직하고 있어서 더욱 소중하게 느껴진다.

청아한 계곡물소리와 새소리에 지난밤 한잔의 술을 꺾으며 느낀 객수(客愁)가 어느새 사라지고 막힌 가슴을 확 뚫어놓은 듯 생명에 대한 강열한 그 무엇인가 가슴에 밀려온다. 여기서 대청봉까지는 12.5km로 9시간 30분 정도 소요되고 장수대까지는 7.3km로 6시간 30분 정도 걸리는 거리다.

내설악은 외설악과는 달리 흐르는 물결이 잔잔하며 계곡의 형상이나 바위의 모습들이 평온한 느낌을 주기에 어린시절 시골길을 걸었던 그런 편안하고 아득한 향수를 느끼게 한다.

성선생님과 라이카 최와 나는 계곡 오른편을 끼고도는 십자소에서 휴식을 취하며 바위 위에 걸터앉아 사진 촬영을 위하여 포즈를 취하고 있었다. 이곳에서 남동쪽으로 눈길을 돌리면 저 멀리 먼 이국의 성벽처럼 용아장성능선이 연두색 장삼을 걸치고 우뚝 솟아 있는 것같다.

십자소를 가로막고 서 있는 커다란 바위가 수천만 년의 세월의 물결에 마멸되어 4.5미터 정도 높이의 바위 한 가운데가 물 흐르는 쪽으로 푹 깎이고 그 사이로 계곡의 물이 흐르고 있는 것을 보면 진정 낙숫물이 바위를 뚫는다는 옛말이 거짓이 아님을 새삼 실감케하는 소(沼)이다.

수렴동 십자소

카메라에 봄의 물결과 빛깔을 담으려고 사진기를 고정시키고 아름다움을 찾는 작업을 지켜보면서 나는 이 찬란한 봄의 영상과 순간들이 사라지는 것을 담아두고 싶어서 부지런히 깨알같은 글씨를 적어내려갔다.

수정처럼 투명한 맑은 물에 비친 초록색 잎들의 잔상은 푸른빛이 아니라 연두색의 옥색처럼 물결에도 봄의 빛깔이 깃들어 있다.

바람에 파문일며 흩어지는 둥근 원들의 수많은 잔상들이 흔들리는 모습을 바라보며 삼라만상의 오묘한 조화를 실감케 한다. 어쩌면 작은 우주가 그 속에 물결치고 있는 것인지도 모른다.

바위틈이나 이끼틈새에 돋아나 바람에 한가로이 손을 흔들고 서 있는 이름모를 꽃잎들을 바라보면서 긴긴 겨우내 혹한과 눈속에서 더욱더 푸르러진 생명의 소리와 빛깔을 보고 느낄 수 있는 것이 여정의 진정한 즐거움이 아닐까.

웅덩이 지고 물과 낙엽이 덮여 있는 곳이면 어김없이 개구리들이 고개를 내밀고 헤엄치고 때론 햇볕을 쬐이러 돌틈에서 기어나오는 놈, 얼결에 점프하다가 바위 아래로 굴러떨어지는 개구리들의 모습을 바라보면 그저 즐거운 산행의 망중한을 만끽하게 된다.

물속에 누워 있는 바위와 둥근 돌들, 굽이쳐 흐르는 물살, 한가로이 날아다니는 나비들, 재잘대는 새소리, 봄바람 싣고 한가로이 떠가는 뭉게구름 한 점, 이런 것들이 수렴동계곡의 그윽하고 은은한 본연의 자태가 아닐까.

사진 촬영이 끝난 후 계곡과 오솔길을 따라 걸으며 가끔씩 마주치는 등산객들과 인사를 나누며 수렴동계곡 깊숙한 곳들을 음미해 보았다. 마주치는 일행 중 산나물을 뜯어 비닐 봉지에 넣어오는 아주머니를 만났다. 갑자기 앞서가던 성 선생님이 언성을 높이고 화를 내기 시작했다. 공원 안에서는 풀 한 포기라도 뜯어서는 안된다고 나무라신다. 마치 자기집 텃밭에 채소를 보살피듯이 풀 한 포기 돌 하나 아끼는 산악인들의 자연 사랑이 봄볕처럼 따스하게 전해져온다.

백담산장에서 계곡을 끼고 사오십 분 정도 계곡을 따라 올라가면 내설악 영시암(永矢庵)의 중창불사가 한창 진행 중이다. 길을 걷다 쉴 겸 노스님에게 다가가 이 절의 유래에 대해 물었다. 노스님과 길옆에 마주 앉아 둥근 나무밑둥이 토막을 의자로 하여 흐르는 물소리를 벗삼아 노변정담을 시작하였다.

오세암, 봉정암, 백담사 주지를 거친 법랍 30년의 노스님은 그윽한 눈빛으로 이야기 보따리를 풀어놓기 시작하였다.

조선조 숙종(肅宗) 15년의 일이지요. 그해는 나라에 큰 혼란이 벌어지고 그 유명한 장희빈(張嬉嬪) 사건이 일어난 해였지요. 숙종의 정비(正妃) 인현왕후(仁顯王后) 민씨에게 왕자가 없고 희빈 장씨가 숙종 14년 9월에 왕자를 낳게 되었지요. 숙종이 장씨에 혹해지니 서인(西人)들이 간언(諫言)하였으나 말을 듣지 않았답니다.

수렴동 계곡

숙종 15년에 장희빈의 소생을 세자(世子)로 책봉(冊封)하려하자 영의정 김수흥(金壽興)을 비롯하여 김수순(金壽順), 송시열(宋時烈) 등 중신들이 반대하였지요. 김수흥과 같은 분은 세자를 가르치는 문제가 급하지 세자책봉이 급하지 않다고 김수순과 함께 반대하였으나 숙종은 장씨의 소생을 왕자로 봉하고 숙빈 장씨를 희빈(嬉嬪)으로 봉(封)하자 서인(西人)들이 일어나게 되었지요. 이에 숙종은 격노하여 김수흥, 김수항, 송시열을 귀양 보냈다가 그해 3월에 김수흥의 관직을 박탈하고 윤3월에 사사(賜死)하게 되었지요.

이 때 김수항의 아들 삼연(三淵) 김창흡은 세상과 인연을 끊고 심산유곡인 설악산 이곳에 찾아와 산수를 즐기며 영원히 세상에 나가지 않을 것을 맹서(永不出世爲誓)하였다고 합니다. 지금 이 자리에 정사(精舍)를 짓고 영원히 맹서한다는 뜻에서 영시(永矢)라는 명칭을 붙이게 되었다고 합니다. 삼연 김창흡은 아버지 김수항의 영(靈)을 위로하기 위해 아침 저녁으로 기도를 드리며 일생을 보냈다 합니다. 김창흡은 매월당 김시습과 쌍벽을 이룰 만큼 문재(文材)가 뛰어난 분으로 과거에 등과 후에도 벼슬길에 나가지 않고 종의 신분으로 있던 하인을 면천시키고 함께 살든 최처사가 마을에 갔다오다가 범에게 물려갔는데 그래서 이 개울 앞에 동네를 호식동(虎式洞)이라고 불려지게 되었죠.

그후 혼자 이 깊은 산속에서 살다가 나이가 들어 주위분들이 모시고 나가게 되었을 때 그 정사(精舍)를 스님에게 인계하고 나갔다 합니다. 그후 없어졌다가 인공스님이 증건하였고 기호스님이 중수하였으나 60여 년 전 일제시대에 화재로 소실된 것을 이번에 다시 중창하게 되었지요.

스님의 이야기에 감사드리며 그 고마움의 작은 표시로 기와 한 장에 마음을 적어 영시암의 중창불사를 기원하면서 갈 길을 재촉하였다. 학같이 맑고 고결한 선비의 모습에서 경건하고 애잔한 향수같은 것이 밀려오는 건 연민만은 아닐 것이다. 비록 수백 년의 풍상과 수목들은 사라졌지만 그가 남긴 삼연문집(三淵文集)만은 우리들의 가슴속에 영원한 향내를 풍길 것이다.

백담산장에서 1시간 30분 정도 수렴동계곡을 따라 올라가면 수렴동대피소가 나타난다. 수렴동(水簾洞) 골짜기는 영시암 앞 계곡에서 쌍폭까지의 골짜기를 말한다. 이곳은 내설악의 대표적인 절경지로 맑은 계곡의 물과 수려한 바위가 보는 사람의 마음을 편안하고 즐겁게 만든다. 대청봉을 끼고 중청봉을 거쳐 용의 치아같이 생긴 용아장성(龍牙長城)을 끼고 두 갈래의 골짜기를 형성하여 한 골짜기는 가야동(伽倻洞)이고 또 한 골짜기는 구곡담(九曲潭)이다.

구곡담계곡은 봉정암에서 수렴동까지의 계곡을 말하고 희운각에서 수렴동입구까지의 계곡을 가야동 계곡이라고 한다.

백담산장에서 출발하여 1시간 30분 정도 수렴동 계곡을 따라 올라가면 수렴동 대피소가 나타난다. 구곡담에서 내려오는 물과 가야동 계곡에서 내려오는 물이 합쳐지는 지점이라고 해서 수렴동(水簾洞)이라 명명되었다 한다.

두 계곡의 물이 합쳐지는 중간지점에 통나무로 만든 매점과 통나무 산장이 나그네의 발길을 멈추게 한다. 그 뒤에 둥근 돌벽돌로 쌓은 산장이 두 채가 더 있어 대조적인 분위기를 이루고 있다.

철교를 지나 오른쪽엔 구곡담계곡이 펼쳐지고 왼쪽엔 가야동 계곡의 물이 흘러내리고 있다. 이곳에서 대청봉까지는 8km로 약 9시간 걸리고 봉정암까지는 5.5km로 5 시간 30분, 오세감까지는 3.9km로 1시간 30분, 백담사까지는 5.4km로 1시간 30분 정도의 시간이 소요된다.

수렴동 산장에서 따뜻하게 맞이하는 주인아주머니에게 점심식사를 맛있게 대접받고 답례로 성선생님은 통나무집 앞에서 아주머니에게 사진 한 장을 선물로 찍어주었다. 모처럼 환하게 웃음짓는 주름진 아주머니의 얼굴 표정에서 산사의 순박한 냄새를 맡을 수 있었다.

바람에 날리지 않게 돌로 엮어 얹은 너와집 지붕의 둘레를 통나무로 엮은 집이 산장의 맛과 운치를 한층 돋보이게 했다.

사랑의 계곡 가야동(伽倻洞)

산장 아주머니의 인사말을 등 뒤로 하고 가야동 계곡으로 발길을 돌렸다. 가야동 계곡은 일반 등산로가 개설되어 있지 않아 비교적 자연보존이 잘 되어 있는 곳이다. 우리 일행은 이곳에서 오세암으로 가는 길을 택하지 않고 가야동 계곡으로 발길을 향했다.

사진 촬영을 위해 짐을 풀고 흐르는 계곡물에 발을 담그고 맑은 하늘을 배경으로 누워서 기암절벽과 녹음을 바라보았다. 여기가 선경이요, 신선이 따로 있겠는가.

소나무, 단풍나무, 자작나무 등이 어우러져 산 전체는 연두색 푸른 물결로 싱그럽고, 아름다운 계곡의 운치는 나그네의 마음을 한낮의 그윽하고 잔잔한 평화로움에 젖게 한다.

가야동 계곡

하늘에서 선녀가 내려와 목욕을 하는 것을 훔쳐보던 나무꾼이 옷을 훔치고 백년가약을 맺듯이 누구든지 나무꾼과 선녀가 되고 싶으면 설악산으로 오라.

계곡의 바위 틈과 길이 끊겨진 오솔길을 헤치고 올라가면 웅장하고 근엄하게 생긴 거대한 바위가 계곡의 한가운데 우람하게 떡 버티고 서 있다. 사찰 입구에 서 있는 사천왕문을 연상시킨다고 하여 천왕문(天王門) 바위라 부른다. 이곳을 지나 계곡의 상류로 올라가면 희운각(喜雲閣)이라는 산장이 있어 등산객들의 휴식처가 된다. 왼쪽 계곡으로 올라가면 오세암으로 가는 지름길이 있으나 매우 위험하여 산행하지 않는 것이 좋다. 평소엔 가야동 계곡의 물이 많지 않아 등산로가 끊어졌다 이어졌다 하지만 여름철엔 수량(水量)이 많으므로 등산하기에 매우 위험한 코스이기도 하다.

구름 몇 점이 만경대를 흘러가고 좁은 협곡 사이로 유연하게 굽이쳐 흐르는 오세 폭포는 마치 동양화의 한폭같다. 이곳에서부터는 길이 끊겨지고 깍아지른듯이 가파른 폭포 옆으로 암벽과 나무뿌리를 잡고 아슬아슬한 스릴을 느끼며 암벽 등반을 하는데 자칫 실수를 하여 떨어지면 목숨을 잃거나 치명상을 당해야 하는 난코스다. 성선생님이 먼저 등반을 시작했고 짧지만 아슬아슬한 순간을 맛보며 낭떠러지를 지났을 때 긴장감으로 목이 말라 계곡의 맑은 물을 폐부 깊숙히 들이마셨다. 감로수란 바로 이런 것이구나 하는 것을 절로 느끼게 하는 맛이다.

오세 폭포를 넘으면 오세암이 나타난다. 이 깊은 산정(山頂)에 넓고 확트인 사찰터를 바라보면서 참으로 좋은 명당이구나하는 생각이 절로 난다.

가야동 계곡

주말이라 신도들이 많아보였고 새로 말끔하게 단장한 오세암과 주변을 병풍처럼 둘러친 산봉들로 인하여 사찰 경내는 안온하고 편안한 느낌을 주고 있었다.

주지 스님께서 앞마당에 당귀차를 끓여 놓아 따뜻한 차 한 잔을 나누며 오세암에 대한 이야기를 나누었다.

오세암을 촬영하고 이곳에 대해 글을 쓰고 싶다는 얘기를 드렸더니 이 주변 일대를 가장 잘 볼 수 있는 곳을 안내해 주시겠다며 오세암 사적비를 지나 다 허물어진 토굴이 있는 산등성이 길로 안내하였다. 가파른 산비탈을 올라 오세암 정면 우측에 우뚝 솟아 있는 백호등에 올라 보면 주변 일대가 한 눈에 굽어 보이고 저 아래 법당과 요사체 사이로 사람들의 작은 모습들이 오고가고 있다.

저 맨 끝쪽 멀리 귀떼기 청봉이 아슴프레 누워 있고 수렴동 골짜기 정면 중앙에 우뚝 솟아 있는 수려한 옥녀봉(玉女峰)과 삼태봉이 용아장성(龍牙張城)을 이루고 소청, 중청, 대청봉으로 연이어져 산맥을 이루고, 봉정암 근처엔 헬기가 자재를 싣고 맴돌고 있다.

십이선녀탕

암자 뒤쪽 산중턱에 요즘 젊은이들이 E.T처럼 생긴 바위라 부르는 관음봉 아래 오세암이 있고 우측으로는 병풍바위, 좌측에는 나한봉이 솟아 있고 나한봉 뒤로는 공룡능선이 펼쳐진다.

오세암 뒤쪽 계곡 길을 따라 올라가면 마등령이 나타나고 마등령에서 좌측으로 뻗은 능선이 공룡능선이다.

오세암 정면 우측 만경대에 관세음보살의 형상을 가진 좌선바위가 남쪽을 향해 바라보고 있고 그 정면이 봉정암 사리탑쪽이라니 자연의 형상치고는 참으로 불가의 사연과 인연이 깊은 바위들이다. 오세암 정면으로 내려가면 우리 일행이 넘어왔던 오세폭포와 천왕문을 지나 가야동계곡이 펼쳐진다.

오세암 정면의 세 봉우리를 삼태봉이라 하는데 옛부터 풍수지리상 이로 인해 인물이 많이 배출되었다고 한다. 옆에서 보면 콧날이 오뚝하고 부드러운데 그 곡선미의 오묘한 형상에 절로 감탄을 자아낸다.

오세암(五歲庵)을 옛날에는 관음암(觀音庵)이라 불렀다 한다. 오세암은 신라 27대 선덕여왕 12년(643)에 자장율사가 관음진신을 친견하시고 관음조의 안내를 받아 관음봉 아래에 초암을 짓고 관음암을 창건하시니 관음진신의 상주처요 해동제일의 선원으로서 수많은 고승대덕 스님들이 수도 정진하였다 한다.

오세암(五歲庵)의 5세 동자(童子)

조선 인조시대(1643)에 설정(雪淨)이라는 스님이 있었다 오세암을 중수(重修)한 뒤의 일이다. 스님에게는 다섯살(五才)되는 조카가 있었다. 이 아이는 일찍이 양친을 여이고 이 절에 와서 있었다 한다.

그해 날이 몹시 짧은 늦가을 10월 어느날 스님이 영동쪽에 볼 일이 있었다. 조카에게 말하기를 너는 관세음보살만 부르면서 오늘밤 혼자서 자면 밝은 내일에 돌아오겠다 약속하고 암자를 떠나 영(嶺)마루를 넘어 영동방면으로 가게 되었다 한다.

그러나 그날 밤에 눈이 내리기 시작하여 길도 골짜기도 분간할 수 없게 되었다 한다. 눈이 산같이 쌓여 길이 막히고 보니 스님도 돌아올 수가 없었다. 그해 겨울이 지나고 눈이 녹기 시작하여 봄이 된 후에 스님은 죽었거니 하고 한탄하면서 돌아오니 조카가 승방에서 관세음보살을 염불하고 살아 있었다 한다. 스님은 놀란 나머지 어떻게 되었느냐고 물었다. 조카는 "인자하신 어머니가 와서 먹을 밥과 그리고 젖을 주며 이부자리며 방도 뜨시게 하여 주셔서 죽지 않고 겨울을 살았습니다." 고 하였다.

스님은 신기하게 여겼다 한다. 그러나 조금 있노라니 어디선지 바람소리 같이 휙하는 소리와 함께 백의부인(白衣夫人)이 관음봉(觀音峰)에서 내려와 조카의 이마를 어루만졌다. 그리고 난 후 스님께 보리기(菩提記)를 주고 청조(青鳥)로 변해서 날아가 버렸다 한다. 오세동자가 득도(得道)하였다 하여 오세암이라 부르게 되었다 한다.

14. 부처님 진신 사리를 안치한 봉정암(鳳頂庵)

대청봉 ➡ 소청봉 ➡ 봉정암

등산로
위험구간 및 자연휴식년제

대청봉 → (3시간) 오색

대청봉 → (40분) 소청 → (30분) 봉정암 → (2시간) 수렴동대피소 → (1시간 10분) 백담사

대청봉 → (40분) 소청 → (40분) 희운각 → (45분) 양폭 → (1시간 40분) 비선대 → (40분) 소공원

희운각 → 공룡능선 → 마등령 (희운각~마등령 4시간) → (2시간 30분) 비선대

대청봉에서 출발하여 중청봉을 지나 소청봉 산장에 이르면 여기서 1.2 km 계곡 아래에 봉정암이 있다. 봉정암으로 가는 길 앞에 용아장성이 길게 뻗어 있고 왼쪽은 구곡담계곡, 오른쪽은 가야동 계곡이 펼쳐진다. 귀떼기 청봉으로 이어지는 서북주능선이 병풍처럼 둘러 싸고 있고 동북 방향엔 공룡능선과 주봉 1275m봉, 범봉이 선명하게 시야에 들어온다. 소청산장 앞뜰 나무걸상에 걸터앉아 따끈한 차 한잔을 마시며 잠시 휴식을 취했다. 벌써 젊은 등산객들로 붐비고 있었다.

봉정암으로 가는 코스는 소청봉에서 소청산장으로 내려가거나 희운산장을 지나 소청봉 중간쯤 오르다보면 오른쪽으로 봉정암으로 가는 등산로와 표지판을 만날 수 있다. 용대리에서 출발하여 백담계곡과 수렴동계곡을 지나 구곡담 계곡의 봉정암으로 가는 길과 수렴동계곡에서 오세암을 거쳐 가야동 계곡을 넘어 오는 등산로가 많이 이용되고 있다.

가파른 오솔길의 수목과 바위틈을 돌아내려가면 봉(鳳) 바위가 나타나고 심산유곡에서 요사체를 만나게 된다. 요사채를 끼고 오른쪽 일주문을 지나 돌계단을 돌아 올라가면 적멸보궁(寂滅寶宮)이 나타난다. 절 앞엔 촛불이 켜진 두 개의 석등과 마당 앞에는 커다란 바위가 누워 앞을 에워싸고 있다. 석축밑의 요사체 너머로 부드러운 능선이 앞을 감싸고 있다. 봉정암은 우리 나라 사찰 가운데 가장 높은 곳에 위치한 암자다.

오대산 적멸보궁, 영월사 자산 법흥사, 태백산 갈래 정암사, 양산 통도사와 더불어 우리나라 5대 적멸보궁 가운데 하나로 이름이 높은 절이다. 사찰 뒤론 깎아지른듯이 솟아 있는 봉바위가 에워싸 위압감을 주고 있다. 봉(鳳)바위는 봉황새가 알을 품고 있는 형상이라 하여 붙인 이름이다. 적멸보궁 천장엔 연등이 빼곡하게 매달려 있고 신도들의 예불하는 모습과 향냄새가 퍽 인상적인 느낌을 주고 있다.

보궁 좌측 산기슭에 2단 석벽으로 기초를 쌓고 108평의 기도 법당을 신축중이다. 예전에 소박했던 절의 분위기는 느낄 수 없고 사람들의 인파와 급격하게 변모한 사찰의 모습에서 무언가 가슴 한 자락에 전해오는 아쉬움이 느껴진다.

돌로 조각한 용의 입에서 나오는 시원한 물을 마시며 더위와 갈증을 풀었다.

봉정암

봉정암은 신라 선덕여왕 시절 자장율사가 당나라에서 돌아와 창건한 절이다.

이 암자를 창건할 때 암자의 서쪽 석대(石臺)위에 석가세존의 사리를 봉안하여 5층탑을 세웠다 한다. 자장율사가 도장(道場)을 찾을 때 하늘에서 봉황이 내려와 자리를 정해주었다 한다. 그후 원효대사가 다녀가고 보조국사(普照國師)가 고종 13년(1226)에 중수(重修)하였다 한다. 이조 중종(中宗) 13년(1518) 환적(幻寂)스님이 중수하였으며 인조(仁祖) 10년에 설정(雪淨)스님이 재중수하고 그후 환공(幻空), 수산(睡山)스님들이 차례로 보수하였다 한다.

봉정암을 둘러싸고 있는 산세가 기고만장(氣高萬丈)하고 기암괴봉(奇岩怪峰)이 병풍처럼 암자를 둘러 싸고 있어 산사의 비경을 한마디로 표현하기는 부족하다. 암자를 한가운데 두고 오른편 동측에 솟아 있는 봉이 기린봉, 할미봉, 범바위 등이고 절 뒤편 왼쪽봉이 독성나한봉(獨聖羅漢峰), 지장봉(地藏峰), 가섭봉(迦葉峰)등으로 불려지고 있다.

봉정암 뜨락에 서서 설악을 바라보면 운무에 솟아 있는 수천의 봉우리들이 겹겹이 에워싸고 있고 푸른하늘, 가을 단풍잎들, 은은히 울려 퍼지는 저녁 예불소리가 산사의 정취를 돋우고 있다.

봉정암 석가진신사리탑

구곡담 계곡

미역국에 밥을 말아 김치를 곁들여 먹을 수 있는 암자의 저녁 공양(식사)은 밥짓는 솜씨가 서툰 나로서는 퍽 다행한 일이 아닐수 없다. 이 깊은 산중에서 밥한끼 공양할 수 있다는 게 부처님의 자비로움이 아닐까!

진신사리탑으로 가는 조그만 일주문을 지나 우측 돌계단을 따라 올라가면 환하게 전망이 탁 트인 장소가 나타나고 커다란 바위 위에 바위를 기단지대석으로 사용한 5층 석탑이 서 있다.

주변 일대를 한눈에 바라볼 수 있으며 마음이 환하게 밝아오는 명당이다. 산사의 예불시간을 알리는 범종소리가 봉정골 계곡 가득히 저녁 노을 속으로 퍼져가고 있다.

15. 전설의 구비/한계령/장수대/대승폭포

장수대휴게소 ➡ 대승폭포 ➡ 십이선녀탕계곡 ➡ 풍교리정류장

장수대매표소 →(1시간) 대승폭포

한계령도로 →(30분) 소승폭포

도로

등산로

등산위험구간 및 휴식년제

나그네의 쉼터 한계령 휴계소

오색약수터에서 그린야드와 남설악호텔로 가는 언덕길로 오르면 대청봉으로 들어가는 매표소에 도착하게 된다. 오른쪽 도로는 양양읍으로 가는 길이고 왼쪽길은 인제, 홍천으로 가는 한계령이다. 길따라 펼쳐지는 기암괴봉과 단풍잎들을 바라보며 산정에 도착하면 아름다운 바위산 아래 이국풍의 한계령 휴게소가 자리잡고 있다.

작고한 건축가 김수근씨가 설계했다는 한계령 휴게소는 지나가는 나그네들에게 쉬어갈 장소를 마련해주는 명소다. 벼랑에 세워져 독특한 정취를 풍기는 한계령 휴게소는 좋은 쉼터일 뿐만 아니라 발 아래 펼쳐지는 동해바다와 아름다운 설악의 모습을 감상할 수 있는 멋진 전망대로서의 역할도 톡톡히 하고 있다. 차를 마시거나 음식을 들면서 눈앞에 펼쳐지는 전경을 바라보면 마치 허공이나 구름 위에 떠 있는 기분에 젖게 된다.

장수대와 폐사지 한계사 삼층석탑

한계령 정상에서 홍천, 인제 방면으로 가는 길을 따라 5분 정도 차를 타고 가면 장수대 매표소가 나타난다. 매표소 도로 맞은편 아래쪽에 장수대(將帥臺)가 있다. 건물 전면에는 앉아서 쉴 수 있는 난간이 있고 그 앞에는 넓은 냇물과 철교로 만든 구름다리가 있어 건너가서 야영을 할 수 있다. 6.25 때 설악산을 수복한 용사들이 한식 집을 짓고 장수대라 불렀다 한다. 울창한 소나무 숲에 자리잡고 있는 장수대는 등산가들의 휴식처로 매우 좋은곳이다.

장수대 매표소에서 오른쪽으로 울창한 숲길이 나 있고 산 언덕 위에 예전에 식당으로 쓴것 같은 단층벽돌집이 눈에 띈다. 뒷뜰로 이어지는 돌계단을 넘어 수풀을 지나면 허리를 넘치는 잡풀들이 무성하게 자란 넓찍한 공터가 나타난다. 이름모를 야생화가 꽃밭을 이루어 숲속을 향기롭게 한다. 풀밭 속에 부도와 비석인 듯한 석조물들이 여기저기 뒹굴고 있고 풀벌레, 매미소리 산새들의 노랫소리만 숲속에 가득하다.

장수대 하늘벽

폐허가 된 한계사 터 한가운데 야생화에 둘러싸인 3층 석탑이 눈에 띈다. 설악의 암산(岩山)을 뒷배경으로 청아하고 우아한 모습으로 말없이 서 있는 석탑을 바라보면 청순한 여인을 만난 기쁨을 느끼게 된다. 여기저기 풀밭 속에 뒹구는 역사의 흔적들이 빨리 복원될 수 있기를 기원해 보면서 발길을 돌렸다.

대승(大勝)폭포

장수대 매표소에서 북쪽으로 1km 정도 산행을 하면 높이 88m의 대승폭포가 있다. 금강산의 구룡폭포, 개성의 박연폭포와 더불어 우리 나라 3대(三大) 폭포의 하나이다. 폭포에서 떨어지는 물줄기의 장관은 황홀하고 장엄하게 느껴져 말로 표현하기가 어렵다. 특히 햇빛에 반사되어 생기는 무지개는 아름답고 신비스럽다. 이곳엔 대승폭포(大勝瀑布)와 대승(大勝)총각에 얽힌 감동적인 전설이 전해지고 있다.

어 머 니

함영덕

굽어진 등 굽이굽이
못난 자식 사랑으로 베푸신
한평생

주름진 눈가엔
가득한 자애로움
헤어지고 갈라진 두 손 끝
어디에 그 사랑 견주오리까

풀잎 흔들리는 소리에도
바람 스치는 소리에도
그리움으로 다가서는
어머님

세세손손 그 은혜로움
두 손 모두오고
등불로 밝히옵니다.

대승폭포

「95년 7월 3일 모친산소에 세운 추모시비의 시문」

장수대 가을풍경

옛날 大勝이라고 불리워지는 총각이 이 고장에 살았다. 大勝은 석이(石耳)를 따서 그것으로 생업을 삼았는데 어느날 폭포가 있는 돌기둥 절벽에 동아줄을 매고 내려가서 석이를 땄다. 석이(石이)는 바위 위에 자라는 식용 버섯으로서 향기와 맛이 좋은 귀한 버섯이다. 석이를 한참 따고 있는데 이미 세상을 떠난 어머니의 다급한 목소리가 절벽 위에서 "大勝아 大勝아"하고 부르고 있었다.

대승은 돌아가신 어머니의 외침에 소스라치게 놀라 동아줄을 타고 올라 갔으나 어머니는 간데 없고 동아줄에는 커다란 지네가 매달려 동아줄을 뜯고 있었다. 동아줄은 막 지네에 뜯겨 끊어지려는 참이었다. 대승은 동아줄을 급히 타고 올라가 무사히 살아날 수 있었다. 후세사람들은 죽어서도 아들의 위험을 가르쳐준 대승 어머님의 외침이 메아리 친다하여 이 폭포를 대승폭포라고 부르기 시작했다고 한다.

월궁선녀가 목욕하던 옥녀폭(玉女瀑)과 옥녀탕(玉女盪)

옥녀폭과 옥녀탕은 한계리 고성(古城) 아래인 장수대로 들어가는 장수1교 옆에 있다. 옥녀폭포는 물줄기가 큰 바위를 뚫고 세 번 꺾인다. 마지막 세번째 물줄기가 옥녀폭포인데 이 폭포 밑에 아름다운 옥녀탕이 있다. 이 계곡은 수목이 우거져 아름답고 가을 단풍이 물들면 절경을 이룬다. 지네에게 쫓긴 옥선녀(玉仙女)의 전설이 서린 곳이기도하다.

먼 옛날 대승폭포에 월궁선녀(月宮仙女)가 내려와 목욕을 하고 있었다. 그때 그곳에 지네라는 괴물이 있어 옥선녀(玉仙女)를 보고 해치고자 하여 선녀는 쫓기어 다른 소(沼)로 옮기었다. 둘째 소까지 쫓겨왔으나 지네가 다시 쫓아와 여전히 해치고자 했다. 그 순간 하늘에 옥황상제가 옥선녀의 편을 들어 벼락을 내렸는데 지네는 그만 벼락을 맞아 죽고 옥선녀는 생명을 구했다고 한다. 후세 사람들은 이곳에 옥선녀가 놀았다고 하여 옥선녀탕이라고 이름 지어 불렀다 한다.

16. 설악산(雪嶽山) 명칭의 유래

설악(雪嶽)은 神山으로 생각하고 성역같이 믿어왔던 곳이다. 삼국사기(三國史記)에는 '설산(雪山)', '설화산(雪華山)"으로 기록되어 있고 동국여지승람(東國輿地勝覽)의 양양도호부 산천조(山川條)에 보면 "雪嶽은 부(府)의 서북 오십 리 허(許)에 있는 진산(鎭山)인데 매우 높고 험준하다. 한가위(中秋)부터 내리기 시작한 눈이 이듬해 여름이 되어서야 비로소 없어진다"는 뜻에서 雪嶽이라 이름하였다고 한다.

또한 명산 설령(雪嶺)에 雪자를 붙이는 것은 우리의 옛말(古語)에 '솔'이란 말이 있는데 이것은 신성을 뜻하는 것이며 雪이란 결국 신성을 뜻하는 '솔'의 음역(音譯)이며 이 신성에 내포되는 뜻에는 生命을 중심으로 하는 신성(神聖), 숭고(崇高), 결백(潔白)함을 나타낸 神仙 성역임을 의미하고 있다.

여류시인 금원여사(錦園女史)가 쓴 호동서락기(湖東西洛記)에 설악산의 돌이 눈같이 희므로 이름을 설악이라 하였다(石白如雪故名雪嶽). 이렇듯 '솔뫼'인 설악산은 우리 겨레의 영산이며 진산(鎭山)이고 또 神仙으로서 옛부터 대대로 내려오는 성역임을 알 수 있다. 또한 봉우리마다 열을 지어 섰고 돌(石)의 빛이 눈(雪)같이 흰 대자연의 신성하고 아름다운 모습에서 설악(雪嶽)이라는 이름이 유래되었다고 본다.

설악산의 지형과 위치

설악산(雪嶽山)은 한반도의 척추를 형성하고 있는 태백산맥 북쪽에 위치하며 설악산 북서방 약 70km 되는 곳에 금강산(해발 1,638m)이 있고 남동방 약 40km 되는 곳에 황병산(해발 1,407m)이 있다. 설악산의 주봉인 대청봉(해발 1,708m)은 태백산맥 중에서 가장 높은 산이며 남한에서는 한라산 지리산 다음으로 높은 산이다. 동쪽은 동해(東海)에 임하고 서쪽으로는 산악지대에 연접해 있다.

면적은 354.5km²에 달하며 위치는 북위 38.5°2′36″, 동경 28°30′3″의 의 범위에 위치하며 지정학적으로 볼 때 한반도를 거의 반분(半分)하는 중부에 있고, 식물분포대로 보면 온대 중부에 속한다.

행정구역상으로는 강원도의 양양군, 속초시, 인제군에 걸쳐 있으며 설악산맥의 능선을 경계로 서측은 내설악, 동측은 외설악이라고 부르며 외설악 중 오색리 계곡, 즉 한계령에서 대청봉을 거쳐 관모봉(해발 874m)에 이르는 능선의 남쪽을 남설악이라 부른다.

설악산은 산세가 웅장하고 기암괴석과 폭포들의 경관이 수려할 뿐만 아니라 자연의 보존 상태가 좋아 1965년 11월 5일 천연 기념물(천연 보호구역) 제171호로 지정되었고 1970년 3월 24일 국립공원 제5호로 지정되었다. 또한 1982년 UNESCO의 인간과 생물권 계획(MAN AND BIOSPHEIE(MAB) PROJECT)에 따라 우리 나라의 유일한 생물권 보존 지역으로 지정되었다.

설악의 경관

설악산의 대청봉(大靑峰) 부근을 제외하고는 그 대부분이 여러 종류의 화강암으로 되어 있다. 설악산 암반의 특징은 백악기에 관입(貫入)한 화강암으로 이것이 오랜 침식 작용과 융기로 지표에 노출된 것이다.

동해의 함락으로 동사면(東斜面)이 동해 쪽으로 빠른 속도로 침식되어 들어갔는데 이 빠른 침식작용이 설악산의 깊은 골짜기와 높고 험준한 산봉들을 형성케 하였고 이때 화강암이 가진 구조적 특징인 절리(節里 ; 火成岩에서 볼 수 있는 약간 규칙적인 틈새로, 암장(岩漿)이 식어서 굳어진 결과 생긴 것) 현상으로 기암 절벽과 신기한 산형을 형성하였다.

이렇게 형성된 설악산은 높고 낮은 봉우리와 골짜기마다 굽이쳐 흐르는 계곡의 폭포와 물이 계절이 바뀜에 따라 천(千)의 모습으로 아름다운 자연의 비경(秘景)을 보여 주고 있다.

설악산 경관의 자세한 부분은 다음에 각 능선과 구역마다 다시 다루고자 하며 널리 알려진 몇 곳을 개괄적으로 소개하고자 한다.

먼저 설악동에서 대청봉으로 이어지는 천불동 계곡은 금강산의 만물상(萬物相) 못지 않게 기암괴봉을 이루어 신비와 황홀감을 안겨준다.

대청봉 첫입구에 와선대(臥仙臺), 비선대(飛仙臺)가 절경을 이루고 있으며 내설악으로 통하는 마등령(1,367m)의 갈림길에 오르면 비선대 앞에 솟아 있는 장군봉(將軍峰) 중간 허리에 원효대사가 수도하던 금강굴이 있다. 유선대(遊仙臺), 문수담(文殊潭), 귀면암(鬼面岩)을 따라 올라가면 형제암(兄弟岩), 구만물상골, 용소골, 양폭(陽瀑), 음폭(陰瀑), 천당폭(天堂瀑), 오련폭(五連瀑), 죽음의 계곡 등이 갈라져 내려온다. 계곡을 따라 크고 작은 폭포, 소(沼)와 담(潭)이 맑고 시원하게 굽이쳐 흐르는데 이중에서 양폭, 음폭, 천당폭이 절경이다.

화채능선에는 토왕성 폭포, 비룡폭포, 육담폭포가 유명하며 설악동 서쪽으로 찌를 듯이 솟아 있는 웅장한 봉우리(해발 860m)가 권금성(權金城)이며 케이블카가 설치되어 연중 탑승할 수 있고 케이블카에서 바라보는 설악의 경치도 일품이다.

신흥사는 설악산에 있는 가장 큰 사찰이며 신라 진덕여왕(眞德女王) 6년 자장율사가 창건하여 향성사(香城寺)라 하였다. 49년 후 효소왕(孝照王) 10년에 화재로 소실되어 의상조사가 선정사(禪定寺)라 개칭하고 중건하였고 인조(仁祖) 20년(1642)에 다시 소실되어 인조 22년에 영서, 혜원, 연옥스님이 지금의 절터에 이전하고 신흥사(新興寺)라고 개칭하였다. 그 북쪽으로 약 3km 정도 가면 흔들바위와 계조암이 있다. 울산바위는 설악산에서 가장 큰 바위이며 울산암의 설화(雪花)는 설악 8경(八景) 가운데 제일이다. 흔들 바위는 큰 바위위에 놓여 있으며 한 사람이 흔드나 백 사람이 흔드나 똑같이 흔들리는 신기한 바위이다.

장수대에서 대승령을 넘는 중간 지점에 설악산에서 가장 높은 대승폭포(大勝瀑布)가 있다. 이 폭포는 우리 나라 3대 폭포의 하나로 떨어지는 물줄기가 장관이다.

대승리에서 남교리로 통하는 12선녀탕(十二仙女湯) 계곡은 협소하면서도 온갖 꼴의 바위를 볼 수 있으며 경치가 매우 아름답다. 내설악의 대표적 경관은 용대리에서 백담사를 지나 대청봉에 이르는 계곡이다. 이중에서 백담사 계곡은 비교적 좁은 계곡이나 한 굽이 한 굽이를 돌 때마다 울창한 수목, 깎아지른 산비탈, 수정같은 계곡물로 선경(仙景)에 온 느낌을 준다.

양

대청봉에서 중청봉을 거쳐 용아장성(龍牙長城)을 끼고 두 갈래의 골짜기를 형성하니 한 골짜기는 가야동(伽倻洞)이고 한 골짜기는 구곡담이다. 이 수렴동 골짜기는 영시암(永矢岩)에서 쌍폭까지의 계곡을 수렴동 계곡이라 한다.

크고 넓은 폭포가 고막을 찢을 듯이 웅장하게 쏟아져 내리고 굽이쳐 흐르는 계곡의 물과 기암괴석들이 잘 어우러져 선경(仙景)같은 아름다운 경치를 이루고 있다. 이외에도 무수히 많은 절경(絶景)과 유서깊은 백담사와 봉정암 등의 옛 사찰들이 있어 설악산의 운치를 한층 돋보이게 한다.

설악산의 동·식물(動植物)

설악산 일대는 동식물분포구계상 동아시아구에 속하고 이것을 다시 시베리아아구와 만주아구로 나눈다. 이 지역은 시베리아구의 바로 남방에 위치하고 또한 지형상 북한의 고지대와 연접하는 태백산맥의 북부에 위치하는 비교적 높은 지역이므로 시베리아적인 특징 요소도 존재하고 있다고 볼 수 있다.

동식물 분포구계상으로 나누어 볼 때 함경남북도의 대부분과 평안남북도와 강원도 일부지역이 시베리아아구에 속하고 그밖의 여타지역은 만주아구에 속한다는 것이 종래의 통설이다.

(1) 포유류

설악산에는 표범, 산양 등 시베리아구의 특징적인 포유류동물이 서식하고 있으며 백두산을 비롯한 한국 북부에 주로 서식하는 반달사슴곰이 설악산에도 있다. 그리고 희귀종인 산양, 사향노루, 곰 등이 귀중한 약재로 이용되어 멸종상태에 있으며, 또 대형종은 인간의 간섭으로 높고 험난한 곳으로 은신하고 있다. 설악산에 서식하는 주요 포유동물의 분포를 다음 네 가지로 분류할 수 있다.

◦ 멸종되었다고 보는 종류

너구리

호랑이와 대륙사슴은 2차대전과 6.25 전까지는 극소수 서식하였으나 6.25 이후 서식하지 않는다는 것이 동물학자들의 의견이다.

◦ 사라져가는 종류

사향노루, 곰, 산양, 수달 및 하늘다람쥐 등은 천연기념물로 지정되었으며 표범, 늑대, 여우 등은 개체 유지를 위하여 보존되어야 할 종류이다. 날다람쥐는 주민들에 의한 단 한번의 증언뿐이며 재조사가 필요하다. 이와 같이 사라져가는 희귀종의 보호 대책이 시급하다.

◦ 환경변화로 감소되어가는 종류

너구리, 오소리, 멧돼지, 노루, 담비 및 고라니 등은 인간의 간섭과 환경 변화로 감소되어 가고 있다. 이에 대한 대책으로는 입산 인원의 억제, 등산로의 제한, 휴식년제 실시 등으로 동물들의 서식 환경을 보호해 주어야 하다.

◦ 환경 변화로 증식되는 종류

다람쥐, 멧토끼, 청살모 및 들쥐들은 인간간섭에 의한 임상의 변화로 은신처의 조성, 먹이의 풍부 등 여러 가지 환경 생태의 변화로 증식되고 있다. 특히 청살모는 잣나무의 대량 식재 후 급속히 증식되어 해를 끼치고 있다.

지금까지 설악산 일대에서 서식하고 있는 포유류는 멸종된 것을 제외하고는 14과 37종이 발견되어 있다.

(2) 조류

설악산에서 관찰된 조류는 총 62종으로 이 중 텃새 32종, 여름새 23종, 겨울새 3종, 통과조 1종, 미조 1종, 미확인 2종 등이다. 최우점종은 박새이며, 쇠박새, 동고비, 곤줄박이, 노랑할미새, 어치의 순이다.

설악산과 청초호, 영랑호를 끼고 동해안에 위치한 속초시는 산악과 해양의 복합적인 환경으로 조류의 분포가 매우 다양하다. 특히 청초호와 영랑호는 겨울 철새인 고니류의 도래지로 유명하고 수천마리의 갈매기 떼가 월동하며 각종 오리류도 찾아오고 있다.

(3) 파충류

설악산의 파충류에 관한 1984년 학술조사보고서에서도 도마뱀 아목이 1과 1속 3종, 뱀 아목이 2과 4아과 8속 10종이 조사 보고되었다.

이 중에서 아무르 장지뱀과 살모사는 외설악에서만 발견되며 줄장지뱀과 장지뱀은 내설악에서만 발견된다. 가장 많이 발견되는 것은 유혈목이와 누룩뱀이고 쇠살모사와 가치살모사순이며 다른 종은 희소한 편이다.

(4) 양서류

1984년 설악산 학술조사보고서에서는 2목 5과 6속 10종으로 보고되고 있다. 도롱뇽목의 꼬리치레 도롱뇽은 전계류의 상류까지 서식하며, 도롱뇽은 저지대에서 소수가 서식하고 있다. 개구리목은 무당개구리가 가장 많이 서식하고 다음이 물뚜꺼비와 산개구리며 두꺼비와 옴개구리는 희소한 편이며 아무르산 개구리는 저지대에 소수가 서식하고 있다.

(5) 어류(魚類)

설악산에서 서식하는 어류는 내설악과 외설악산 사이에 현저한 차이가 있다. 어류 분포상 내설악에는 중국아지구의 대표적인 종류인 돌고기, 버들치들이 나타나지만 외설악에서는 북방종인 송어, 연어들이 서식하고 있어서 아무르아지구와 중국아지방의 중간형을 나타내고 있는 것이 특색이다. 이것은 설악산맥이 일찍부터 분수령 역할을 해온 탓으로 생각된다.

설악산 수계는 총 61종의 담수어가 확인되었으며 이 중에서 금강모치, 어름치, 쉬리, 가는돌고기, 묵납자루, 돌상어, 돌마자, 배가사리, 참종개, 새코미꾸리, 눈동자개, 퉁가리, 미유기, 꺽지, 동사리, 얼룩동사리 등의 16종의 한국 특산종이 있다.

(6) 곤충류

현재까지 조사된 설악산 서식 곤충은 총 15목 201과 1,378종이며 앞으로 좀더 세밀한 조사연구를 한다면 상당수의 종류가 더 발견될 것으로 생각된다.

모데미풀

설악산의 식물(植物)

설악산은 식물구계지리학상 한국구의 중부아구에 속하며 북방계 식물분자와 남방계 식물분자가 혼생할 수 있는 지대에 위치하며, 매우 다양한 식물상을 나타내고 있는 곳이기 때문에 식물 분포학상 대단히 중요한 지역이다.

설악산은 한반도의 중부에 위치하고, 비교적 고산인 까닭에 산정부근에 발달한 고산식물 군락은 과거 지질시대의 기후 변천에 따른 식물의 이동을 추정할 수 있다. 즉 기후가 한냉하였을 때에는 구아대륙분자가 남하하는 통로가 되었고 다시 기후가 회복됨에 따라 남하했던 식물이 북상하는 데 큰 도움을 주었다고 생각되며 산정 부근에 잔존하는 고산 식물 군락이 이를 증명하고 있다. 따라서 정상 부근에는 눈잣나무, 찜빵나무, 노랑만병초, 바람꽃과 같은 고산식물이 남아 있다. 그러므로 이곳에는 북방분자와 남방분자의 혼성지대를 이루고 있다. 설악산은 산세가 험하고 과거 교통이 불편하여 사람의 출입이 적었던 관계로 원시림 상태를 완전히 유지할 수 있어 종의 구성도 다양하고 학술자료와 관광자원으로 중요한 위치를 차지하고 있다. 설악산의 식물상은 설악산학술조사보고서(문교부 1967)에서 855종류, 설악산 학술 조사 보고서(강원도 1984)에서는 882종류, 1985년의 조사보고서에서 1,013종류로 조사 보고되었다.

설악산에 자라고 있는 관솔식물은 104과 447속 1,207종류로 밝혀졌고 그중에서 특산식물이 65종류, 희귀식물이 19종류이다. 특산식물 중 15종류와 희귀식물 중 19종류는 설악산에서만 자라고 있다. 우리 나라에 자라고 있는 특산식물의 총수는 407종류로 알려져 있는데 이 중에서 65종류가 이곳 보호구역 내에서 자라고 있으며 특산식물종이 많이 자라는 곳은 제주도로 75종류, 지리산에는 42종류로 설악산은 우리 나라에서 제주도 다음으로 특산식물종이 많은 자연보호 구역이다.

설악산에만 자라는 특산 및 희귀식물로는 설악눈주목, 금강소나무, 홀아비 바람꽃, 요강나물, 금강배나무, 설악조팝나무, 염주나물, 등대시호, 금강봄맞이꽃, 만리화, 큰용담, 길마가지나무, 흰도라지모시대, 흰금강초롱, 솜다리, 찝빵나무, 난사초, 작은 황새풀, 난장이붓 꽃, 새양버들, 바이칼바람꽃, 너도바람꽃, 나도바람꽃, 한계령풀, 털새모래덩굴, 톱바위치, 이노리나무, 좀양지꽃, 흰인가목, 노랑만병초, 만주송이풀, 두메잔대 등을 들 수 있다.

설악산의 지형과 지질

(1) 지형

설악산은 대청봉 부근을 제외하고는 그 대부분이 여러 종류의 화강암으로 되어 있으며, 크게 3분할 수 있다. 가장 오랜 것은 트라이아스기(紀), 그 다음이 쥬라기(紀)의 것으로 가장 넓은 면적을 차지하고 있다. 쥬라기 화강암은 대보화강암(大寶花崗岩)이라 하며 관입(貫入)한 시기는 대체로 1억 5천만 년에서 2억만 년 사이가 된다. 세번째로 백악기(白堊紀)의 화강암(불국사 화강암)인데 이것은 강원도의 속초, 간성, 인제, 홍천을 연결한 지대에 분포하며 설악산의 주체를 이루고 있다. 설악산 지형을 특징짓는 것은 융기와 침강 현상이다. 화강암이 지표면에 나타났다는 것은 지하 깊숙이 있던 화강암이 지표면으로 융기하고 있기 때문이다.

다만 서해와 남해는 침강하여 다도해를 형성하게 되는데 이런 변화는 한반도가 서남쪽으로 기울면서 동쪽이 융기하는 지각운동이 일어났음을 의미한다. 설악산은 침강작용에 따라 태백산맥(太白山脈)의 일부로서 탄생된 것으로 높이 솟아 그대로 있으면 평탄한 대지(臺地)를 형성하게 되지만 오랜 세월동안의 침식삭방작용으로 현재와 같은 기암절벽을 이루게 되었다.

구상나무

노랑하늘나리

(2) 지질

대청봉 정상부근과 그 동부, 서부 및 남부, 즉 외설악 남부는 시대 미상인 先캠브리아 紀 변성암류인 화강암질편마암과 반상변정 편마암으로 구성되어 있고 내설악의 대부분과 외설악의 북부는 백악기(白堊紀)의 화강암인 불국사 화강암으로 되어 있다.

수억 년에 걸친 지반의 융기(隆起)와 침식, 삭방작용으로 중생대에 이르러 다시 퇴적지로 변했으며 중생층이 끝날 무렵 한국에서 가장 현저한 것으로 알려진 백악기의 화성활동(火成活動)이 설악산에도 활발히 진행되었으며 각종 화강암류가 관입(貫入)하는 과정에서 단층(斷層), 절리(節里), 부정합(不整合) 등의 원인이 발생하고 성질을 달리하는 각종 화강암류의 발달과 수천만년의 세월을 걸친 침식 풍화작용으로 현재와 같은 뛰어난 경관과 지형이 형성되었다.

설악산에서의 중요한 화성활동은 설악산 화강암의 관입으로부터 시작된다. 설악산 화강암의 관입으로 화강암질 편마암, 반산변정 편마암 등의 先캠브리아기(紀)의 기반암(基盤岩)이 융기(隆起)되었으며 대청봉, 화채봉 등의 장엄한 봉우리들이 이 작용으로 형성될 수 있었고 공룡능선과 같은 기암괴석과 계곡을 가진 절경이 형성되었다.

그 다음으로 중요한 지질 사건은 흑운모 화강암의 관입(貫入)이다. 소청며 내설악의 형성은 설악산 화강암과 흑운모 화강암의 관입으로 그 기초가 마련되었다고 할 수 있다.

내설악은 비교적 초기에 관입한 화강암류로 구성되어 있음에 반해 외설악은 주로 말기에 관입된 화강암류로 구성되어 있다. 가장 나중에 형성된 울산 화강암이 외설악의 특징을 잘 나타내 주고 있으며 암석 순서를 볼 때 내설악이 먼저 형성되었고 그 다음에 외설악이 형성되었다고 할 수 있다.

현재의 모습이 있기까지 설악산은 6,000만 년 이상 침삭, 삭방작용과 지각의 융기(隆起)로 솟아오르고 동해의 함락으로 동사면(東斜面)이 급격히 침식되고 화강암의 절리(節里) 현상으로 기암 절벽과 계곡을 가진 절경을 형성하게 되었다.

17. 설악의 관문 대포동(大浦洞)

속초시내 전경

속초시와 양양군의 경계인 쌍천(雙川)을 지나면 설악산의 관문인 아름다운 어촌 마을을 만나게 된다. 大浦는 근대화로 인한 외지와의 교통이 활발해짐에 따라 이 고장의 문호 역할을 담당한 상당히 큰 항구였고 도천면(道川面)의 소재지였다.

일제시대 후기에 청초호(靑草湖)가 개발되고 북쪽에 위치한 속초리(束草里)가 커지기 시작하여 1937년 7월 1일에는 면(面)의 소재지가 속초리로 옮겨지고 면의 명칭도 속초면(束草面)으로 바뀌게 되었다.

1966년 동제(洞制) 실시 때 대포리에 외옹치리(外甕峙里), 내물치리(內勿淄里)가 합쳐져 대포동이 되었다. 대포리는 큰 포구라는 뜻으로 한개라고 부르던 것을 대포(大浦)라고 표기한 데서 유래되었다.

또한 외옹치리가 독재라는 고개의 바깥에 있다고 하여 밧독재라고 하는데 대포리는 독재의 안쪽에 있다고 하여 안독재 또는 독재 밑에 있는 큰 마을이라 하여 큰 독재라 하였으며 조선시대의 행정상 명칭은 옹진리(甕津里)였고 외옹치리는 일제시대에 바뀐 이름이다.

마을 신앙

마을 신앙의 대표적인 형태는 성황제(城隍祭)라 할 수 있는데 동리마다 성황당(서낭당)이 남아 있다.

번창했던 대포항을 끼고 내물치, 대포, 외옹치 3개 자연 부락을 형성했던 주민들의 생업(生業)은 소수의 농민을 제외하고는 대부분의 주민이 고기잡이를 주 생업으로 하여 왔다. 그러므로 이 지역의 성황제는 무사한 조업과 풍어를 기원하는 내용으로 진행되었다. 또한 마을 주민 전체가 참여하는 성황제 풍어(豊漁)놀이를 통하여 화합을 도모하여 왔다.

각 마을마다 성황제 시기와 장소, 내용은 다소 다르다. 외옹치 부락은 강남갔던 제비가 돌아온다는 음력 3월 3일과 제비가 돌아간다는 9월 9일에 성황제를 지내며 물치마을은 음력 3월 3일과 10월 초순에 길일을 택하고 대포 부락은 음력 10월 초순에 길일을 택하여 1년에 한 번 지낸다.

대포부락의 경우는 성황제의 규모가 크며 첫해는 큰 무당을 불러 무당굿 중심으로 하고 다음에는 복수리(下術) 중심의 성황제를 지내고 있다.

복수리 중심의 제사는 동네 전체의 안녕을 기원하고 제사가 끝나면 제물을 준비하는 도가집에서 음식을 나누며 풍어를 기원하는 풍어놀이가 장단에 맞추어 시작된다. 무당굿 중심의 성황제는 깨끗한 바닷가에 굿당을 차리고 성황을 모신 다음 제관은 제사를 지내고 무당(巫堂)은 마을의 안녕과 무사한 출어조업 및 풍어를 기원하면서 소지를 올린다. 재물은 반드시 소를 잡아 올리며 소머리를 소라 하지 않고 말이라고 부른다. 이것은 성황님이 말을 타고 온다고 하여 말 대신 소를 준비하는 것이라 한다.

대포 외옹치 고풀이와 장승제

뭉툭하고 우람하게 솟은 주먹코, 왕방울처럼 툭 불거진 두 눈망울, 귀밑까지 찢어진 입술, 권위와 위엄, 괴기하기까지한 얼굴의 이면엔 부드럽고 익살스러움과 정겨움이 담겨진 모습으로 동구 밖에 우두커니 서서 지나가는 길손들을 맞이하는 천하대장군(天下大將軍)과 지하여장군(地下女將軍)의 모습은 지금은 거의 자취를 감추고 T.V드라마나 영화에서나 봄직한 풍경이다.

이 장승을 세우는 풍속이 지금까지 남아 있는 곳은 강원도 내에서 속초시 대포동(大浦洞) 외옹치 마을과 춘성군 동산면 조양리 전치곡 마을에서 겨우 그 명맥을 유지하고 있을 뿐이다.

외옹치 성황제는 매년 음력 3월 3일과 9월 9일에 시제(時祭)를 올리며 부락제는 3년마다 한번씩 가을철에 용왕굿을 하며 어부의 혼을 위로하는 고풀이 굿을 하는 내용이다. 성황제는 지난해 제주(祭主)가 날을 받아오면 부정을 타지않은 깨끗한 사람을 골라 그해의 도가(제사 음식을 장만하는 집)로 정한다. 도가에서는 마을 사람들이 모여 제사비용 등을 마련하게 되며 도가집이 된 사람은 목욕 재계하고 백미 3되를 가지고 신주를 담가서 성황당 근처에 묻고 금줄을 쳐 놓는다. 사방 네 곳과 도가집 앞에는 十자형 황토를 뿌려 부정을 막고 외출을 삼가하며 잡인의 출입을 막고 근신한다.

한편 마을 어귀에 장승과 솟대를 세우기 위하여 산에 가서 알맞은 나무를 베어온다. 나무를 메고 올 때는 홍을 돋구어 신가(神歌)를 불러 잡귀를 쫓고 도가에서 암장승과 숫장승을 정성들여 조각한다.

부락제가 베풀어지는 하루전날 마을 북쪽 어귀에 장승을 세워 놓는다. 다음날 아침에 대장잡이를 선두로 하여 제주와 제관들이 앞서고 무당이 뒤따르며, 숫장승으로 지신을 밟으며 제물을 차려놓고 제사와 굿을 한다. 대를 잡고 골메기 성황님을 외쳐 신내림을 받게 되고 다시 암장승에게 가서도 성황님을 청하여 굿을 한다. 그러면 암장승도 신내림을 받게 되고 장승제는 끝이 난다.

대포항 전경

성황당에 갈 때는 암수 두 장승을 모시고 가는데 외옹치 성황당의 숫성황이므로 암장승신(神)을 안치하고 굿을 한다. 그때 지신밟기로 흥을 돋군다.

성황당에서 굿판이 벌어지고 성황제는 사흘 밤낮으로 베풀어진다. 외옹치 고풀이는 장승제, 성황제, 용왕제를 함께 치르는 종합신제(綜合神祭)로 볼 수 있다. 또한 이 행사를 무당이 주제자(主祭者)로 참여하고 있는 것도 특징이라 할 수 있다.

외옹치 장승

장승은 천둥과 번개, 홍수와 지진, 역병과 재앙, 풍랑과 해일로부터 마을을 지키기 위해 만든 수호신으로 실로 한국적인 풍물의 표상이다. 대포동은 일제시대에는 상당히 큰 항구로 이 고장의 문호 역할을 담당했었으나 속초항의 발달로 지금의 대포항은 한낱 어선 몇 척이 드나드는 한적한 포구로 전락했다. 그러나 산업과 교통의 발전, 관광문화의 발달로 대포동은 설악산과 속초의 관문으로서 새로운 각광을 받기 시작했다. 명산 설악과 척산온천, 청초호와 영랑호를 지척에 두고 낭만과 정열이 굽이치는 동해를 바라보는 대포동 포구의 횟집들은 설악산을 찾는 사람들이 한번쯤 들려가는 명소로 각광을 받고 있다.

대포동 아판장

오징어 건조장

계절에 따라 약간의 차이가 있지만 대체로 광어, 넙치, 방어, 도다리, 청어 등이 대포항의 주요 어종이다. 청정수역에서 건져올린 고급 생선들의 싱싱한 회맛으로 입 맛을 돋구며 회포를 푸는 것도 여행객에게는 빼놓을 수 없는 즐거움이다.

18. 함경도 아바이마을 청호동(青湖洞) 나룻배

청호동 갯배

속초 관광호텔 앞에 지금은 사라질 운명에 놓인 청호동 나룻배가 있다. 중앙동과 청호동 사이를 넘나드는 도선(渡船)을 갯배라 부르고 도선장을 갯배머리라고 한다. 밤이 되면 청호동과 마주하고 있는 주변 일대의 즐비한 횟집에서 흘러나오는 불빛이 불야성을 이루며 아름다운 선창가의 밤을 무르익게 한다. 간간이 흘러나오는 웃음소리와 흥에 겨워 젓가락 장단을 두드리며 뽑아 올리는 노랫소리며 서민의 애환을 실은 통통배 소리가 밤의 적막을 깨뜨리고 있다.

흔히들 도선장이라 하면 서글픈 이별의 장소를 떠올리기 쉽지만 이곳은 다른 곳과 다른 특이한 사연을 가지고 있는 곳이다.

전쟁 전까지만 해도 이곳은 단지 갯벌과 황량한 백사장만 남아 있던 곳이다. 1953년 7월 27일 휴전과 함께 이곳에는 고향을 이북에 두고온 함경도 평안도 사람들이 한치의 땅이라도 더 고향 가까운 곳으로 가겠다는 집념으로 잠시 머무르기를 작정한 실향민들의 집단 취락이다.

삽시간에 많은 사람들이 모여 마을을 형성하였으나 생활에 필요한 물품을 사고 파는 기능이 형성되기는 어려운 실정이었다. 이런 생활의 필요 때문에 중앙동 쪽으로 거룻배를 타고 건널 수밖에 없었다. 잡아온 고기를 싱싱한 채로 시장에 내보내기 위해서는 주민들이 모두 이용할 수 있는 갯배가 필요하게 되었다.

속초 갯배의 효시는 이북에서 월남한 조막손이란 김씨 노인이 승객 20명쯤 탈 수 있는 갯배를 만들어 청호동과 중앙동 사이를 왕래하는 교통수단으로서 배삯을 받았다 한다. 김노인은 배삯이 없는 사람은 무료로 태워주는 맘씨 좋은 사람이었다 한다.

그후 속초항이 우리 나라 최북단의 어업전진기지로서 각광을 받으며 갑자기 인구가 늘어나자 당시 읍사무소는 김노인으로부터 갯배를 인수하여 청호동사무소로 하여금 관리케 하다가 읍사무소가 직접 이를 운영하기에 이르렀다 한다. 갯배는 많은 주민들이 이용하는 편의시설이었기 때문에 공익적 차원의 조치라 생각된다.

현재는 속초 재향군인회에서 운영하고 있는데 타산이 맞지 않아 운영에 어려움을 겪고 있다 한다. 김노인으로부터 갯배를 인수할 때 청호동 주민에게는 도선료를 받지 않기로 했으며 그나마 연안에서 잘 잡히던 오징어, 명태 등이 잘 잡히지 않자 청호동 쪽에서 가공돼 갯배를 이용하여 넘어오던 수산물량이 격감하고 현대적 교통수단의 등장으로 청호동 갯배는 운영해 나가기에 더욱 힘든 처지가 되었다 한다. 지금은 외지의 여행객들이 시가지 한복판을 넘나드는 갯배에 호기심을 갖고 한번쯤 타보고 싶은 그런 모습으로 쇠락해 가고 있는 느낌이다.

이곳이 매립지가 되면 속초시가지에 떠다니던 청호동 갯배는 아련한 추억의 장소로 남을 것이다.

청호동과 중앙동을 연결하는 굵은 쇠줄을 두 사람이 쇠갈고리로 양쪽에서 잡아당기며 나아가면 뒤이어 같이 탄 사람들이 번갈아가며 잡아당긴다. 이렇게 몇 분 동안 반복하면 배삯을 받는 매표소에 도착한다. 조그만 횟집이 밀집하고 있는 마을 구멍가게가 나타난다.

왕복 140원, 편도 70원, 자건거 90원, 손수레 120원을 받는 도심 속의 매표소가 나그네에게 생소하고 이색적인 분위기를 안겨준다.

마을 뒤편 좁은 골목길을 빠져나가면 철조망 너머로 넓은 해변 백사장이 펼쳐지고 왼쪽으로 연해 있는 방파제를 따라 걸어가면 푸르고 붉은 불빛을 번갈아 발산하는 두 개의 등대가 밤바다를 지키고 있다. 이 방파제의 축항 위엔 낚시를 즐기는 강태공들의 발길이 잦은 곳으로 저멀리 죽도와 외옹치 마을 해안 언덕의 불빛이 언뜻언뜻 나타났다 사라지곤 한다. 가끔 야간 강의가 끝나면 이 갯배를 타고 건너 방파제를 따라 바라보던 밤바다가 오늘따라 왠지 알 수 없는 아쉬움 같은 그리움을 몰고 오는 것은 어쩌면 반세기에 걸친 실향민 함경도 아바이 마을의 삶의 체취 때문이 아닐까. 되돌아오는 발길에 쏟아지는 선창가 횟집의 불빛과 네온싸인은 밤의 정취를 한껏 고조시키고 있지만 이제나 저제나 고향의 산천과 부모형제를 그리는 실향민들의 소원은 언제쯤 이루어질 수 있을까. 아직도 도심의 한가운데서 전쟁의 상흔으로 남아 있는 청호동은 이 시대의 마지막 상처로 남아 있다.

19. 화랑의 도장(道場) 영랑호(永郎湖)

영랑호

속초 시외버스 터미널에서 북쪽으로 50m쯤 걸어가면 사거리가 나타나고 맞은편 포장도로를 따라 차 한잔 마실시간을 걸으면 아담한 예식장과 영랑호 리조트 안내 간판이 나타난다.

영랑호(永郎湖)

咸泳德

갈대로 가슴여는
아침
호수는
바람으로 눈 뜬다.

호수에 잠든
설악의 산맥들
밤마다
제자리로 돌아서

영랑은
낚시끝에
서라벌의
세월을 벗긴다.

피리소리로 배 띄워
술잔에 달을 담아 끝없이 마셔도
줄지 않는 술병엔
여인의 눈동자만 나부낀다.

아득한 강 저편에
그리움 싣고
떠나가는 빈 배
그대의 뒷 모습.

오른쪽 소나무 숲길을 따라가면 보광사(普光寺)란 절이 있는데 푸른 송림이 우거진 영랑호 동남방에 위치한 이 사찰은 경관이 아름답고 산자수명(山紫水明)한 곳으로 봄, 가을철이면 이 부근에 각급학교 학생들이 소풍으로 만원을 이루고 사계절 탐승객(探勝客)들의 발길이 끊이지 않는 곳이다. 보광사란 절 이름은 부처님의 제자 53佛中 수제자이신 보광불존(普光佛尊)을 이 절에 모셨다 하여 普光이란 이름을 붙였다 한다.

호수 입구 도로가에는 잘 다듬어진 향나무 조경수와 낙엽송들이 양옆으로 늘어서서 여행객들을 환영하는 것 같다. 야트막한 산으로 둘러싸인 동산숲과 오른쪽 호반가에 늘어서 있는 조경수 사이사이엔 대화를 나누는 다정한 연인들의 뒷모습과 가족과 함께 나온 아이들의 천진스런 표정들이 신록의 봄볕을 더욱 포근하고 상쾌하게 느끼게 한다.

연초록 녹음 속에 5월의 아카시아 향기가 싱그럽게 밀려온다. 열병하듯 길옆에 늘어선 가로수들을 조금 지나면 오른쪽 건너 바위옆 뾰족한 백색 탑신이 나타나는데 반공 전사자 및 6.25사변 때 전몰한 통천(通川) 군민의 순국동지 충혼탑이 호숫가에 잠들어 있다. 해변가 영랑교 위를 버스들이 달리고 왼쪽으로 굽이 돌아 서쪽 방향으로 들어서면 영랑호의 잔물결이 바람에 넘실댄다.

호수 맞은편 북쪽 산기슭엔 속초고등학교가 야트막한 동산에 둘러싸여 선명하게 시야에 들어선다. 호수와 바다 사이에 놓여 있는 해변쪽엔 작은 집들이 밀집되어 있고 따개비같은 차들이 지나다니고 있다.

영랑호는 속초시 서북쪽 장사동, 영랑동, 동명동, 금호동에 둘러싸여 있는 둘레 8km, 넓이 약 36만평의 거대한 자연호수다.

이 호수를 영랑호라 이름 붙이게 된 것은 삼국유사의 기록에 근거한다. 신라의 화랑 영랑이 같은 낭도(郎徒)인 술랑(述郎), 남랑(南郎), 안상(安祥) 등과 함께 금강산에서 수련을 마치고 고성 삼일포(三日浦)에서 3일 동안 유람을 한 후 각각 헤어졌다. 영랑은 동해안을 따라 순례하며 서라벌로 돌아가는 길에 이 호수를 발견하고 호수의 아름다운 경치에 넋을 잃고 머물러 가게 된다.

명경같이 잔잔하고 맑은 호수에 붉은 저녁노을이 찾아들고 울산바위의 아름답고 웅후한 자태와 호수를 향해 웅크리고 앉아 있는 범바위가 물속에 잠겨 있는 선경(仙景)을 보고는 뉘라서 그대로 발길을 돌릴 수 있었을까. 영랑은 서라벌로 돌아가는 것도 잊고 아름다운 호반에 매료되어 오랫동안 이곳에 머물면서 풍류를 즐겼다 한다. 그 이후 후세의 사람들이 이 호수를 영랑호라 부르게 되었고 이때부터 영랑호가 화랑도들이 즐겨 찾는 순례도장이 되었다 한다. 호수 주위에 낮은 송림과 범바위, 노적바위 등 큰 바위로 둘러싸여 주변의 운치를 한층 돋보여 주고 있으며, 오월의 아카시아 향기와 가을 단풍으로 붉게 물들인 영랑호반은 사랑과 낭만을 안겨 주는 정겨움을 느끼게 한다. 영랑호는 민물과 바닷물이 섞이는 곳이라 어족이 풍부하고 옛부터 낚시터로 유명하다. 10월 하순에 호반에 날아와 4월에 돌아가는 천연기념물 고니를 비롯하여 청둥오리, 가창오리 등 수백종 수백만 마리의 철새들이 저녁 노을에 호수를 날아 덮을 때의 광경은 말로 표현키 어려운 정감을 안겨준다.

그 옛날 화랑들이 대자연 속에서 호연지기를 기르고 심신을 연마하여 젊은 시절에 갖추어야 할 인격과 용맹성, 애국심과 충성심, 용기와 우정을 함께 익혔던 호반의 아름다움은 아직도 역사의 향기와 함께 아련하게 밀려오고 있다. 어쩌면 그러한 화랑도의 기상은 국토 순례를 통하여 그 정신을 더욱 갈고 닦아 삼국통일의 원동력이 되었음은 역사가 시사해 주고 있는 것이다.

말을 타고 달리거나 풍류를 읊던 화랑들의 모습과 호반에 잠긴 설악의 모습을 생각하며 서쪽으로 난 시멘트 포장길을 따라 발길을 옮겼다.

호숫가에 한가로이 있는 수영장, 눈부신 햇볕, 마른 갈대 속에서 푸릇푸릇 솟아난 갈대의 새순이 미풍에 흔들리고 있다. 철책으로 둘러쳐진 수영장을 돌아 올라가면 왼쪽엔 단층의 흰색 영랑호 리조트 사무실과 정면 산정엔 백색 바탕에 붉은 기와지붕을 한 2층으로 된 서구풍의 영랑정(永郎亭)이 나타난다.

영랑정 안으로 들어서면 흰색 벽면을 배경으로 검은색 빛을 띤 사각형 나무로 천장과 벽면을 장식하여 특이한 분위기를 자아낸다. 식당건물 2층 베란다는 영랑호를 한 눈에 굽어 볼 수 있는 좋은 전망대다.

청초항

소나무 숲과 아카시아 꽃 너머로 잔잔한 호수를 바라보면 그윽한 자연의 정취와 저녁의 평화로움이 가슴에 밀려든다. 호수 주변을 둘러싸고 있는 호반도로 주변에는 뾰족한 양옥식 지붕과 개인 주택형의 콘도가 숲과 호수 사이에 한 폭의 풍경화를 호숫가에 걸어 놓은 것같다.

영랑정 화랑을 지나 바로 옆 통유리로 만든 커피숍으로 들어서면 내부가 환히 보이며 등걸이 나무의자에 저녁 햇살이 들어 마음이 저절로 확 트이는 것 같다. 바로 지척에 호숫가에 웅크리고 앉아 있는 범바위와 그 앞쪽에 인공 분수대가 뿜어올려져 저녁놀에 둥근 파문을 새기고 있다.

5월의 아카시아 향기가 흩날리는 호반의 저녁 정취는 평화롭고 넉넉한 마음을 안겨준다. 호수를 즐겨찾고 늘 보고싶은 것은 아마도 그 잔잔함이 주는 평화로움과 그곳에서만이 느낄 수 있는 아늑함 때문일 것이다.

미시령 고개를 넘으며 바라보는 영랑호 주변의 콘도와 가로등 불빛, 동해의 밤바다를 수놓는 오징어잡이 배들의 불야성, 호수에 뜬 달빛은 환상적인 분위기를 자아 내는 야경이기도 하다.

20. 신선이 거문고 타던 영금정(靈琴亭)

영금정 파도

버스 터미널에서 해변 부두쪽으로 100m쯤 걸어나오면 수복기념탑 복원비가 있다. 통일의 염원과 실향민들의 희망과 한을 달래는 뜻에서 세워진 이 기념비는 83년 동해안을 휩쓴 강풍에 의해 깡그리 파괴되었지만 그해 9월 시민들의 성금으로 복원했다.

어머니가 어린 아들의 손을 잡고 두고온 고향의 산하를 바라보며 그리워하는 모자(母子)상에서 아직도 이 땅엔 가슴 저미는 쓰라린 상처가 남아 있음을 느낀다.

부둣가를 걸으며 항구의 냄새를 음미해 본다. 반원형으로 에워싸인 항구 가운데엔 죽도(竹島)가 보이고 그 가운데를 중심으로 양쪽으로 길게 늘어뜨린 방파제가 있다. 부둣가엔 오징어잡이 배들이 한가로이 쉬고 있고 아침햇살에 시원한 바닷바람이 이마를 적신다.

좌측 해변가의 영금정 등대와 저 멀리 우측해안을 끼고 도는 외옹치 마을의 산 입구가 속초항구를 두 팔로 감싸고 있다.

식당과 횟집이 즐비한 해변가 도로를 따라 십여 분 걸으면 조그만 봉우리 암벽산 위에 군인 초소가 나타나고 그 아래 해안 경비 초소가 있고 오른쪽으로 속초항의 긴 방파제가 바다로 뻗어 있다.

횟집으로 유명한 영금정은 옛부터 재미있는 전설이 전해져 오고 있다. 영금정은 어떤 정자의 이름에서 유래된 것이 아니라 돌로된 석산인 영금정에 파도가 부딪치면 신묘한 음곡이 들렸는데 그 소리가 신령한 거문고 소리와 같다고 하여 신령 영(靈)자, 거문고 금(琴), 정자 정(亭)으로 썼다. 이 뜻은 바로 신령스럽고 영험한 거문고의 선율이 울리는 정자모양으로 생긴 석산(石山)이라 하여 영금정이라 전하고 있다.

또한 사람들은 신선이 거문고를 타는 그런 신령한 소리가 들린다 하여 영금정이라고 불렀다 하니 파도가 자갈에 밀려와 부서지는 소리가 매우 아름다웠다는 것을 상상해 볼 수 있다.

그러나 지금은 애석하게도 아름다운 석산은 흔적도 없이 사라지고 넓직하고 평평한 바위의 잔해만 해변가에 남아 있다. 일제가 속초 항만의 축항공사의 석재로 석산을 깨어서 썼기 때문에 그 옛날의 아름다웠던 모습을 볼 수 없어 아쉬움만 나그네의 가슴을 적실 뿐이다.

옛날 이곳 석산 절벽 위에는 괴석들이 각양각색의 모양으로 둘러서 있었고 산꼭대기에는 어른 세 사람이 팔을 뻗어야 겨우 맞닿을 정도의 큰 노송이 두 그루 서 있었다고 한다.

석산 꼭대기에 오르면 몇 사람이 앉아서 놀 수 있는 평평한 암반이 있고 꼭대기 바위 바닥에는 말발자국처럼 생긴 형상이 파여 있어 이는 천마(天馬)가 달리고 간 자국이라 하여, 이곳은 신선의 왕대가 있었다고 전하고도 있다.

특히 영금정 위에는 징바위라는 바위가 있는데 그 바위를 치면 징 울리는 소리가 난다 하여 징바위라 부른다. 또한 밤이면 선녀들이 남몰래 하강하여 목욕을 하고 신묘한 음률을 즐기면서 놀던 곳이라 하여 일명 비선대(秘仙臺)라고도 불리어지고 있다.

파도가 밀려와 발목을 적신다. 선녀의 옷자락처럼 흩날리는 비파소리, 그림같이 빼어난 석산과 노송 두 그루를 머리 속에 그리며 망망한 동해를 바라본다.

21. 생명의 감로수 오색약수(五色藥水)

남설악 및 양양군 편

양양 시외버스 터미널에서 차를 타고 30분 정도 가면 오색리가 나타난다. 오색동은 설악산 대청봉으로부터 서쪽 8km, 양양읍에서 서쪽으로 20km 지점에 위치한 곳으로 옛부터 오색약수와 온천, 경관의 아름다움으로 사시사철 여행객의 발길이 끊이지 않는 종합 관광지다.

옛날에 오색꽃이 피었다는 얘기와 또 사기에는 오색사(五色寺)가 있었다 하여 오색리라 하였다고 전한다.

오색 ➡ 용소폭포 ➡ 주전골

오색주차장 → (50분) 용소폭포

오색주차장 → 민박촌 경유 → 점봉산 (3시간)

오색주차장 → (4시간) 대청봉(설악폭포 경유)

오색주차장 → (1시간 10분) 12폭포

버스에서 내리면 오른쪽으론 한계령으로 가는 길이 연이어져 있고 왼쪽엔 시멘트로 만든 주전교(鑄錢橋)가 나타난다. 다리를 건너면 왼편엔 텐트를 치는 야영장과 그 위로 밀집한 식당의 통나무 탁자와 의자들이 나타나고 약수바가지를 건네주며 한번 들려가기를 청하는 아주머니들이 여행객들의 시선을 끌고 있다.

상가를 지나면 왼쪽 산비탈엔 망월사로 가는 돌 계단이 놓여 있고 약수터 출구 오른편 약수교(藥水橋)를 지나 오른쪽 산기슭을 따라 걸어가면 매표소가 나타난다.

성국사지

오색약수는 조선 왕조 중엽인 서기 1500여 년 전(오색석사 현 성국사)의 스님이 수도하던중 다섯 가지의 찬란한 광채와 향기를 발산하는 꽃을 발견하고 그 꽃이 있는 곳을 파보니 독특한 물맛의 약수가 솟아나왔다. 그 뒤 물맛을 보니 다섯 가지 맛(五味)이 난다 하여 오색약수라 하였다는 말도 있고, 또 같은 나무에 오색꽃이 피었다 하여 오색리라 하였다는 말도 있다. 1500여 년 동안 하루같이 그 용출량이 매일 1,500ℓ 정도씩 솟아나와 이 물로 많은 병약자를 치료하였다. 특히 철분이 많아서 위장병, 신경쇠약, 빈혈 등에 특효가 있다 하여 많은 관광객이 즐겨찾는다. 이렇게 신통한 약수가 전국에 두 곳이 있는데 첫째는 오색약수이고 둘째는 함경남도 안변군 삼방약수(三坊藥水)라고 전한다.

암석 틈에서 은실같은 줄기로 끊임없이 샘솟아 오르는 약수를 보며 자연은 인류의 가장 위대한 스승이다 라는 말을 생각해 본다.

마치 잊어버린 고향에 다시 돌아온 기분으로 울창한 소나무 숲길을 따라 오르면 겹겹이 주름처럼 연이어진 골짜기가 나타나고 계곡 오른편 길 옆엔 돌로 쌓은 큰 담장이 나타난다. 돌계단을 올라서면 병풍을 사방으로 둘러친 분지같은 곳에 자리잡은 옛날 성국사지(城國寺址) 절터가 나타난다. 정면엔 시멘트로 만든 단상위에 불상이 놓여있고 그 좌우로 인형같은 조그만 불상들이 수십개 앉아 있어 지나가는 여행객들을 맞이하고 있다.

선녀탕계곡

왼편에 오색리 3층 석탑이 서 있다. 이 탑은 3층으로 통일신라시대의 석탑이다. 이중기단위에 3층의 탑신이 설치되어 있는데 탑신에는 우주(隅柱)만 조각되어 있고 옥개석(屋蓋石)은 4단의 받침이 조각되고, 직선으로 된 추녀선에 네 귀가 약간 치켜들려 있어 경쾌하고 간결한 아름다움을 지녔다. 상륜부(相輪部)는 없어졌고 탑의 높이는 약 5m 정도 된다. 원래 동서에 두 개의 보탑(寶塔)이 있었으나 동탑은 허물어져 잔해만 남고 서탑은 1968년 12월에 복원되어 보물 제497호로 지정되었다.

이 절은 1500년 전 신라시대의 절터로 언제 이렇게 망실되었는지는 모르지만 지금은 옛 주춧돌과 파괴된 당시의 동탑(東塔)의 돌사자가 홀로 남아 옛모습의 흔적을 짐작케 해 주고 있다. 사기(史記)에 의하면 이 절은 오색석사(五色石寺)라 칭하고 무염, 법성 두 대사가 수도하던 곳이라고 전한다. 현재 이 절은 다시 중축중에 있으며 닭이 알을 품고 있는 금계포란(金鷄抱卵) 형의 아늑한 작은 암자다. 성국사의 돌계단을 내려와 계곡을 끼고 올라가면 좁은 계곡 좌우로 깎아지른 듯한 바위와 아름다운 경치가 여행객의 마음을 사로잡기도 하며 때론 암석의 웅장미에 압도되기도 한다. 몇 개의 철다리를 건너면 옥같이 맑은 물이 암벽을 곱게 다듬어 청류로 흐르다 목욕탕 같은 깨끗하고 아담한 소(沼)를 이룬다. 밝은 달밤에 아름다운 선녀들이 하늘에서 내려와 날개옷을 반석 위에 벗어놓고 목욕을 하고 올라갔다 하여 선녀탕이라는 전설이 생겼다 한다.

선녀탕에서 서쪽 약 1km 지점, 해발 600m의 고지대에 오색온천이 있다. 옛날 선녀들이 이곳에서 목욕을 하고 승천하였다는 온천이다. 일제 말기에 일본인 들이 온천을 개발하려고 다이나마이트를 터뜨린 결과 바위에서 온수는 나오지 않고 잡수가 모여들었다 한다.

선녀탕계곡

1982년 강원도에서 개발에 착수하여 장시간 탐사한 끝에 새로운 지점을 발견하고 시추하여 pH 8.6의 양질의 온천을 개발하였다 한다. 이 온천은 유황천으로 피부병, 신경통에 좋다 하여 탐방객이 끊이지 않고 있다.

오색약수터에서 출발하여 30분쯤 걸으면 자비스러움과 넉넉한 분위기를 풍기는 미륵암이 나타난다. 미륵암에서 왼쪽으로 주전골(鑄錢谷)이 펼쳐지고 오른쪽으로 200m쯤 상류에 용소(龍沼)폭포가 있다. 용소폭포의 상류계곡을 따라 조금 올라가면 한계령 중간쯤에 도로가 나온다. 용소폭포 입구의 철다리를 건너는 지점에 마치 시루떡을 겹겹이 쌓아놓은 것같은 바위가 있는데 그것을 시루떡 바위라고 부른다.

용소폭포에서 동남쪽으로 깎아지른 듯이 솟아 있는 장군봉 그 꼭대기에 설악산 계조암에 있는 흔들바위 크기의 반 정도 되는 흔들바위가 있고 남쪽 만물상 꼭대기 신선바위 옆에 있는 흔들바위가 하나 더 있어 바람이 심하게 불어도 흔들리는데 떨어지지 않는 것이 신기하다. 또한 서로 절벽을 마주보고 쌍을 이루고 있는 것이 더욱 특이하다.

옛날 문헌에 설악에 오색석사가 있었다는 기록이 전하는데 이곳에 돌로 쌓은 성터가 있으니 혹 피난온 사람이 쌓은 것같이 여겨지기도 하며, 또는 주전골에서 사전(私錢)을 만들던 중이 이곳에서 살면서 주전하였다고도 전하고 있다.

5년 전 산사에 있을 때 몇 번 찾았던 용소폭포는 한겨울이라 얼음과 눈으로 덮여 있었다.

선녀탕계곡

용소폭포 부근에서 노점상을 하는 아저씨에게 컵라면을 시켜놓고 주변일대의 여러 가지 의문나는 것들을 물어보았다. 다행히 한계령 도로에서 출발하여 주전골로 내려오는 대부분의 등산객들이 폭포로 들리지 않고 오색약수터 쪽으로 하산했기 때문에 둘은 얼음판 위 의자에 걸터앉아 세상사는 얘기랑 이곳에서의 생활들을 얘기하며 재미있는 대화를 주고받을 수 있었다. 용소바위에 대한 전설을 아느냐고 물었더니 그는 옛날을 상기하며 매우 흥미있게 이야기를 이끌어나갔다.

“가물치가 백년을 살면 산으로 올라가서 구렁이 하고 교배를 해서 이무기로 변한답니다. 옛날 용소폭포의 깊이는 22m랍니다. 지금은 장마비가 올 때 떠내려온 돌들이 폭포에 떨어지고 막혀서 7m 정도의 깊이밖에 안된답니다.

이 폭포의 소(沼)는 입구는 좁지만 아래로 내려갈수록 밑이 점점 더 넓어져 이무기가 마음껏 살기에는 적당하였답니다. 수심 10m 이하부터는 물이 따뜻해서 이무기도 살 뿐더러 다른 고기도 살았다고 봅니다.”

“이무기를 보신 적이 있습니까?”

"아니죠. 머리에는 뿔이 달려 있고 용이 되려다 못되고 물속에 산다는 큰 구렁이 같은 상상의 동물이죠"

그는 머리에다 손을 얹고 마치 이무기의 뿔을 본 것처럼 확신에 찬 목소리로 말을 이었다.

"가물치도 백년이면 발이 네 개가 나온답니다. 실제로 50년 묵은 가물치를 잡아 보았는데 배쪽에 지느러미 같은 발이 네 개가 나와 있더라니깐요."

"그래서 어떻게 되었습니까 아저씨"

"이무기가 소(沼)에 들어가서 천년을 살다가 용으로 승천할 때가 다 가왔지요. 그런데 한 가지 문제가 생겼어요. 이무기는 항상 암수 두 놈이 쌍을 이루고 사는데 숫놈 이무기는 승천할 준비가 다 되었지만 게으른 암놈 이무기는 준비가 다 안된 상태였지요. 그래서 암놈이 숫놈 이무기에게 조금만 기다리면 함께 올라갈 수 있으니 부부가 일심동체인데 혼자 갈 수 있냐고 눈물을 흘리니 천년 동안 같이 살아온 정을 생각해서 숫놈 이무기가 잠시 지체했답니다. 하지만 더 이상 기다릴 수 없어서 막 승천하는데 그때는 이미 시간이 지난 때였죠.

서로 용이 되려다 못되서 숫놈은 바위로 변하고 암놈은 폭포가 되었답니다. 선생님 이리 좀 와 보세요. 왼쪽 폭포로 들어오는 입구에 커다란 바위 위에 붙어 있는 저 바위를 보세요. 꼭 용대가리를 닮았지 않습니까? 그리고 머리에서 등을 타고 내려서 계곡 물에 닿을 듯이 담겨 있는 부분이 용꼬리고요. 용 머리 앞에 있는 상처난 자국을 보세요. 저 자국이 승천할 때 밟았다는 발자국이랍니다."

"그러면 우리가 앉아 있는 이 얼음판 위는 암놈 이무기의 꼬리에 해당되는 겁니까?"

"그렇지요. 저 폭포가 암놈 이무기의 머리고요. 여기 흐르는 물줄기가 암놈 이무기의 몸뚱어리의 꼬리 부분이지요. 지금은 세월이 가고 장마비로 씻겨서 암놈 이무기의 상처자국은 다 닳아 없어지고 말았답니다. 그래서 용소폭포는 암놈바위라고 볼 수 있지요. 숫놈은 막 날려다가 몸의 꼬리부분부터 천천히 바위로 변해 승천하려는 자세로 굳어졌기 때문에 앞바위벽에 발자국 흉터만 남기게 된 원인이 되었죠."

선골전경

오늘 뜻밖에 노점상 아저씨에게서 정말 생생하게 살아 움직이는 전설을 전해 들으며 어린시절 할머니 할아버지들로부터 전해듣던 아득한 동화의 나라에 들어온 기분에 휩싸였다. 조깅코스로 여러 번 찾았던 이곳도 어떤 의미를 가지고 볼 때 그때와는 전혀 새로운 세계로 다가선다는 것을 새삼 절감할 수 있었다. 나는 아저씨의 얘기가 고마워서 일부러 커피 한 잔을 더 시켜서 마시며 폭포를 바라보았다. 화사한 봄볕, 여름날의 녹음 속에 묻어나던 향기들, 화려한 가을 단풍잎으로 물든 용소폭포는 눈과 얼음속에서 긴 고드름을 늘어뜨린 채 천년의 기다림과 고독을 안은 채 말없이 흐르고 있었다. 아쉬웠지만 주전골을 가야 하기 때문에 고맙다는 작별인사를 나누고 헤어졌다.

주전골(鑄錢谷)은 남설악의 큰 골 중에서도 자연 경관이 가장 수려하다. 이 계곡에는 웅전암을 비롯하여 주전봉, 주전폭포, 청풍암, 토끼바위 등이 있고 골입구부터 크고 작은 폭포가 연이어져 있다.

옛날 강원감찰사가 오색령을 넘다가 주전골에서 쇠붙이를 두들기는 소리가 들리기에 하인을 시켜 쇳소리 나는 곳을 찾아가 살펴보게 하였다 한다. 10여 명의 승려들이 위조주전을 만드는 것을 발견하고 그 사실을 보고하니 관찰사가 대노하여 즉석에서 처단하고 그들이 거주하던 사찰까지 불질러 버렸다 한다. 오색석사도 그때 함께 소실된 것이 아닌가 하는 추측이 많지만 확실한 고증이 없어 판단을 내리기는 어렵다 한다. 주전골이란 지명은 그때의 사실에서 연유된 것으로 보고 있고 또 일설에는 주위에 있는 암석들이 마치 돈을 쌓아 놓은 것같이 되어 있어 주전골이라 부른다고도 한다.

좁은 계곡 사이로 특이한 봉우리들이 연이어져 나타나고 가파르고 험한 산악길의 무성한 숲을 헤치며 주전골에 접어들면 만상대(萬相臺)가 나온다. 이 대(臺)에 올라 땀을 닦고 아래를 굽어보면 천태만상 기암괴석의 형상이 시야에 펼쳐진다. 모든 것은 마음에서 비롯되듯이 화상(和尚) 같이 보이는가 하면 오백나한이 둘러서서 염불하는 형상같기도 하고 석가여래가 연화대(蓮花臺)에 앉아 설법하는 모습으로 나타나기도 한다. 외설악산의 천불동이라 하면 이곳은 남설악의 만물상(萬物像)이라 이름할 것이다.

마음은 심상(心像)이듯이 보는 사람의 마음에 따라 형상이 달리 보이기에 만물상을 心像이라 부르고 싶다. 울산바위가 웅장하여 남성적이라 하면 이곳 만물상의 뾰족뾰족한 만봉(萬峰)은 여성적인 아름다움을 갖추고 있다.

구부러질듯 휘어감아 돌아 급격히 흘러내리는 12선녀 폭포에 와서 발을 담그고 북쪽 계곡을 바라보면 저 멀리 설악의 준봉들이 능선을 따라 연이어져 희미한 윤곽을 드러낸다. 가파른 계곡 아래로 펼쳐지는 기암괴석과 물소리 새소리를 들으면 피로가 어느새 싹 가시고 입안에 생기가 돈다. 설악산맥의 연봉에서 흘러내리는 물이 크고 넓은 반석 위를 굴러 연줄연줄 떨어져 12연주 폭포가 되었는데 소(沼)에서 십장 오르면 탕(湯)이 있고 탕에서 20장 오르면 연(淵)이고 연에서 또 다시 오르면 12폭의 주렴(珠簾)이 있고, 이것은 주렴을 펴 놓은 것같이 아름답다. 폭포 옆에 앉아 잔잔히 흐르는 옥수와 흩뿌리며 떨어지는 물보라를 만져보면

옥녀폭포

성숙한 처녀의 다정다감한 손끝처럼 부드럽고 감미롭다. 잔잔하다가도 급해지며 부드럽다가도 굳센 변화무쌍한 폭포의 아름다움에 여행객들은 넋을 빼앗기기도 한다. 장군봉 뒤편에 기개 넘치는 사람의 형상을 한 장군바위가 서 있고 위로 올라가면 토끼바위와 다정한 부부처럼 마주보고 붙어 서 있는 부부바위가 눈길을 끈다.

폭포로 변한 두 선녀의 전설

그 옛날 병풍바위 밑에서 일곱 선녀가 옷을 벗고 목욕을 하고 있었는데 몰래 뒤따라온 선관(仙官)이 가장 예쁘게 생긴 아름다운 두 선녀의 옷을 딴 곳에 몰래 감추어 버렸다 한다. 옷을 잃은 두 선녀는 하늘로 승천하지 못하고 한탄하다 지친 나머지 한 선녀는 옥녀(玉女)폭포, 다른 선녀는 여신(女神)폭포가 되었다 한다. 선관은 두 선녀가 폭포로 변한 사실을 모르고 두 선녀를 찾으러 사력을 다해 대청봉계곡을 올라가다가 끝내는 힘에 겨워 주저앉아 굳어버리고 말았는데 그 자리가 곧 독주(獨走)계곡과 독주(獨走)폭포가 되었다고 한다. 그 때 선관이 감추었던 선녀들의 옷은 물에 떠내려와 현재의 남설악호텔 앞에 와서 치마폭포로 변하고 그 위 계곡에 걸린 선녀의 옷은 속치마 폭포가 되었다 한다. 약수터에서 약 200m쯤 계곡을 따라 올라가면 좌측에 보이는 탕건(宕巾)바위와 현 남설악호텔 뒷산에 보이는 감투바위는 그때 그 선관의 탕건과 감투가 그곳에 있었는데 그대로 탕건바위와 감투바위로 변했다 한다. 선녀가 목욕하다가 변한 선녀탕에서 약수 계곡까지 흐르는 물을 음수(陰水)라 하고 독주폭포에서 흘러 내려오는 물을 양수(陽水)라 한다. 이곳 오색리의 물이 건강식수로 호평을 받고 있는 것도 알카리성 양수와 음수의 원리에 의한 것으로 생각된다.

22. 해동선종의 고향 진전사지 3층석탑

남설악 만물상전경

둔전리(屯田里) 진전사지(陣田寺止) 3층 석탑

양양군 강현면 둔전리 진전사지로 가는 길은 두 가지가 있다. 양양읍에서 한계령으로 가는 코스로 조금 올라가면 신축중인 관동대학 양양캠퍼스와 2차선 포장도로가 나타난다. 이 길을 따라 5분 정도 차를 타고 가면 화일리 마을이 나타난다. 화일리 마을을 지나면 좌측 언덕길 위로 영혈사로 가는 길이 나 있다. 영혈사(靈穴寺)는 신라 신문왕 8년 원효대사가 설악산 관모봉 아래에 창건한 사찰이다. 영혈사는 영천(靈泉)과 낙산사 홍연암의 샘물에 얽힌 전설로 유명한 사찰이다. 영혈사는 HI부대의 영가가 모셔져 있는 곳으로 기도도량으로서 영험하다는 절이다.

화일리의 고개 언덕길을 넘으면 넓은 벌판이 나타나고 석교리 마을로 들어가는 입구에 영광정 막국수집이 있다. 이곳에서 북쪽으로 석교리 마을로 들어가는 다리가 있다. 이 마을에서 감곡리 마을을 지나 둔전리까지 10여 분 정도 걸으면 진전사지 석탑과 커다란 둔전리 저수지를 볼 수 있다.

동해안 쪽으로 들어가는 방법은 양양 낙산사에서 8km 정도 북쪽으로 해안선을 따라 올라가면 속초 비행장이 나타난다. 비행장으로 가는 길을 따라 설악산을 바라보며 장산 벌판을 끼고 20여 리 길을 달리면 석교리 입구에 도달하게 된다.

등선대 입구

마을에서 산길을 따라 조금 올라가면 널찍하고 평평한 밭이 나타나고 그 밭 한가운데 우아하고 기품 있는 삼층석탑이 외로이 서 있다. 국보 122호인 진전사지 3층 석탑은 높이 5m의 화강암 석탑으로 신라 통일기의 전형적인 양식을 잘 나타내고 있으며 조각 수법이 매우 섬세하고 우수하여 신라 하대 조각의 수작이다.

탑에 새겨진 조각 작품의 솜씨는 신라문화 예술의 수작으로 정교하고 우아한 기품을 간직하고 있다. 기단 아래쪽 천의(天衣) 자락을 흩날리는 화불(化佛)이 사방으로 여덟 분, 기단 위쪽에는 팔부중상 여덟 분이 사방으로 각각 두 분씩 새겨져 있다. 1층 탑신에 사방불(四方佛) 네 분이 각 면마다 한 분씩 조각되어 있어 통일신라시대 문화예술의 우수성을 보여주고 있다. 한때 융성했던 절이 언제 어떻게 폐사되었는지는 알 수 없으나 출토된 기와에 천경대덕성화(天慶大德成化)의 기록과 고려 예종(6~9) 大德名 고려 충열왕 23년 32년 成化銘의 양각된 기와로 미루어 보아 세조 때까지는 건재했던 것으로 추정된다.

진전사의 정확한 창건 연대는 알 수 없으나 신라의 도의(道義)선사가 海東 선종(禪宗)을 개시(開始)한 사찰로서 일연(一然)선사도 입산수도하여 법통(法統)을 이었던 사지(寺地)이다.

진전사지 3층석탑

전하는 바에 의하면 1945년 4월경에 일본인 2명이 와서 2층 석탑을 들고 보물을 절취해 갔다고 한다. 묵밭에서 기울어지고 방치된 탑을 복원 공사할 때 탑 안의 보물을 두었던 장함 속에서 녹색의 작은 구슬을 하나 발견하였다 한다. 절이 폐사될 때 진전사터 위쪽에 있는 여귀소(女鬼沼)라는 깊은 연못에 범종과 불상을 던져 수장(水葬)하고 떠났다는 전설이 전해지고 있다.

옛 법당터에서 비석의 이수(離首, 비(碑) 머리에 뿔없는 용의 모양을 새긴 형상)가 출토되고 전액〔篆額 ; 비석 윗부분에 쓰는 전자의 제자(題字)의 운문조각(雲紋彫刻)〕이 발견되어 이 절의 신비를 풀어놓았다. 또한 법당 터에서 陳田陳陳田田을 양각(陽刻)한 기왓장이 많이 출토되었다 한다.

3층 석탑에서 내려와 강릉영림소 둔전출장소를 지나 계곡을 끼고 산기슭으로 몇 분쯤 올라가면 산중턱 오른쪽으로 돌계단이 나 있다. 계단을 따라 조그만 오솔길을 따라 올라가면 보물 439호인 진전사지 부도가 숲속에 있다.

이 부도의 형태는 8각형을 따르되 기단부가 석탑(石塔)에서와 같은 네모진 이중기단(二重基壇)이라는 점에서 극히 주목되는 작품이다.

부도의 가장 특색을 이루는 부분은 탑신(塔身)으로 팔각원당형(八角圓堂形)을 따르고 있는 듯하나 기단부는 일반석탑에서와 같이 2중 기단이라는 점이다. 이러한 얽은 짜임새(結構)방법은 다른 곳에서 찾아볼 수 없는 독특한 구조로 특이한 양식이다. 이 부도는 우리 나라 구산선문의 제일문인 가지산파의 제1조 도의선사의 부도라고 추정된다.

비천상

진전사지부도

부도에서 내려와 오른쪽 앞길을 따라 앞으로 나가면 둔전리 저수지가 있다. 80년 말에 준공된 저수지로, 저수지에는 산천어나 버들가지, 무지개 송어 같은 고기가 많이 있어 태공들의 발길이 잦다 한다. 둔전리에서 대청봉까지 가는 길이 있으나 등산로가 개척되지 않아서 일반인이 등산하기는 어렵다고 한다. 그러나 지역주민들은 이곳에서 대청봉까지 5시간 정도면 갈 수 있다고 한다.

저수지 둑에서 보면 아름다운 둔전리 계곡의 물이 유연하게 흘러내리고 계곡 너머 장산 벌판이 나지막한 산에 둘러싸여 평화로운 농촌의 정경을 담고 있다. 옹기종기 모여 있는 농가 주택들과 장산벌 너머로 동해가 보이고 흰구름 몇 점이 수평선 위로 한가로이 지나가고 있다.

23. 마지막 남은 계곡/어성전/법수치리

명주사 전경

하조대에서 양양읍 방향인 북쪽 국도로 다리 하나를 건너면 조그만 상점이 나타나고 왼쪽 도로변에 명주사(明珠寺)란 표지석이 서 있다.

아스팔트로 포장한 2차선 도로를 따라 10km쯤 들어가면 양양 남대천 상류를 낀 어성전리(漁城田里) 마을이 나타난다. 약 400년 전 마을의 서북방에 어성사(漁城寺)가 있어 漁城田이라 하였으며 또한 산환여성 수심가어(山環如城水深可漁)라 하여 동리명을 어성전이라 했다고 한다.

주위는 산성(山城)으로 둘러싸여 있고 동리는 평탄한 밭(平田)이 널려있어 생활처로서는 가히 택할만 하다. 뿐만 아니라 법수치(法水峙) 동조계동(洞朝開洞) 등지에서 흘러내리는 수원(水源)이 이곳에서 합류되어 큰 냇가를 형성하기에 고기가 풍부하여 낚시꾼들의 흥미를 돋우고 있는 지역이다.

양양군 현북면의 송이는 풍미(風味)와 향기가 좋아 우리 나라 송이 중 품질이 가장 우수하여 일본인들의 기호(嗜好) 식품으로 명성이 높다. 연간 30여 톤을 일본에 수출하여 지역 주민들의 소득에 크게 이바지한다.

특히 서면 송천(松川), 공수전리(公須田里)와 현북면 명지리, 원일전리, 특히 어성전이 송이의 주산지이고 기타 지역에서도 상당량이 생산된다. 8.9월달에 송이밭에 가면 송이버섯 향기가 물씬 풍겨 미각을 북돋운다.

어성전 상류계곡에 있는 아름다운 법수치리 계곡은 마치 불가(佛家)의 법수(法水)를 색출(索出)한 것과 같다 하여 동리의 이름이 법수치리다. 법수치 냇가 계곡을 따라 펼쳐지는 이곳 경치는 설악산이나 소금강에서 볼 수 있는 현란하고 장쾌한 아름다움에 비하여 담백하고 잔잔하여 옛날 동구 밖에서 놀던 그런 아득하고 고적한 분위기다.

특히 단풍잎과 맑은 시냇물이 흐르는 가을철의 경치가 단연 돋보이며 이 계곡 상류에는 맑고 깨끗한 물에서만 사는 산천어가 서식한다. 양양 남대천의 풍부한 어족(魚族) 가운데서도 특히 은어는 이른 봄철 눈이 녹을 무렵 동해에서 치어(稚魚)로 올라와 15km의 긴 양양 남대천 하천에 골고루 분포되어 서식하다가 11월쯤 바다로 되돌아간다.

은어는 맛이 좋고 살결이 고운 고급어종으로 한때는 일본인들의 기호식품으로 상당량을 수출한 적도 있었으나 지금은 양이 상당히 줄어 국내에서만 소비된다.

내수면 어족 가운데 가장 관심과 경외감을 느끼게 하는 것은 역시 연어라고 할 수 있다. 모천회귀성(母川回歸性)이 강한 연어는 자기가 태어난 하천에서 바다로 나가 북상하는 한류(寒流)를 타고 알래스카 부근까지 여행해서 그곳에서 3·4년을 보낸 후 예민한 후각으로 다시 자기가 태어난 하천으로 찾아와 알을 낳고 일생을 마친다.

어린 치어(稚魚)시절 수만리를 여행하고 성장을 하여 어떻게 변화무쌍한 바닷길을 다시 찾아 돌아올 수 있는지 내 상식으로는 도무지 믿어지지가 않는다. 더더욱 자기가 태어난 곳에 돌아와 알을 낳고 일생을 마치는 모천회귀 본능은 비록 미물일지라도 뿌리를 찾고자하는 그 모습에서 경외감과 가슴을 울리는 그 무엇인가를 생각케 하는 어류(魚類)다.

연어의 담백한 맛은 일품이다. 생(生)연어는 물론 가공한 연어포(胞)와 연어알은 옛부터 전통적인 진상품(進上品) 또는 진공품(進貢品)으로 유명하다.

동해안에서 본격적으로 연어증식에 힘을 쏟게 된 것은 84년 양양 남대천에 국립수산진흥청 양양내수면연구소가 설립되면서이다.

자연 산란으로 그치던 연어증식을 인공적으로 증·양식 방류를 하여 우리도 일본·미국처럼 북양(北洋)에서 조업의 기득권을 얻고 어민 소득에 기여하기 위한 사업을 실시하게 된 것이다.

해마다 9월 18일부터 12월 20일까지를 연어 채포 금지 기간으로 설정하고 동해안 각 하천으로 올라오는 어미연어를 채포(採捕)하여 알을 인간수정으로 부화시켜 3, 4개월 동안 5.3cm~8cm, 체중 0.8g~3.5g 정도로 기른 후 회귀율을 확인하기 위해 배지느러미를 자르고 방류(放流)하고 있다.

연어는 수심이 얕은 하천으로 올라오므로 손쉽게 잡을 수 있어 어민들의 좋은 소득원이 된다 한다. 연어는 수산당국의 허가를 얻은 어촌계(魚村契)를 통해서만 잡을 수 있고 잡은 연어는 알을 채취하여 내수면 연구소와 시험장에 보낸 뒤 높은 값으로 전국에 팔려나간다 한다.

넓은 하천과 수려한 산수에 둘러싸인 어성전 마을은 특히 여름 한철 찾아오는 방문객들로 붐비는 지역이다. 이 마을은 그 옛날 번창했던 명주사로 들어가는 입구 마을로 대대로 사찰과 깊은 관계를 맺으며 살아온 동리다.

어성전 마을 입구에서 내리면 왼편으로 명주사로 가는 표지석이 서 있고 산기슭으로 산길이 굽이 돌아나 있다. 산길을 따라 서 있는 울창한 송림을 지나면 만월산에서 흘러내리는 맑은 계곡물이 순결한 산내음을 물씬 풍기며 흐르고 있다. 대부분의 전국 유명 사찰들이 관광지화되고 오염되어서 사찰의 참맛을 느끼기가 힘드는데 여기 천년고찰 명주사는 진정한 산사의 맛을 느낄 수 있는 고찰이다.

명주사 부도

투명한 계곡의 물과 이끼 낀 바위, 굽이굽이마다 거울같은 맑은 여울물, 곧게 자란 아름드리 적송(赤松)들, 10여 개의 부도가 모여 있는 탑 주위에 들어서면 소나무 향기가 온 몸에 스며들어 절로 가슴이 열린다. 천년 도량의 향기가 나그네의 발걸음을 가볍게 해주고 있다.

둥근달을 연상케 하는 만월산(滿月山) 한가운데 자리잡은 명주사는 주변의 울창한 숲에 둘러싸여 절 입구에 가서야 그 모습을 볼 수가 있다. 해방 이후 근년에 이르러 그 옛날 번성했던 대가람의 흔적은 찾아볼 수가 없고 피폐하여 겨우 명맥을 이어오는 쇠락한 사찰에서, 지난 몇 년 동안 많은 불사를 일으키어 말끔히 단장된 새로운 모습으로 변모해가고 있다.

명주사(明珠寺)는 고려 목종(穆宗) 12년 혜명(惠明) 대주(大珠) 두 대사가 만월산에 창건한 천년고찰로 두 대사의 이름에서 한자씩 따내어 明珠寺라는 이름을 지었다고 한다. 그 후 인종 원년에 청련암(靑連庵) 운문암(雲門庵)을 창건하였고 조선 숙종 2년과 정종 5년에 향로암(享爐庵)과 원통암(圓通庵)을 창건하여 본사(本寺)를 중심으로 동서남북에 4개의 암자를 가진 큰 사찰이 되었다. 백여 칸에 달했던 옛절의 규모를 미루어 한때 수백명의 승려가 수도 정진했던 대가람으로 번성을 누렸던 성전이었음을 역사적 기록으로 더듬어 알 수 있다.

조선시대에 들어 두 번의 큰 화재를 겪으며, 사세(寺勢)가 기울었으며, 원통암을 현재의 명주사로 개명하여 오늘에 이르고 있다. 화재와 관리소홀로 귀중한 문화재는 대부분 소실되었고 지금은 지방유형문화재 64호인 동종(조선 숙종 1704년 제작)과 20여 개에 달하는 부도와 비문이 번성하였던 당시의 흔적을 알려주고 있다.

사찰 입구에 들어서면 둥근 원에 싸인 듯한 아늑한 원통보존 법당과 요사채가 나타난다. 절 오른쪽편 뒷길로 조금 걸어가면 수십장되는 폭포가 흘러내린다. 스님들이 폭포소리를 들으며 수도정진하던 곳이라는 뜻으로 폭포의 이름을 문성(聞聲)폭포라 부른다. 이 폭포 밑에는 통나무로 만든 문성대(聞聲臺)란 정자가 있다. 이곳에서 한여름에 차를 마시며 조용히 명상에 잠기면 마치 선경에 와 있는 듯한 느낌이다.

마침 명주사 주지스님께서 녹차를 내어 문성대에서 법문과 한담을 나누며 그윽한 차향을 음미해 볼 수 있었다. 굽이쳐 흘러내리는 폭포소리와 새소리, 매미소리에 잠긴 산사의 정취는 나그네의 발걸음을 잡아멘다.

"스님, 달마대사가 나뭇잎을 타고 가는 벽화는 무슨 뜻입니까?"

사찰의 벽에 그려진 벽화를 떠올리며 태진주지스님께 물어보았다.

"보리 달마대사는 남천축국 향지왕의 셋째 태자로서 반야다라의 법맥을 받았지요. 달마대사가 바다를 건너 동쪽으로 온 지 3년이 지나 양나라 무제를 만나게 되었답니다. 무제는 자기가 즉위한 뒤로 중을 만나고 절을 짓고 경을 쓰고 불상을 조성했는데 어떤 공덕이 있느냐고 물었답니다. 조사께서 대답하기를 조그만치도 공덕이 없다고 하셨습니다. 무제가 왜 공덕이 없느냐고 물으니 비록 착한 일을 했으나 실상(實相)이 아니라고 답변했답니다. 무제는 달마대사의 말뜻을 알지 못하여 얼굴을 붉힌 채 말이 없었지요. 달마는 인연이 맞지 않는줄을 스스로 아시고 가만히 강북쪽으로 들어가 위(魏)나라로 가셨지요. 바로 그 벽화가 달마대사께서 나뭇잎을 타고 강을 건너가는 장면입니다.

"그러면 토굴 속에 있는 달마 앞에서 팔을 끊어 바치는 스님은 누구입니까?"

"대사께서 소림사에서 면벽 10년의 수도를 하고 있는데, 신광(神光)이란 중이 항상 조사께 법을 물었으나 조사께선 전혀 말씀을 해주시지 않았답니다. 어느 날 법을 구하기 위하여 눈오는 밤을 서서 새웠답니다. 날이 새어 조사께서 보시고 눈속에 서서 무슨 구하는 바가 있는지를 물었지요. 신광은 눈물을 흘리며 감로(甘露)의 문을 활짝 열어 뭇 중생을 널리 건져주시기를 간청했지요.

조사께서 이르기를 부처님들의 위 없는 보리는 여러 겁을 수행한 것이어늘 네가 작은 뜻으로 큰 법을 구하려 해도 끝내 될수 없다고 대답했지요. 이 말을 들은 신광은 곧 날카로운 칼을 뽑아 자기의 왼팔을 끊어서 조사 앞에 놓으니 조사께서 말씀하시기를 부처님들과 보살들이 법을 구할 땐 몸으로써 몸을 삼지 않고 목숨으로써 목숨을 삼지 않았는데 네가 이제 팔을 끊었으니 법을 구할만하다 라고 하며 제자로 받아들였지요. 그리고는 신광이란 이름을 고쳐서 혜가(慧可)라 인가를 했지요. 부처님에서부터 27대까지 인도에서 법맥이 이어져 오다가 28대인 달마대사는 중국으로 건너와서 선(禪)불교를 창시하고 일조가 되었지요. 이렇게 해서 2조 혜가스님이 부처님의 가사와 바루를 전수받게 되었지요."

"방앗간을 두드리는 노스님의 그림과 바위 위에 놓인 의발을 당기고 있으나 떨어지지 않아 쩔쩔매는 벽화도 깊은 사연이 있는 것 같군요."

"2조 혜가선사에서 3조 승찬(僧瓚)대사, 4조 도신(道信)대사, 5조 홍인(弘忍)화상으로 법맥이 이어지게 되었지요. 6조인 혜능(慧能)화상의 속성은 노(盧)씨요, 신주 사람이지요. 부친을 일찍 타계하고 편모 슬하에서 저잣거리에 나무를 팔아 살아가는 가난한 나무꾼이었지요. 어느 날 나무를 팔고 있는데 안도성이라는 나그네가 우연히 찾아와 나무를 사고 그것을 가게에까지 갖다 주게 되었지요. 가게를 나서려는데 홀연히 도성이 외우는 금강경(金剛經)소리를 듣고 마음이 활짝 열려 책이름을 물으니 금강경이라고 가르쳐 주었지요. 도성은 5조 홍인화상에 대해 얘기해주고 찾아 뵙고 예배하라고 권했다 합니다. 늙으신 어머니가 계시는데 집이 구차하여 보양할 길이 없고 아무도 받드는 이가 없다 하니 도성은 은화 1백냥을 주어 어머니를 보살피게 하고 홍인화상을 참배케 하였지요. 이때 영남에서 온 32세의 노행자(盧行者)가 홍인화상을 뵙자 조사께서 어디서 왔으며 무엇을 구하는지를 물었지요. 신주(新州)에서 왔는데 부처가 되기를 구한다고 대답했답니다. 조사께서 그대는 영남사람이니 불성이 없다라고 했지요. 이 말에 사람은 남북이 있으나 불성에는 남북이 없다고 답변했답니다. 무슨 공덕을 짓겠느냐고 물으니 힘껏 돌을 지고 방아를 찧어 스승과 스님네를 공양할까 합니다 라고 답변했답니다.

이에 조사께서 허락하시니 하룻밤 하루낮에 쌀 열두섬을 찧으며 처음부터 끝까지 시봉에 정성을 다했지요. 조사께서 입멸하시기 전에 대중에게 이르기를 바른법은 듣기 어렵고, 거룩한 모임은 만나기 어려운데 여러분이 그렇게 오랫동안 내곁에 있으면서 본바가 있거든 말해보라. 나의 말만 기억하지 말라. 게송을 지어 증명해 보이라고 말씀하셨지요. 대중 가운데 신수(神秀)가 있다가 곧 붓을 들어 벽에다 다음과 같은 게송을 썼답니다.

身是菩提樹(신시보리수)　　몸은 깨달음의 나무요
心如明鏡臺(심여명경대)　　마음은 맑은 거울이네
時時勤佛拭(시시근불식)　　부지런히 털고 닦아서
物使惹塵埃(물사야진애)　　때묻지 않도록 하세

조사께서 이 게송을 보시고 대중에게 말하기를 여러분이 이 게송에 의해 수행하면 해탈을 얻게 되리라고 하셨지요. 대중이 모두 이 게송을 외웠는데 한 동자가 방앗간 곁에서 외우기에 노행자가 무엇을 외우는지 물었지요. 동자가 대답하기를 신수스님께서 게송을 지으셔서 조사께 바친 글입니다. 이에 노행자는 동자보고 자기는 글을 모르니 한번 더 외워주기를 부탁했지요. 이때 장일용이란 이가 듣고 있다가 행자를 위하여 높은 소리로 게송을 외우니 노행자는 다시 그에게 청하기를 자기를 대신해서 게송 하나를 받아 써주기를 간청하였지요. 이에 장일용이 노행자를 위해 게송을 받아 적은것이 다음과 같은 내용이지요.

菩提本無樹(보리본무수)　　깨달음은 본래 나무가 아니요
明鏡亦非臺(명경역비대)　　거울 또한 거울이 아니라네
本來無一物(본래무일물)　　본래 한 물건도 없는데
何處惹塵埃(하처야진애)　　어디서 티끌이 일어나랴

무량수각(추사휘호)

이때 조사께서 읽어보시고 또 방앗간으로 가서 노행자에게 물었지요. 수고하는구나! 쌀이 익었느냐? 행자가 대답하기를 쌀이 익은 지는 오랩니다마는 아직 아무도 키질을 하지 못했을 뿐입니다. 하고 대답했지요. 조사께서 야밤 삼경이 되거든 오너라 하고 돌아가셨지요. 벽화에 노스님이 방앗간을 노크하는 장면에는 바로 이런 사연이 있었답니다."

"바위 위에 떨어지지 않는 의발을 잡아당기는 이야기도 퍽 흥미가 있을것 같군요."

"불가의 인연법이란 묘한것이랍니다. 일자무식의 나무꾼이 당대의 최고 실력자 신수에게 게송 하나로 깨달음의 경지 차이를 보여준 것입니다. 혜능화상은 아마도 전생에 몇생을 불법을 닦고 윤회한 분인것 같습니다. 선이란 지식이 아니라 확연한 깨달음의 세계이니까요. 야밤 삼경이 되자 노행자는 조사의 처소로 갔지요. 조사께서 그의 이름을 혜능(慧能)으로 바꾸어 주시고 이어 가사를 주어 법의 신표(信表)로 삼게 하여 신수무리에게 해를 당할까 보아 밤에 그곳을 떠나게 했지요. 그리고 이 신표의 옷을 더이상 후대로 물려내려가지 않도록 지시했지요. 행자는 남쪽으로 내려갔고 조사께선 절로 돌아와 사흘이 지나도록 설법을 전혀 하지 않았지요. 나흘째 되는 날 대중이 스님의 법을 누가 전해 받았는지를 물었답니다. 조사께서 대답하시기를 나의 법은 이미 영남(嶺南)으로 갔느니라. 능한 이(혜능)가 얻었느니라. 대중이 잠시 침묵에 잠겨 생각타가 행자가 보이지 않는 것을 알았지요. 혹시 그가 법을 전해 받아가지 않았을까? 그때 七백명 대중이 동시에 노행자의 뒤를 쫓았는데 대중 중에 혜명(慧明)이라는 한 중이 맨 먼저 대유령(大庾嶺)까지 가서 보니 바위 위에 의발이 있는 것은 보이나 행자가 그 곁에 있지 않은 것을 보고 가까이 가서 손으로 당기려했으나 의발은 조금도 움직이지 않았답니다. 이에 자기의 힘이 부족함을 깨닫고 바로 산으로 들어가서 행자를 찾아 문답을 하고 혜능을 스승으로 모시게 되었다는 이야기지요. 혜능은 영남으로 피신하여 숨어 살기를 4년 만에 남해현의 제지사에서 인종(印宗)을 만났는데 인종이 나와 영접했지요. 인종은 원래 강사(講師)였지요. 어느 날 경을 강론하는데 거센 풍우가 일어 깃발이 펄럭이니 법사가 대중에게 물었답니다. 바람이 움직이는가? 깃발이 움직이는가? 이에 어떤 이는 바람이 움직인다 하고 어떤 이는 깃발이 움직인다 하여 제각기 다투다가 강주(講主)에게 와서 증명해 주기를 바랐는데 강주가 판단치 못하고 도리어 행자(盧行者, 慧能)에게 미루니 행자가 말했답니다. 바람이 움직이는 것도 아니요 깃발이 움직이는 것도 아닙니다. 강주가 다시 묻기를 그러면 무엇이 움직이는가? 행자가 대답하기를 그대들의 마음이 스스로 움직이는 것입니다. 이로부터 인종과 자리를 바꾸어 앉았다고 합니다."

24. 천혜의 숲 미천골 자연 휴양림

선림원지석탑

양양 버스터미널에서 서쪽 죽도방향인 오색 약수로 가는 길을 따라 차를 달리다 보면 선바위 쉼터 농장이나 민속촌 고인돌식당이 나타난다. 이곳에서 조금 더 가면 도로 왼편으로 성지원이란 양양 복지원 푯말이 눈에 띈다.

양양남대천 상류를 지나 상점이 몇 채 있는 서림 마을에 도착했다. 양양군 서면 서림출장소와 현서 분교가 있는 조그만 국민학교가 이 마을의 중심지다. 여기서 홍천까지는 115km의 2차선 도로가 펼쳐져 있다. 30분쯤 지나 몇 채의 상가가 있는 미천골 마을에 도착했다. 여기서 400m 위쪽 도로 왼쪽편으로 미천골 자연 휴양림 지역으로 들어가는 작은 길이 도로 아래쪽으로 뻗어 있다.

서면 황이리에서 20리 계곡에 크고 작은 폭포와 소, 기암괴석과 울창한 숲이 어우러진 순결한 처녀림이 펼쳐진다. 시멘트 다리를 건너면 옥수수, 콩밭이 나타나고 고지대라 7월 중순인데도 감자꽃이 아직도 피어 있다.

계곡의 대부분의 바위들은 희끄무레한 잿빛색깔을 띠고 있는 것이 특이하다. 아직도 길옆엔 산딸기가 탐스럽게 익어 누군가를 기다리고 있다. 송림과 바위가 어우러진 미천(米川)계곡의 물소리를 들으며 40여분쯤 걸어가면 길 왼쪽에 돌로 쌓은 석축이 나타나며 계단을 오르면 보물 444호인 선림원지(禪林院地) 3층 석탑이 서 있다.

이 탑은 2중기단 위에 높이 5m의 3층으로 된 탑으로 전형적인 양식을 잘 계승하고 있다. 선림원(禪林院)은 그 이름자에서 미루어 알 수 있듯이 중생들의 기도처가 아니라 스님들의 수도처나 경전을 전수(專修)하는 강원(講院)이 아니었을까 추정해 볼 수 있다. 산비탈 좁은 공간에 자리잡은 절터는 어느 날 심한 산사태로 흙에 묻혀 버려 폐사지가 되었다 한다.

이곳에 대대로 살아오는 동네 사람들의 얘기에 의하면 예전에 절터인지조차 몰랐다 한다. 농작물을 경작하다 보니 유물이 발견되어 고증도 거치지 않고 마을사람들이 그것을 맞추어 놓았는데 실제로 원형대로 배치되었는지 잘 모르겠다고 한다. 창건 당시 세운 삼층석탑이 1985년 7월 동국대 발굴팀에 의해 복원되었는데 양양군 강현면 둔전리에 있는 진전사지 3층 석탑의 생김새와 거의 비슷하며 경쾌하고 힘찬 기상을 주는 석탑이다.

예전에 약초 캐며 살았다는 늙은 부부의 너와집은 폐허가 된 채 묵밭 속에 묻혀있다. 석탑 뒤엔 절터로 사용된 주춧돌과 석축이 잔디 위에 가지런히 누워 있다. 오대산의 북쪽 기슭이자 설악산의 남쪽 접경인 첩첩산골 황이리 미천골에 찬란했던 신라 불교문화의 천년 숨결이 잠들어 있다.

선림원지에서는 해방직후에 신라 범종이 출토되어 오대산 월정사(月精士)에 옮겨놓았는데 6·25동란 때 월정사와 함께 불타버렸다 한다. 이 범종의 기록에 보면 해인사(海印寺)를 창건했던 순응법사(順應法師)가 이 절의 고승으로 참여하고 있다 한다.

너와집

범종(梵鍾)이 만들어진 것이 804년이고 해인사가 창건된 것은 2년 전인 802년의 일이다. 이 점을 미루어 보아 해인사를 창건한 순응법사가 선림원의 창건에 관여한 것이 틀림없을 것이다. 이 점은 출토된 암막새와 숫막새 기와 가운데 몇 점이 800년경의 작품으로 추정되므로 보다 명확한 사실을 입증해 주고 있다.

선림원은 신라의 가장 유명한 불교 종파인 화엄종에서 지은 사찰로 추정되고 있다. 그러나 9세기 말경에 홍각선사(弘覺禪師)라는 분이 이곳에 주석하면서 이 절의 면목은 새로운 변화를 일으키게 되었다. 외형적으로 대대적인 중수가 이루어지고 내면적으로 화엄종이 아닌 선종을 전향한 것이다. 오늘날 남아 있는 유물로, 신라말(新羅末)의 불교미술을 대표하는 부도, 석등, 비석 등은 물론 발굴에 의하여 대대적으로 쏟아져 나온 갖가지 기와들이 거의 모두 9세기 후반기 작품들이어서 9세기 후반에 거창한 중창불사(重創佛事)가 이루어졌던 것같다. 이를 주도한 것은 홍각선사(弘覺禪師) 내지 그 직계 선종승려들이었다는 것은 홍각선사의 비문(碑文)에서 알 수 있다. 선종승려들은 9세기 후반에 이 선림원을 중심으로 어지러운 난세(亂世)를 피해서 수도에 전념하고자 했었을 것으로 짐작된다.

홍각선사탑비

선림원은 화엄종에서 선종으로 전향한 사찰로 생각되는데, 이것은 당시 화엄종 승려들이 대거 선종으로 이적한 사실과 함께 불교사(佛教史)의 커다란 사건인 것이며 그 최초의 분명한 사찰인 점에서 매우 중요한 곳이라 여겨진다.

선림원터는 사방이 울창한 산과 숲으로 둘러싸여 있고 북쪽으로는 넓은 계곡이 있다. 산기슭을 따라 올라가면 보물 제447호인 선림원지 부도가 나타난다. 이 부도는 일제침략 말기에 완전히 파괴되었던 것을 1965년 각 부재(部材)를 수습하여 복원한 것으로 지금은 8각당은 없으며 기단부(基壇部)만 남아 있다.

부도를 지나 넓은 밭과 인가를 볼 수 있는 전망이 탁 트인 장소에 보물 446호인 홍각선사 탑비(塔碑)와 보물 445호인 석등(石燈)이 있다. 홍각선사 부도탑비는 귀부(龜趺)와 이수(璃首)만 남아 있고 비문과 잔해는 경복궁에 보관되어 있다 한다. 비문은 없고 돌거북이와 용머리만 남아 있지만 거북이의 힘찬 기상과 정교하고 우아한 조각 솜씨는 9세기 불교문화의 진수를 엿볼 수가 있다. 석등은 네 장의 사각형 지대석(地臺石) 위에 상, 중, 하대(臺)를 모두 갖추어 건립된 8각형의 신라시대 기본형 석등이다. 고풍스런 멋과 품위를 잃지 않고 미천골을 굽어보는 석등은 미래를 밝혀주는 등불처럼 느껴진다.

선림원의 주법당(主法堂)인 금당(金堂)은 거대한 산사태로 일거에 매몰된 채 고스란히 묻혀 있는 것을 발굴하였는데 정면 3칸 1m, 측면 4칸 8m되는 상당히 큰 건물로 주춧돌은 하나도 파괴되지 않은 채 잔디밭에 놓여 있다.

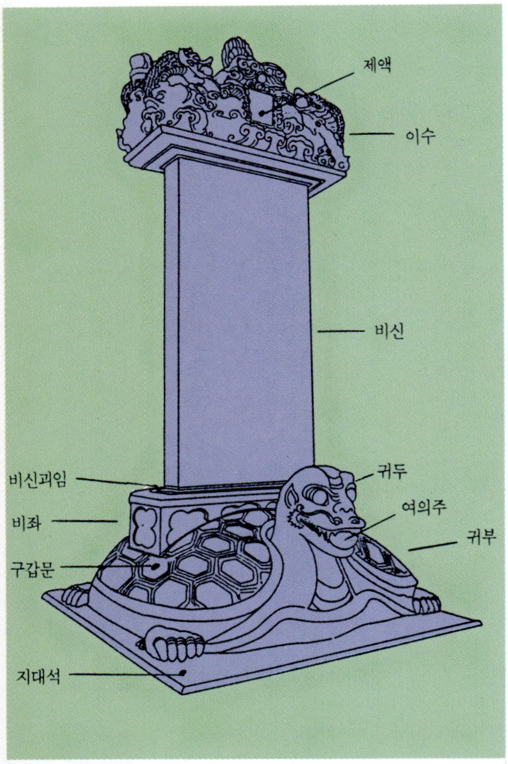

석비세부명칭

돌계단을 내려와 계곡 상류로 조금 올라가면 미천골 휴양림 관리소가 나타난다. 관리소 정면 오른쪽으로 둥근 시멘트 다리가 놓여 있고 번듯하게 잘 지은 한옥가구가 눈에 띄는데 토종벌을 치는 것으로 유명한 집이라 한다. 매표소에서 표를 끊고 시멘트 다리를 건너 계곡 깊숙이 걸어가면 한여름인데도 찬바람이 불어와 더위를 잊게 한다. 5번째의 다리를 건너면 제2정자와 취사장이 나타난다. 둥근 돔 형식의 철교를 지나 제1쉼터로 건너갔다. 텐트를 칠 수 있도록 나무판자로 침상을 만들어 숲속 여기저기에 많이 설치해 놓았고 대피소와 취사장, 물놀이터가 준비되어 있었다. 맑다 못해 투명한 미천골 계곡의 물길을 따라 상류로 올라가면 새소리 바람소리에 별천지에 온 기분을 느끼게 된다. 천천히 주변을 감상하며 걷다 보면 미천골에서 가장 넓은 중앙지점에 도달하게 되는데 수백통의 벌통이 산비탈 돌자갈 위에 놓여 있는 모습이 매우 특이한 인상을 준다. 길 옆엔 조그만 집이 한 채 있고 30대 중반쯤으로 보이는 아저씨에게 다가가 잠시 쉬면서 미천골에 대해서 궁금한 것을 물어보았다.

"벌은 얼마나 칩니까?"

"300통 정도 기릅니다."

"산을 둘러 보면 꽃이 별로 없는 것 같은데 이렇게 많은 벌을 기를 수 있을까요?"

"이곳은 밀원이 풍부한 곳이지요. 고산 식물은 멀리서 보면 꽃이 화려하지 않아서 잘 눈에 띄지 않지만 자세히 보면 산야에 많은 꽃들이 피어 있습니다. 예전에는 통나무에 큰 구멍을 뚫어 벌통으로 사용했으나 지금은 비용도 많이 들고 산림훼손 때문에 사각형의 작은 상자를 만들어 벌세력에 따라 상자의 숫자와 크기를 맞추어 쌓아 놓지요."

"사각형으로 쌓은 특별한 이유라도 있습니까?"

토종꿀단지

"옛날에는 통나무 벌통이 너무 커서 관리하기가 불편할 뿐만 아니라 여왕벌이 유충을 낳아서 기르기에도 적합하지 않았지요. 벌통의 크기도 큰것과 작은 것이 서로 달라 벌의 세력에 따라 사용하게 만드는 게 효율적입니다. 나무통이 좁을 때는 위에다 집을 짓고 너무 크면 밑에다 지어서 밀랍이 적고 꿀의 양이 작게 생산되지요."

진돗개 몇 마리가 주변을 어슬렁거린다. 사람이 있을 때는 외부손님에게 신경을 쓰지않지만 주인이 없으면 이곳에 접근 못하게 짖거나 위협을 한다고 한다.

"왜 돌밭 위에 벌통을 놓습니까?"

"10월 초에 꿀을 채취하는데 완숙된 꿀을 채취하기 위해서는 돌이나 바위 위 같은 건조한 곳이 좋지요. 여기는 미천리 1번지로 고려 때부터 벌을 길렀다고 합니다. 옛날부터 벌을 기르던 곳이라 하여 벌막이라고도 부른답니다. 원래 이 골을 사래골이라고 불렀는데 일제시대 지명을 한자로 표시하라는 지시에 따라 일본인들이 쌀 내로 생각하고 쌀미(米)자 내천자(川)로 표기하였다고 합니다."

선림원지석등

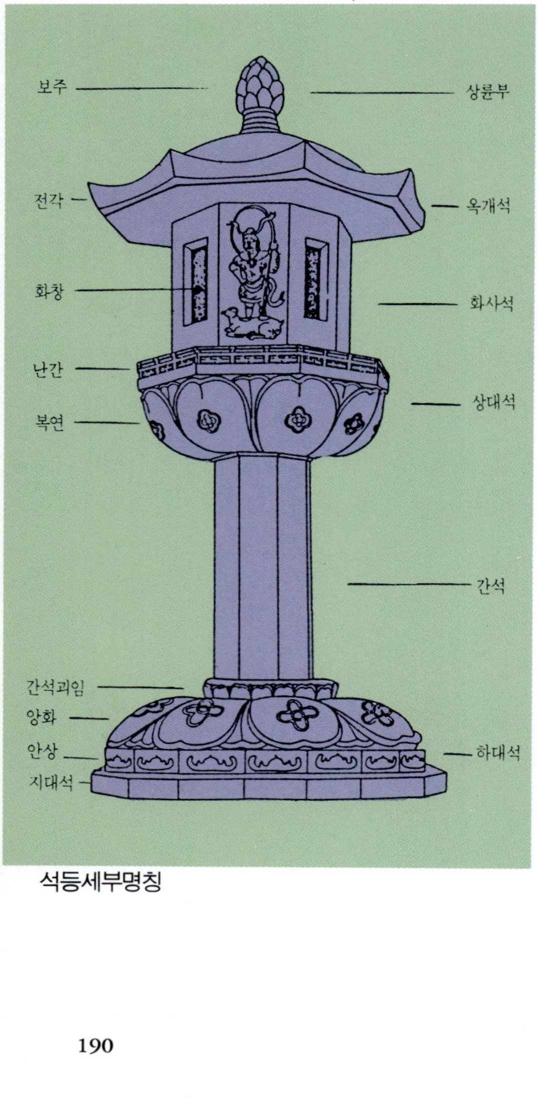

석등세부명칭

"글쎄요. 문헌에 보면 선림원에서 쌀씻는 뜨물이 계곡을 뿌옇게 덮었다고 해서 미천골(米川)로 부르는 것으로 알고 있습니다."

"그건 사실과 다릅니다. 우리는 여기서 몇 대째 내려오는 토박입니다. 실제로 선림원지는 오늘날 승가대학에 해당하는 강원이거나 수도처지 일반 신도들을 대상으로 한 큰 사찰은 아니라고 생각합니다. 절의 입지나 규모가 그리 크지 않기 때문에 쌀을 씻어서 그 뜨물이 내려가서 미천골이라 하는 것은 지명에 억지로 의미를 꿰어 맞춘 무리한 발상이라 생각됩니다. 너무 선림원을 큰 절로 미화한 느낌이고 홍보하는 데 급급하다 보니 그런 발상을 했겠지요. 선림원지가 발견된 이후 미천골로 홍보되어 실제 이곳 사람들이 옛날부터 사용하던 지명과는 전혀 다르게 되었지요. 실제로 어렸을 때부터 이곳을 사래골이라 불렀고 지금도 양양읍에 가면 노인들은 저를 사래골 총각이라고 부릅니다. 사찰이 먼저가 아니고 고을이 먼저가 아닙니까?"

사래골에서 대대로 살아온 김씨는 미천골이란 지명에 대해 매우 강한 거부반응을 보였다. 나는 그의 의견에 전적으로 동감하면서 우리도 이제는 고유한 원래의 지명을 다시 찾고 잘못된 것은 고치는 것이 바람직하다는 생각을 했다.

"이곳에서 서식하는 동식물들은 어떤 것이 있습니까?"

나는 화재를 다른 것으로 돌렸다.

"여기서 15분 정도만 가도 산양의 똥을 발견할 수 있지요. 운이 좋은날은 산양을 직접 볼 수도 있답니다. 산돼지나 오소리도 자주 본답니다. 초식 동물들은 겁이 많아 항상 긴장하고 소리를 들으려 귀를 곤두

미천골자연휴양림입구

불바라기 약수

세우고 있지요. 민물고기로는 깨끗한 물에만 산다는 산천어를 비롯한 메기, 버들치, 기름종지 같은 것들이 서식하고 있습니다. 지도에는 응복산이라 표시된 사래골 맨 끝봉인 매봉(1360m)에서 보면 남쪽에서 북쪽으로 계곡이 흐르고 있다는 것을 알게 되지요.

또 이곳은 골이 깊고 서늘한 기후라 산삼이 많이 자란답니다. 88년도에는 800년생 산삼이 발견되어 서울의 중개상인을 통해 매입자를 물색한 결과 일본인 사업가가 구입하게 되었는데 아사히(朝日)신문과 일본 NHK방송은 한복을 입고 산삼을 캐는 심마니를 촬영해가기도 하였지요. 옛날에는 이 고을에서 산삼을 많이 캤다고 합니다. 저도 두 번 캤지요. 예전에 이곳 주민들은 주로 약초와 양봉으로 생업을 유지했답니다. 일제시대에 일제히 가구 조사를 했는데 70여 가구가 살고 있다고 기록되어 있다고 했는데 지금은 세 가구밖에 남아 있지 않습니다.

미천골 계곡을 넘으면 면옥치리가 나타나는데 네다섯 가구가 살고 있고 조그만 국민학교 분교가 있지요. 그곳에서 법수치리 상류로 계곡을 따라 내려가면 어성전과 명주사가 나타나지요. 계곡이 오염되지 않고 미천골처럼 경치가 뛰어나고 아름다워 절경을 이루고 있답니다."

토종벌을 대규모로 기르는 밀봉 지역에서 계곡을 따라 상류쪽으로 조금 올라가면 오른쪽으로 둥근 철교가 놓여 있는 제2야영지가 있다. 이곳에서 한 굽이 돌아 올라가면 둥근 돌로 벽면을 쌓아 만든 2층 관리사무실이 나타나는데 2층에 28종의 나무종류와 재질을 사진 설명과 함께 전시하고 있다. 전시관에서 위쪽으로 올라가면 미천골 정자가 나타난다. 이곳에서 10여 리쯤 인적이 드문 산길을 헤쳐가면 미천약수(불바라기)가 있다. 절벽 위에서 흘러내리는 이 약수는 천상수(天上水)라 부를만 하다.

미천골정자

그 미천 불바라기 약수(藥水)는 절벽을 오르내리며 받아먹기 힘이 들지만 위장에는 선약(仙藥)으로 알려져 있다.

나무로 만든 미천골 정자에 앉아 맞은편 계곡에서 흘러내리는 폭포를 바라보니 한 여름의 더위는 눈녹듯 사라지고, 골골이 옹골지게 돌아 흘러내리는 폭포줄기에는 시원한 산바람이 묻어내려 마음의 구석구석을 씻어주는 것같다. 시원한 계곡물에 발을 담그고 시 한 수 읊으면 세상만사 다 망각할 수 있는 선경이 예 아니고 어디겠는가.

정자에 올라 다정한 벗과 바둑판을 사이에 놓고 폭포수로 차를 달여 향긋한 차향에 우주를 음미하며, 신선의 도를 논하는 미천골 선경(仙景)에 취해보는 것이 어떨까.

난 향(蘭香)

함 영 덕

초생달 눈썹 끝으로
별을 헤는 조선의 여인

학이 되어 비상하는 두팔로
겨우내 사린 불꽃
별빛에 띄우면

달빛인들 어찌 네
그림자 훔칠까

萬象이 모두 제 철이 있다지만
척박한 돌틈에 뿌리내리고
비상을 꿈꾸는 넌
잃어가는 마지막 여인의 손길

옷깃 스치는 소리에
세월 향기 묻어내는 빈 뜨락
은장도 가슴에 새긴
다가설수 없는 여인의 향내음

25. 바다의 금강 하조대(河趙臺)

하조대 일출

하조대 해수욕장 입구에 도착하면 도로 양편에 몇 채의 상가들이 옹기종기 모여 있는 해변 마을이 나타난다. 하조대로 가는 길 왼쪽편에 최근에 지은 하조교가 바닷가 해수욕장으로 놓여 있고 오른쪽엔 몇 채의 상가와 민박집이 쭉 늘어서 있다. 바다로 흘러드는 하천과 소나무숲이 조화를 이루고 있으며 마을 입구에 들어서면 시원한 바닷바람이 불어와 상쾌한 기분을 안겨준다. 바닷가 쪽으로 닿아 있는 포장도로를 따라 가면 조그만 동산이 서로 마주보고 있다.

그 가운데로 언덕길이 뻗어 있고 고개를 넘으면 암벽 위에 군인들 초소와 휴양소로 사용하는 아담하고 고즈넉한 백사장이 나타난다. 초생달 같은 해변의 백사장엔 철조망이 쳐져 있고 양쪽 해변가엔 바위들이 점점이 흩어져 밀려오는 파도와 부딪치는 포말들이 몹시 인상적인 분위기를 풍기고 있다.

밀려갔다 밀려오는 바다 저 너머 희미하게 속초항이 보이고, 산봉우리 초소엔 교대하는 병사들의 뒷모습이 저녁 노을에 더욱 한적한 바다 분위기를 자아낸다.

하조대 등대

해송들이 울창하게 늘어선 구불구불한 해변길을 따라 고개 하나를 더 넘으면 왼쪽으로 일출부대로 가는 작은 길이 언덕 위로 뻗어 있고 오른쪽엔 백이 훈련장으로 가는 아치 현수막이 나타난다. 등대로 가는 길로 해변가에 다다르면 깎아지른 듯한 암벽 사이로 검푸른 바닷물이 세차게 부딪치는 소리와 철조망이 앞을 가린다. 이곳은 절벽으로 매우 험하고 수심이 깊어서 실족 등으로 인한 부상이나 익사사고에 주의해야 하는 곳이다. 또한 이 지역은 기사문 어촌계 1종 공동어장으로 어촌계에서 각종 수산물을 양식하여 어민 소득을 증대시키는 생활의 터전이기도 하다.

소나무로 둘러싸인 암벽 위에 백색 등대가 우뚝 솟아 있고, 가파른 암벽 허리를 돌아 층층계단을 오르면 푸른 소나무들이 좌우에서 반갑게 맞이해 준다. 등대에 오르면 동해의 망망대해가 한눈에 보이고 끝없이 펼쳐진 파도 위엔 저 멀리 고기잡이 어선들이 한가롭게 떠 있다.

등대 뒤로는 푸른 소나무숲과 어우러진 기암괴석들의 기묘한 형상들로 주변경관은 금강산 해금강을 방불케 한다. 어둠을 뚫고 솟아오르는 동해의 일출과 황금빛 물결로 출렁이는 저녁 노을을 바라볼 때면 가슴이 뛰고 말문이 막힌다. 발 밑에 부서지는 파도소리, 갈매기 소리를 들으면 바다의 선경 속에서 신선을 만난 기분이 든다.

가파른 층층계단을 돌아 내려와 간이 매점을 지나 왼쪽 산등성이로 뻗어 있는 층층계단을 올랐다. 이 지역은 군부대 관할지역이라 하조대 정자 입구엔 철조망이 쳐져 있고, 열려 있는 철책문을 지나 몇 발짝 걸으면 깨끗하게 단청을 한 아담한 정자가 나타난다. 그 앞 바위에 河趙臺라고 음각한 표석이 2개 있다. 소나무숲 사이로 저 아래 등대가 저녁 햇살에 여신처럼 빛나고 정자 앞에 있는 기암괴석 꼭대기엔 남쪽으로 향해 뻗은 큰 소나무 한 그루가 고고한 학처럼 서 있다. 여기저기 흩어져 바닷물에 잠겨 있는 검푸른 바위들과 파도가 부서지는 백사장들이 치맛자락처럼 산과 숲을 끼고 연이어져 있다. 남쪽 앞바다엔 무인도 섬과 소나무숲 그 너머로 주문진과 강릉 연안이 희미하게 보인다.

정자에 올라 잠시 저녁 노을을 바라본다. 그 옛날 하조대 처녀 총각의 애틋한 사연 서린 해당화와 고려말 하윤(河崙)과 조준(趙俊)이 하조대에 머물면서 고려를 멸망시키고 조선왕조를 개국하기 위한 혁명 모의를 했다고 하는 두 전설을 떠올려 보았다. 덧없는 세월은 가고 파도 소리만 가슴을 적시는데, 갈매기 울음 소리에 가을이 깊어가고 있다.

하조대의 하륜과 조준의 전설

기암 절벽이 바다에 우뚝 솟아올라 기이한 경관을 이루고 있는 바위 위에 하조대라는 조그만 정자가 서 있다. 하륜과 조준이 하조대와 인연을 맺게 된 것은 고려가 기울어져 나라안이 어지러울 때 나라안의 정세로 보아 고려왕조의 왕통(王統)이 그대로 지탱될 수 없을 것을 예감하고 새로운 왕조를 건립해야겠다는 뜻을 품고 벼슬을 버리고 경치가 좋은 이곳 하조대에 와서 새 왕조를 개국하기 위한 혁명모의를 하며 소요(逍遙)했다.

하조대

그 뒤 태조가 등극하자 벼슬길에 오르기 위하여 두 사람이 다 함께 떠났다 한다. 두 사람은 이곳에 있는 동안 혁명을 꾀했고 이곳에서 모의한 혁명이 성취되어 훗날 높은 벼슬길에 오르자 하륜과 조준의 성자(姓字)를 따서 이곳을 하조대라 부르게 되었다고 한다.

하조대의 총각과 처녀전설

옛날 하광정리 하조대 근처에 하씨(河氏)성을 가진 준수한 청년 한 사람이 있었는데 이 청년이 살고 있는 바로 이웃 조씨(趙氏) 가문에 혼기가 찬 두 처녀가 있었다. 그런데 이 두 처녀는 하씨 청년의 준수함에 반하여 둘이 다같이 한 청년에게 열렬한 애정을 품게 되었다. 두 처녀 중 한 처녀가 양보를 하면 별문제가 없을 것이나 두 처녀 중 어느 누구도 양보를 하지 않았다 한다. 난감해진 세 사람은 이 해결책을 협의하였으나 이 세상의 관습이나 윤리가 세 사람을 함께 결합시킬 수 없게 되어 있으므로 하씨 청년은 "저 세상에서는 도덕이니 윤리니 하는 번거로움이 없을지도 모르니 우리 다같이 저 세상에 가서 셋이서 함께 살자"고 제안하고 합의하여 그들은 함께 하조대 절벽에서 몸을 던져 죽었다 한다. 그후 이곳을 하조대라고 부르게 되었다 한다. 이곳 하조대 근처에는 해당화가 많고 그 해당화의 빛깔이 동해안의 다른 곳 해당화보다 훨씬 붉다하는데 그 이유는 이들 세 젊은이의 애절한 넋이 해당화에 서렸기 때문이라고 한다.

26. 민족의 원한서린 38선 분계선

38선

동해안을 따라 북쪽으로 올라가다 보면 양양군 현북면 기교리(機橋里) 7번지 국도변에 초라한 38선 표지석(標紙石)이 민족분단의 상흔을 안고 외로이 서 있다.

조국광복의 감격도 채 누릴 새 없이 남북으로 양단된 원한의 38선이 그어진 곳. 졸지에 한마을과 이웃이 장벽을 쌓고 남북으로 갈라져야 했던 통한의 장벽이 섰던 곳, 민족의 상흔으로 어쩌면 영원히 잊어서는 안될 역사적 교훈의 장소로 기억해야 할 곳이다. 누가 한계레를 적으로 만들었으며 왜 우리는 서로의 가슴에 총뿌리를 겨누었는지 세세손손 잊지 않고 기억해야 할 역사적 명소로 남겨두어야 할 유산이다.

이곳을 왕래하는 관광객들에게 분단사의 시원(始源)에 대한 올바른 교육과 확고한 통일안보관을 심어주기 위하여 분단의 사적지(史跡地)나 군사전적지로써 산 교육장이 되어야 할 것이다.

1950년 10월 1일 국군이 분단이래 최초로 38선을 넘어 북진함으로써 이날을 '국군의 날'로 제정하게 된 동기가 된 것도 바로 38분계선이다. 또한 이곳은 교통의 요충지로서 오가는 사람들이 쉬면서 차를 마시거나 식사를 할 수 있는 좋은 길목에 자리잡고 있다.

흰 백사장은 여름철 피서지로 많은 사람들이 찾아오는 해수욕장이기도 하다. 휴계소에서 보면 정면에 거북이처럼 생긴 거북섬과 왼쪽편에 한적한 작은 어촌마을의 방파제가 보인다.

이렇게 평화롭고 아름다운 마을에 분단의 철조망을 쳤다는 사실을 실감케하는 것은 38선 표지석만이 잃어버린 우리의 기억을 가끔씩 되살려 놓을 뿐이다.

차 한잔을 마시며 바라보는 동해바다의 갈매기 소리가 오늘따라 유난히 가슴속을 울리는 건 무엇 때문일까?

27. 관음(觀音)의 도량 낙산사(洛山寺)

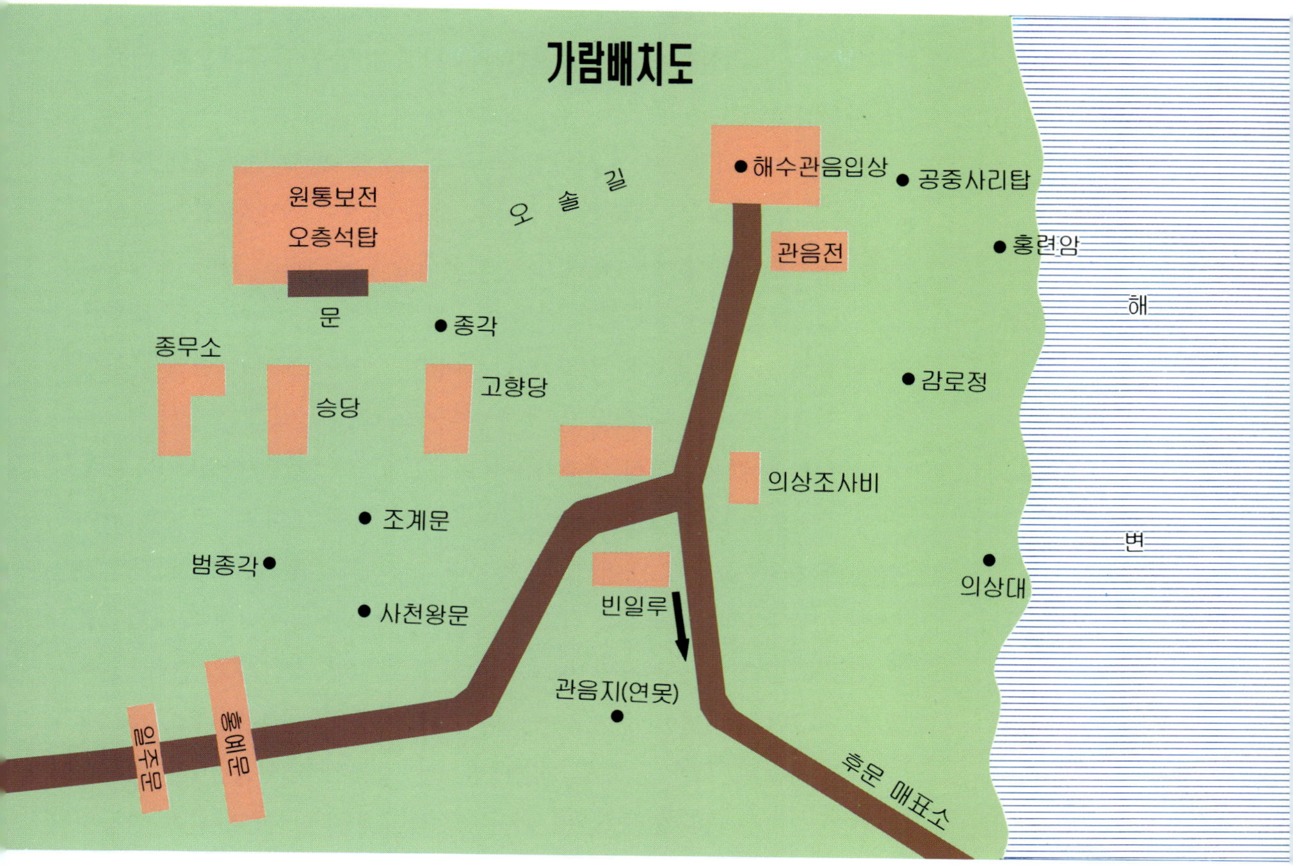

강릉에서 동해안을 따라 속초를 향해 북쪽으로 42km 정도 달리면 낙산사가 나타난다. 입구에서 내리면 사각기둥의 표지석과 최근에 세운 커다란 일주문이 산기슭에 서 있다. 가운데가 유난히 크고 위로 올라갈수록 좁아지는 기둥의 모습과 앞뒤로 작은 두 기둥이 받치고 있어 웅장한 분위기를 풍긴다 청기와로 이은 맞배지붕에 곱게 단장한 현란하고 아름답게 단청한 이 사찰은 울창한 소나무 숲과 조화를 이루고 있어 신선하고 경건한 마음을 안겨주고 있다.

숲길로 나 있는 산길을 따라 올라가면 왼쪽 길 위에 콘크리트 요새같은 낙산 배수지가 나타나고 바른쪽 건너편에 한옥식 지붕에 콘크리트 건물로 된 아담한 낙산 유스호스텔이 숲속에서 여행객들을 기다리고 있다.

언덕 위에 다다르면 관광버스 주차장으로 가는 층층계단이 남쪽 언덕 아래로 나 있고 서쪽에서 진입하는 낙산사 입구에 홍예문과 매표소가 자리잡고 있다.

가운데 지붕이 높고 그 처마밑 좌우에 지붕을 받쳐 만든 3단 지붕의 안내판과 두 개의 큰 석축을 받침돌로 하고 26개의 장방형(長方形)화강석을 다듬어 만든 홍예문(虹霓門)이 여행객들을 맞이하고 있다. 홍예문을 둘러싸고 있는 벽은 둥근돌로 가지런히 쌓아서 주변 소나무 숲과 조화를 잘 이루고 있으며 돌벽을 감고 있는 담쟁이 덩굴이 저녁 노을에 흔들릴 때면 오색 영롱한 무지개빛 속에 천상의 누각이 떠 있는 것같다.

낙산사 홍예문은 조선 세조 13년(1467)에 축조(築造)하였다고 한다. 당시 강원도는 26개 고을이 있었는데 세조의 뜻에 따라 각 고을의 원이 석재(石材)를 하나씩 내어 쌓은 것이라고 전한다. 홍예문 위에 조그만 누각의 처마 밑에 여의주를 물고 있는 용의 머리가 앞뒤 2개씩 여행객을 쳐다보고 있다. 이 누각은 1963년 10월에 건립한 것이라고 한다. 홍예문을 지나면 왼쪽편엔 숲으로 둘러싸인 아늑한 공간이 나타나고, 새로운 불사를 하려고 지반 공사가 한창이다. 잘 정돈된 앞길을 따라 걸으면 동쪽으로 의상대와 홍련암으로 가는 길이 아래로 나 있고 왼쪽 산등성이를 오르면 연꽃으로 입구를 장식한 석조계단이 나타나고, 마치 바둑판을 연상시키는 네모 반듯한 돌을 잘라 만든 길이 정연하게 사천왕문(四天王門)으로 연결되어 있다.

동쪽편에는 해수 관음보살의 옆모습이 송림 위로 우뚝 솟아 있고 단아하고 소박한 사천왕문의 단청은 저녁노을 속에 새로운 세계로 통하는 관문처럼 경건한 빛깔로 서 있다.

사천왕문 천장과 기둥엔 연꽃무늬 문양이 아름답게 장식되어 있고 신흥사의 사천왕은 모두 서 있는 입상(立像)인데 반하여 낙산사는 의자에 앉아있는 좌상(坐像)인 것이 특징이다.

사천왕은 밖으로는 천신의 위엄과 용맹을 보이고 안으로 보살의 자비를 돕고 사방을 진무하여 불법을 보호하고 권위를 베풀어 상벌에 사(私)가 없기를 원하며 마귀를 항복시키는 신장(神將)을 말한다.

낙산사 일주문

동쪽을 관장하는 지국천왕(東方持國天王)은 발로 마귀의 배를 밟고 오른손으로 칼자루를 비스듬히 비껴 쳐들고 있고 마귀 하나는 오른발을 두 손으로 받들어 모시고 있다.

북방을 관장하는 다문천왕(北方多聞天王)은 눈을 지그시 감고 비파를 타면서 부드럽고 자애스런 모습을 하고 있다. 세 천왕이 모두 한쪽발로 마귀의 복부를 밟고 있는 데 비하여 다문천왕은 자비로운 음악을 들려주어서 그런지 마귀의 머리카락만 밟고 있는 것이 특이하다. 남방을 권장하는 증장천왕(南方增長天王)은 오른손으로 막 날아갈 듯한 용꼬리를 잡고 왼손에 여의주를 들고 있으며 서방을 관장하는 광목천왕(西方廣目天王)은 오른손에 긴 천을 늘어뜨린 끝이 세 가닥인 창을 잡고 왼손 바닥은 하늘로 향하게 하고 손바닥 위에 3층 석탑을 받쳐들고 있다.

신흥사의 사천왕은 마귀의 등을 밟고 있는 데 반하여 낙산사의 사천왕은 비파를 타는 다문천왕을 제외하곤 모두 한쪽발로 마귀의 복부를 밟고 있으며 한쪽발은 마귀가 두려움과 경외감으로 두 손으로 공경히 받쳐들고 있는 것이 특징이다.

낙산사의 사천왕상은 높이 4.2m, 두께 2.3m 둘레가 3.2m인 나무로 만든 조각상으로 조선말기 공장(工匠) 김주성(金舟成)이 조성한 것으로 6·25동란시 얼굴과 손의 일부가 파손되었다고 한다. 사바세계의 모든 죄업(罪業)을 없애고 선을 지킨다는 뜻에서 무서운 무기와 석창을 손에 들고 엄한 기세를 보이고 있는 사천왕상은 마치 살아있는 듯이 조각되어 죄 많은 중생들을 제도하기 위하여 당장이라도 문밖으로 뛰쳐나올 것만 같다.

낙산사 사천왕문

은은히 들려오는 풍경소리와 산새들의 지저귐, 출렁이는 동해의 물결을 바라보며 야트막한 야산(野山)을 배경으로 펼쳐지는 아늑한 낙산사의 정취는 가히 관동팔경의 하나로 절경 중의 절경이다. 비록 연륜깊은 옛 유적의 자취는 거의 사라졌지만 숱한 전화(戰禍)를 딛고 오늘까지 면면히 이어온 사찰의 구석구석엔 옛 사람들의 슬기와 혼이 오늘에 맥맥히 흐르고 있다. 1200여 년 전의 의상대사와 낙산사에 얽힌 창건 설화를 떠올려 본다.

낙산사가 있는 산 이름을 낙산이라 한 것은 인도 남쪽 해안에 있는 관음의 주처(住處)로 산의 모양이 8각형인 보타 낙가산(寶陀洛伽山)에서 딴 것이라 한다. 낙산이란 potalaka라는 산스크리트어의 음역(音譯)이다.

낙산 동쪽 바닷가에 바닷물이 출렁거리는 굴이 하나 있는데 이 굴은 자비(慈悲)의 화신(化身)인 관음보살이 거처하던 성지라 한다.

종남산 지엄화상(知儼和尙)에게 화엄학(華嚴學)을 공부한 의상 대사가 귀국하여 낙산사에 관음(觀音)의 진신(眞身)이 이 해변 굴안에 머무신다는 말을 듣고 친견(親見)하기 위하여 찾아왔다. 의상이 재계(齋戒)한지 7일만에 앉은 자리(座具)를 새벽물 위에 띄웠더니 천(天), 용(龍) 등 팔부중(八部衆 ; 사천왕이 거느리는 여덟귀신)이 굴 속으로 그를 인도하였다. 의상이 공중을 향해 예불을 드렸더니 수정염주(水晶念珠)한 꾸러미를 내어주기에 그 염주를 받아가지고 물러 나오자 동해의 용이 다시 나타나 여의주(如意珠)를 바치자 스님은 받아가지고 와서 다시 7일 동안 재계하고 관음을 친견하였다 한다. 관음보살이 말하기를 "이 낙산 위에 올라가면 대나무가 두 그루 나 있는 곳이 있을 것이니 그곳에 절을 지으면 불법(佛法)이 크게 일 것이다"라고 일러주고는 어디론가 사라져 버렸다 한다.

의상이 그 말을 듣고 굴에서 나오니 과연 쌍죽이 땅에서 솟아 나왔다. 이에 금당을 짓고 관음상을 빚어 모시니 그 원만한 얼굴과 고운 모습이 천연스러웠다. 그리고 그 대나무는 없어졌으므로 그제야 이곳이 바로 관음의 진신이 거주하는 곳임을 알았다. 이로 인하여 그 절을 낙산사라 하고 의상은 그가 받은 수정염주와 여의주를 성전(聖殿)에 모셔두고 떠났다.

그 후 몽고의 침입으로 13세기 초 큰 화(禍)를 입었으나 세조 13년(1467) 왕명으로 크게 중창하였고 예종(睿宗) 원년(1469)에도 왕명으로 중건이 있었으며 인조(仁祖) 9년(1631)과 21년(1643) 재차 중건이 있었으나 정조(正祖) 원년(1777), 화재를 당하여 다음에 중건하였다 한다. 또한 임진왜란 병자호란을 겪으면서 폐허가 되어 겨우 명맥을 유지하다 구한말에 와서 다시 예전의 절모습을 찾았으나 6·25동란으로 또다시 소실되어 1953년 재건하였다 한다.

신화와 전설이 없는 곳은 오아시스 없는 사막같다는 생각이 든다. 그 내용 속에는 늘 우리의 가슴과 영혼을 살찌게 하는 것이 있기 때문일 것이다.

원통보전(圓通寶殿)으로 들어가는 문을 지나면 왼쪽엔 절의 사무를 총괄하는 종무소와 그 옆에 요사채와 공양실(식당)로 쓰이는 무설전(無說殿)이 있고 동쪽 맞은편엔 큰스님이 손님을 접대하는 고향실(古香室)이 있다. 바로 위쪽에 범종각(梵鍾閣)이 있다. 종각 북쪽으로 조그만 문이 나 있어 산 뒤편 샛길을 따라가면 해수관음보살이 있다. 종각엔 불화나 단청장식이 없는 맞배지붕의 담백한 목조 건물이다.

종신(鍾身)에는 중앙에 굵은선(太線) 석줄(三線)을 옆띠로 돌려서 몸 전체를 위아래로 구분하고 보살상은 서 있는 입상(立像)으로서 발아래 연화 좌(蓮花座)를 갖춘 보살상 4구(軀)를 양각으로 주조하였다. 보살과 보살 사이에 범자(梵字) 넉 자씩 배치하였고 견부(肩部 ; 종의 어깨부분) 가까이에는 또다시 범자(梵字) 넉 자가 배치되었다. 이 범자 위로 외겹 연꽃잎 36잎을 윗띠와 같이 돌렸다.

하반부의 몸체에는 구연(口緣 ; 鍾口 ; 종의 입)에서 약간 올라간 자리에 폭 9.5cm의 옆으로 된 띠를 돌리고 그 속에 이 시대의 특징인 물결무늬(水波紋)를 고사리 모양으로 연속해서 양각으로 주조하였다.

종의 상부에는 웅건한 기품을 잘 나타낸 용머리가 있고 종신(鍾身)을 고착하고 있으며 중앙의 옆띠와 물결무늬 옆띠 사이에 장문의 명문(銘文)이 양각되어 있어 주목을 끌고 있다.

명문은 김수온(金守溫)이 짓고 정난종(鄭蘭宗)이 글씨를 썼는데 내용으로 보아 세조의 승하 직후인 예종(叡宗) 1년(1469)에 주조된 것이다. 이 종은 높이 158cm 구경(口徑) 98cm로서 우리 나라 조선시대 범종 중 임진왜란 이전에 속하는 몇 안되는 귀중한 것으로 동종연구에 귀중한 자료가 된다.

낙산사 토담

대문이 없는 높은 담장문을 들어서면 마당 한가운데 7층 석탑과 관세음보살을 모신 원통보존(圓通寶殿)법당이 나타난다. 원통보존 둘레를 네모꼴(方形)로 둘러싸고 있는 담장은 조선 세조가 낙산사를 중수할 때 처음으로 축조하였다고 전하며 담장의 형태나 축조 방법이 이곳에서만 볼 수 있는 특이한 형태로 균형미를 갖추고 있다. 이것은 지방유형문화재 34호이다.

좌측 담장 옆에 마디가 검은 대나무인 오죽(烏竹)이 한 무더기 서 있고 건물 뒤편 담장 너머엔 아름드리 노송이 담 안으로 가지를 늘어뜨려 담장벽과 잘 어울려 고풍스런 운치를 자아내고 있다. 담장은 법당을 둘러싸 성역 공간(聖域空間)을 구분하면서 공간 조형물로서의 운치와 효과도 겸비하고 있다.

암키와와 붉은 진흙을 차례로 다져 쌓으면서 상하 교차로 동일한 크기의 둥근 화강석을 일정한 형태와 간격으로 박아 아름다운 별무늬를 장식하고 있다. 이것은 흙과 돌과 기와와, 즉 자연과 인공이 소담스럽게 만나 편안한 즐거움을 안겨준다. 벽에 박힌 둥글고 작은 화강석은 그 당시 세조가 지방행정구역을 8도로 나눈 것을 나타낸다고 한다.

8작 지붕으로 된 원통보존의 처마와 공포(貢包)가 특히 아름다우며 가운데 칸 기둥 위에 조각된 용머리 두 개가 추녀 밑에서 막 날아오를 듯이 기둥을 떠받치고 있다. 현재 낙산사 원통보존 옥상 중앙에 고려문화가 왕성하고 한창부흥할 때인 고려중기에 만든 높이 8cm길이 36cm 두께 3.2cm의 청기와가 있는데 고려 청자기와 같은 것으로서 세월이 흘러도 변하지 않고 더욱 빛나며 견고하여 잘 깨어지지도 않는다 한다. 당시 낙산사에 본래 있던 두 장은 6·25동란 때 없어지고 지금에 있는 것은 신흥사에 있던 것을 가져다가 이은 것이라 한다. 법당 전체를 현대의 청기와로 덮었고 말끔히 새로 중수하여 담장과 잘 조화를 이루고 있다. 중앙의 어칸(御門)과 양측 협간(挾門) 모두 문짝이 4개씩 있고 연꽃무늬와 여러 가지 동물의 모습을 그린 단청의 아름다움이 돋보인다.

법당을 들어서면 가운데 연화대(蓮華臺) 위에 관세음보살이 좌정해 있고 금동향로 단지 위에 석등을 조각한 것이 좌우 앞에 놓여 있다. 천정엔 부처님이 계시는 천상의 보궁(寶宮)을 상징하는 닫집(寶蓋 ; 보개)을 설치하고 다포(多包)겹처마 지붕으로 용과 봉(鳳) 그리고 비천상 무늬를 화려하게 장식하여 경건하고 엄숙한 분위기를 만들고 있다. 낙산사 관세음보살은 우리 나라에서 유일하게 종이로 만든 불상으로 영혈사에 있던 것을 여기에 옮겨 봉안하고 있다.

바른쪽 옆엔 고려대장경과 신수대장경 등을 보관하는 장서각과 주로 49제 등을 지낼 때 사용하는 영가단이 안치되어 있다. 좌측에 의상대사의 영정과 이글거리는 불길 속에 수레바퀴를 타고 여섯 개의 팔에 각각 물건을 잡고 마왕의 형상과 같은 모습으로 좌우에 보살들 한가운데 서 있는 타화자재전·신중태화가 모셔져 있는데, 정초에 일주일간 올리는 신장기도는 영험이 많아 많은 신도들이 동참하고 있다고 한다.

불상의 부분명칭

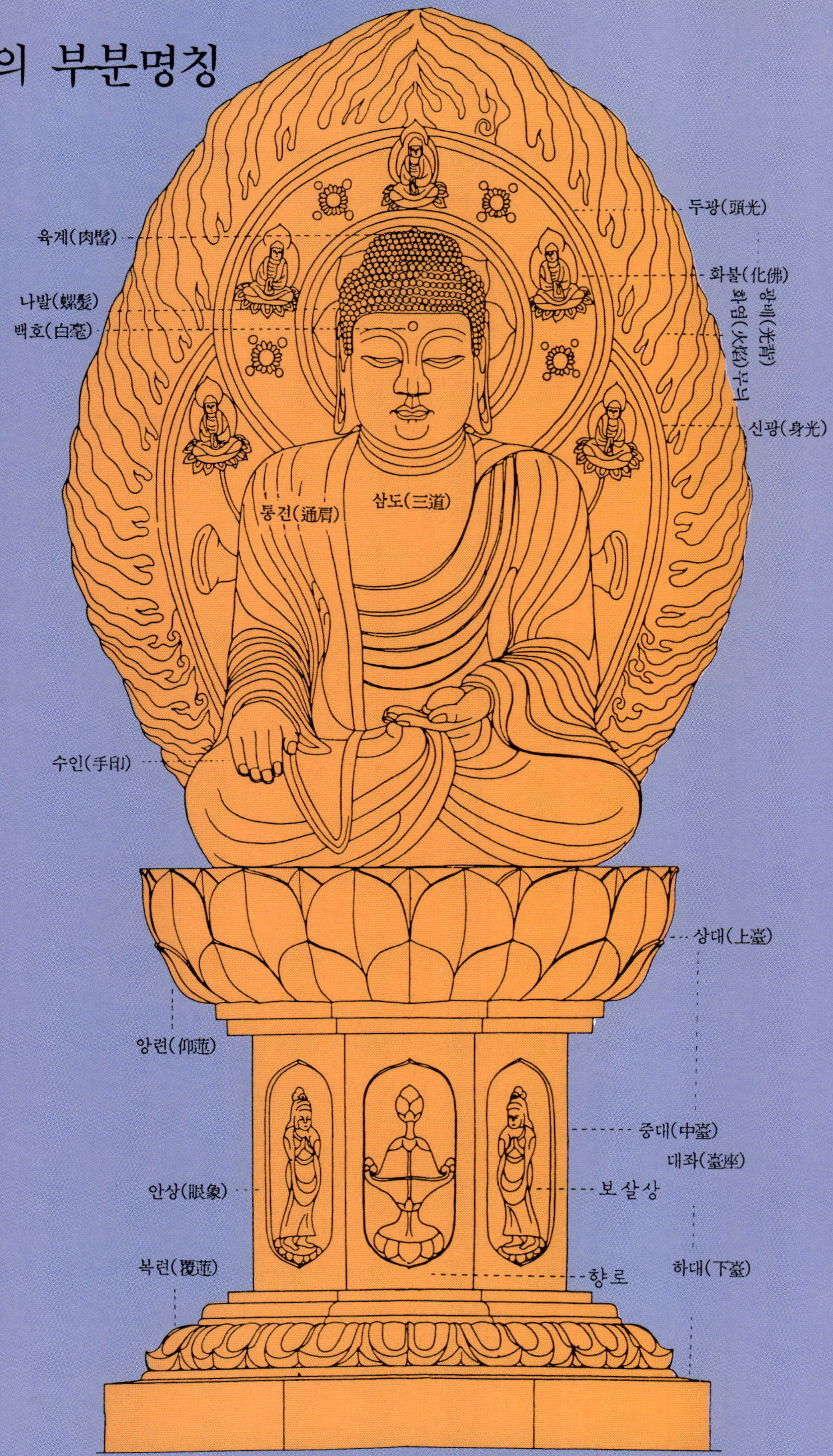

약사불의 명칭(경주 남산 삼릉계)
俞聖雄 編著, 韓國美術大典, p.242

타화자재천(他化自在天)은 6욕천(欲天)의 하나이며 욕계(欲界)의 가장 높은 데에 있는 하늘이며 욕계천의 임금인 마왕이 있는 곳이라 한다. 천정엔 동서방향으로 용이 서로 바라보고 있고 그 아래엔 연등이 빽빽히 걸려있다.

관음은 관세음의 약칭이며 관자재라고도 한다. 관음전(觀音殿)을 또한 원통전(圓通殿)이라고도 하며 관세음의 위신력(威神力)을 가르켜 이르는 말이라 한다. 절대적인 진리는 모든 것에 두루 통해 있다는 뜻으로 주원융통(周圓融通)의 약칭이라 한다. 관세음보살은 귀로 듣는 일에 가장 뛰어난 보살이므로 원통은 관세음의 별칭이며 중생의 소리를 듣고 가서 구원하는 대자대비한 보살이다.

관세음보살은 자비의 화신이다. 중생을 끝없이 이롭게 하기 위해 서원(誓願)을 세운 관세음보살은 불가사이한 위신력으로 무수한 몸 '응화신(應化身)'을 나타내어 중생의 재난을 막아주고 지혜의 방편으로 십방세계(十方世界) 어디에든지 몸을 나타내지 않는 곳이 없다 한다. 32응화신(三十二應化身)을 나타내면서 중생을 구제한다고 하며 두 눈과 두 팔만 가지고는 중생을 보살피고 건져줄 수 없기 때문에 천수천안(千手千眼) 관세음보살이 등장하게 된다.

관음신앙은 예전부터 우리 나라에 민간 신앙의 형태로까지 널리 보편화되었고 어려운 일을 당했을 때 '관세음보살'을 염(念)하면 그 재난을 극복하고 복을 받을 수 있다고 믿어왔기 때문이다. 그래서 관음신앙에 따른 영험력도 대단하여 오늘날까지 변함없이 믿어져 온다고 한다.

삼국유사 낙산사 전설에는 생불(生佛)을 못본 원효대사의 이야기가 다음과 같이 전해지고 있다.

후에 원효법사가 뒤이어 와서 예배하려고 처음에 남쪽 교외에 이르니 논 한가운데 흰옷(白衣 : 관음의 암시)을 입은 한 여인이 벼를 베고 있었다. 원효법사가 희롱삼아 그 벼를 달라고 하니 여인은 벼가 열매맺지 않았다고 희롱해 대답했다. 법사가 가다 또 다리 밑에 이르니 한 여인이 월경대(月水帛)를 빨고 있었다. 법사가 먹을 물을 달라고 청하니 여인은 더러운 물을 떠서 바쳤다. 법사는 여인이 준 물을 쏟아버리고 다시 냇물을 떠서 마셨다.

이때 들 한가운데 서 있는 소나무 위에서 파랑새 한 마리가 말했다.

"제호(醍醐)화상은 가지 마시오" 하고는 갑자기 숨어서 보이지 않았다. 그 소나무 아래에 신 한 짝이 벗어져 있었다.

법사가 낙산사에 도착하니 관음보살상의 자리 밑에 전에 보았던 신 한 짝이 벗어져 있으므로 그제서야 전에 만났던 여인이 관음의 진신(眞身)임을 알았다. 그래서 그때 사람들은 파랑새가 앉았던 그 소나무를 관음송(觀音松)이라 했다. 법사가 성굴(聖窟)에 들어가서 다시 관음의 참모습을 보려고 했으나 풍랑이 크게 일어 들어가지 못하고 떠났다.

물론 이 전설의 이면에는 원효대사를 의상보다 비하시킨 점도 있지만 이것은 결국 의상이 마련한 관음도량을 원효가 확인하고 그곳이 관음 진신의 주처(住處)임을 증명한 설화라고 볼 수 있다.

원통보전을 나와 마당 한가운데 있는 7층 석탑으로 발걸음을 돌렸다. 탑의 겉 모양이 신라나 고려시대에 유행한 석탑양식과는 달리 조선시대 특유의 다층석탑(多層石塔)의 양식을 하고 있다.

이 탑은 본래 의상대사가 창건할 당시에는 3층이었던 것을 세조 13년(1467)에 현재와 같은 7층으로 조성했다 하며 이때 수정염주와 여의주를 탑 속에 봉안했다 한다.

탑을 바치는 기단(基壇)이 단층이며 땅에 묻혀 있는 지대석(地臺石)은 자연석처럼 육중하게 보인다. 지대석 위의 하대석(下臺石)에는 한 면에 여섯 잎씩 연꽃을 놓아 24개의 아름다운 연꽃으로 이 탑을 아래에서 받치고 있다. 단층기단(單層基壇) 위에 세워진 높이 6.2m의 이 탑은 부분적으로 손상된 곳이 있으나 상륜부(相輪部)까지 원형대로 보존되어 있다. 탑신부는 탑신(塔身)과 옥개석(屋蓋石)이 각각 한 장의 돌로 되어 있는데, 탑신 아래에 탑신보다 넓은 탑신 괴임에 두께가 거의 같은 탑신 괴임돌이 있다. 추녀 역시 매우 얇고 탑의 양 끝이 약간 치켜 들어올려져 있어 경쾌한 멋을 주고 있다.

상륜부는 7층 옥개석 위에 옥신 받침과 같은 형태의 한 개의 돌이 있고 그 위에 역시 화강석으로 노반(露盤)을 놓았다. 노반 위에는 찰주(擦住)를 중심으로 청동제의 복발(覆鉢)과 함께 중첩된 보륜(寶輪), 보주(寶珠) 등이 조성되어 있다.

이들 상륜의 형태는 원대(元代) 나마탑(喇嘛塔)양식을 연상케 한다. 별무늬 장식의 아름다운 담장으로 둘러쳐진 원통보존의 청기와 지붕과 푸른 노송과 오죽(烏竹), 경쾌한 몸짓으로 마당 한가운데 우뚝 솟아 있는 7층 석탑이 저녁노을에 비껴 마치 한번도 온 적이 없는 새로운 세계 속에 묻혀 있는 기분을 느끼게 한다. 극락과 지옥은 정녕 담장 하나 차이던가. 몇 번인가 되돌아보며 대문을 나서는 건 담장너머 사바세계의 온갖 욕망이 들끓는 바다로 떠밀려져 나가는 서운한 기분은 어쩔 수 없는가 보다.

원통보전에서 사천왕문을 지나 오른쪽 산비탈길을 내려와 동쪽으로 가면 아늑한 분지에 둘러싸여 있는 산중턱에 웅장한 보타전(寶陀殿)이 자리잡고 있다.

오른쪽 입구엔 돌로 조각한 쌍용의 입에서 맑고 청아한 소리를 내는 물이 쏟아지고 세 칸으로 된 넓은 석축계단이 나타난다. 계단을 오르면 넓은 마당 오른쪽엔 연꽃잎 무늬 위에 옳은 일과 그른 일을 헤아려 안다고 하는 신기한 짐승인 해태(海豸)가 석연등을 받치고 있고 석연등 네 면에 사천왕이 조각되어 있다.

왼쪽편에 코끼리 네 마리가 마찬가지로 석등을 받치고 있고, 보타전 바른편에 요사채로 쓰이는 선하당이 있다. 보타전 뒤편엔 바루(비구의 밥그릇)를 받치고 있는 동자상이 있는데 여기에서 나오는 물은 맑은 양수(陽水)라 하며 석측계단 아래에 있는 쌍용 입에서 나오는 물은 뿌연 음수라고 한다. 병행해서 마시면 병이 잘 낫고 건강하며 기도 성취가 잘 된다고 한다. 이 물로 차를 끓여 마시면 차맛이 기가 막히게 좋다고 한다.

가운데 네 칸짜리 문에는 울창한 연꽃과 연줄기 속에서 새와 학들이 유유자적 노닐고 있는 그림이 그려져 있고 좌우 네 칸짜리 협칸에는 아름다운 연꽃무늬가 주조를 이루고 있다. 가운데 기둥 양쪽 위에는 용이 여의주를 물고 금방이라도 날아갈 듯이 쳐다보고 있고 처마와 공포(貢包)의 단청은 화려하다 못해 현란하다.

법당에 들어가면 수많은 손과 얼굴을 달리한 거대한 나무조각상들을 보게 되는데 이것은 우리 나라 어떤 사찰에서도 볼 수 없는 불상조각들이며 그 독특한 분위기에 압도감과 경외감을 가지게 된다.

보타전의 중앙에 있는 관세음보살상은 모든 자비를 가장 넓게 포용하고 있는 11면 42수 관음이며 거대한 하나의 원목으로 조성한 높이 20척의 대불상이다. 이것은 성관음(聖觀音), 십일면관음(十日面觀音), 천수관음(千手觀音)의 모습을 동시에 갖춘 관세음보살상으로 머리 위에는 열하나의 제각기 다른 표정을 띤 얼굴이 묘사되어 있고, 합장한 손이 있는가 하면 칼을 잡은 손이 있고 연꽃을 들고 있는가 하면 활을 잡고 있는 데 42개의 손이 어지러울 정도로 제각기 독특한 물건을 잡고 있다. 저 하나하나에 깃든 의미를 살펴보면 관음본존상(觀音本尊像)이 표방하는 자비가 무엇인지를 많이 생각하게 된다. 관음본존상을 중심으로 좌우에 3개씩 6관음상을 봉안하고 있고 천정엔 가운데 지붕이 높이 솟아오르고 좌우로 6개의 화려한 닫집엔 용과 학, 선녀의 비천상이 조각되어 웅장한 분위기를 풍기고 있다.

이웃나라인 중국이나 일본에서는 6관음과 32응신상을 모신 사찰을 쉽게 찾아볼 수가 있다 한다. 그러나 관음신앙의 뿌리가 매우 깊었던 우리 나라에는 이제까지 6관음과 32응신상을 갖춘 사찰이 없다 한다. 그런데 불교가 이 땅에 전래된 지 1600여 년만에 우리 나라 제일의 관음성지 낙산사에 모든 관세음보살을 모신 보타전이 처음으로 건립된 것은 때늦은 감이 없지 않지만 매우 고무적인 일이 아닐 수 없다.

이 불사는 낙산사와 특별히 인연이 깊었던 회주(會主) 오현(五鉉)스님이 구심점이 되어 수많은 불교도가 동참하고 불교건축, 회화, 조각, 공예의 대가들이 함께 동참하였기에 가능할 수 있었다고 한다.

육관음은 관음의 특성을 인격화한 것으로 육도(六道)의 모든 중생을 제도한다는 신앙에서 6관음의 6도와 대비시킨 것이라 하며 성(聖), 천수천안(千手千眼), 십일면(十一面), 여의륜(如意輪), 준제(准提), 불공견색(不空絹索)관음보살을 이곳에 봉안하고 있다.

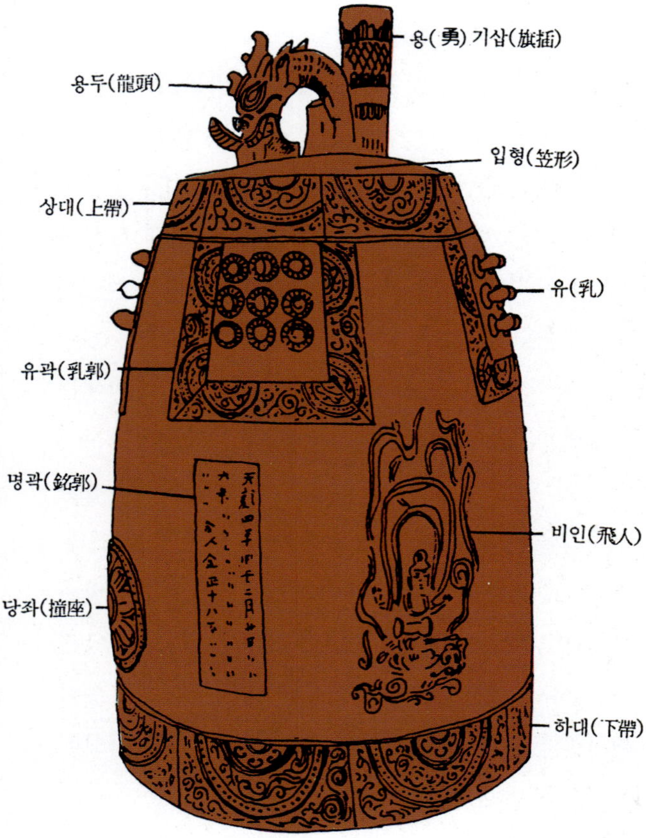

삼국시대(三國時代)

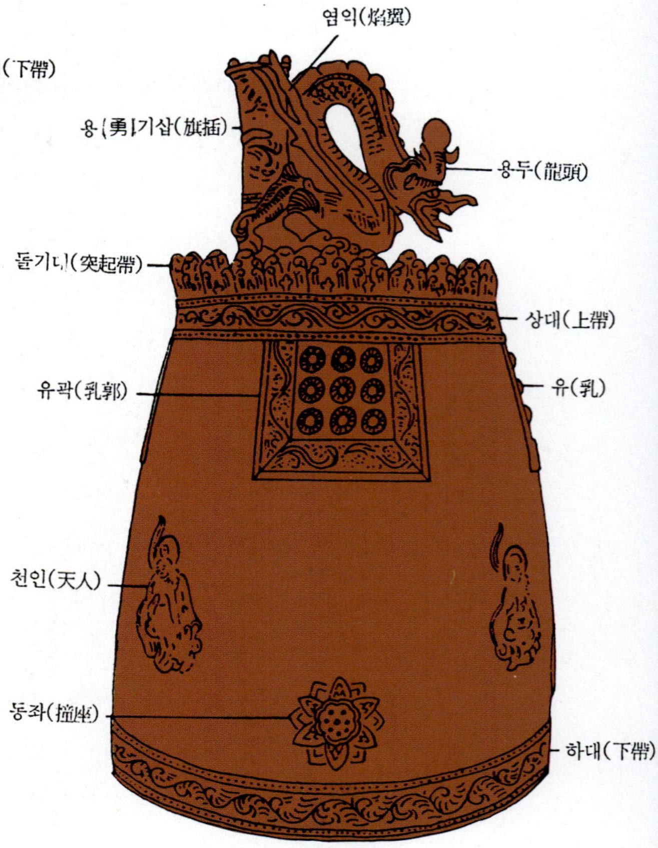

고려시대(高麗後期)

俞聖雄 編著, 韓國弗教美術大典, p.272.

석탑의 부분 명칭도

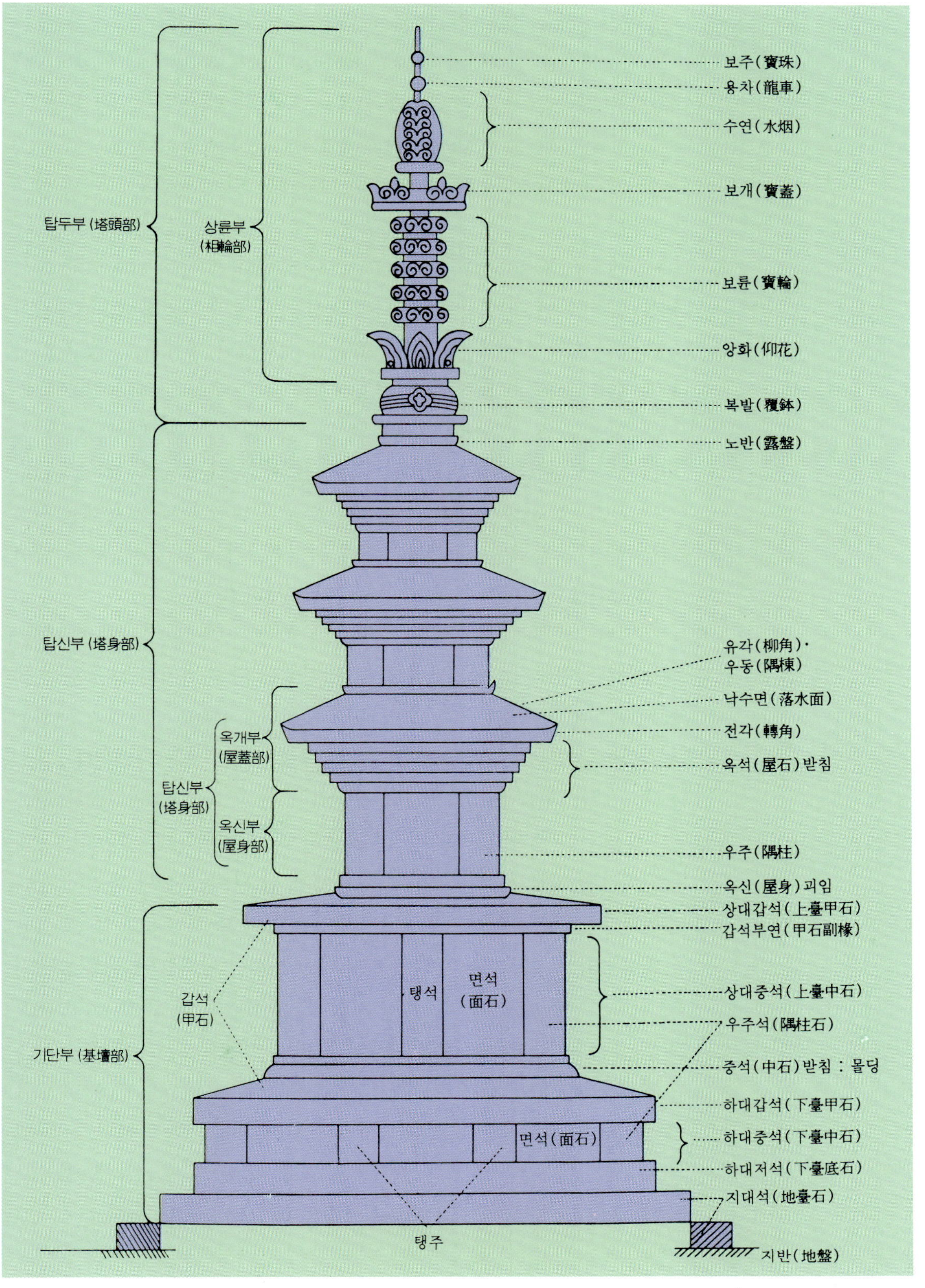
탑두부 (塔頭部)
상륜부 (相輪部)
탑신부 (塔身部)
옥개부 (屋蓋部)
탑신부 (塔身部)
옥신부 (屋身部)
기단부 (基壇部)
갑석 (甲石)
보주(寶珠)
용차(龍車)
수연(水烟)
보개(寶蓋)
보륜(寶輪)
앙화(仰花)
복발(覆鉢)
노반(露盤)
유각(柳角)·
우동(隅棟)
낙수면(落水面)
전각(轉角)
옥석(屋石)받침
우주(隅柱)
옥신(屋身)괴임
상대갑석(上臺甲石)
갑석부연(甲石副椽)
상대중석(上臺中石)
우주석(隅柱石)
탱석
면석
(面石)
중석(中石)받침 : 몰딩
하대갑석(下臺甲石)
하대중석(下臺中石)
면석(面石)
하대저석(下臺底石)
지대석(地臺石)
탱주
지반(地盤)

성(聖) 관음은 대자대비의 총체(總體)로서 어느 때에는 33신(身)으로 자유자재로 변하면서 중생을 제도하며, 상호는 머리 위에 아미타불을 이고 있는 것이 특징이며 천의(千衣)와 영락(瓔珞 ; 목, 팔, 몸에 두르는 구슬을 꿴 장식품)을 걸치고 왼손에는 봉오리진 연꽃을, 오른손은 모든 이의 소원을 들어주고 있음을 나타내는 여원인(與願印)을 취하고 있다.

천수(千手)관음은 일체 중생을 이익되게 하고 안락하게 하리라는 서원을 발하여 천 개의 손과 천 개의 눈을 구족하게 되었다 한다. 여기서 천이라는 수는 무한을 의미하며 관음의 절대적인 대비심(大悲心)과 교화의 힘을 구체적으로 표현한 것이라 한다. 천수관음은 여러 관음들 중 가장 힘이 있는 구제자로 신봉되고 있다. 탱화로 모실 때와는 달리 조각상으로 모실 때에는 이들 모두를 묘사하는 것이 무리가 있으므로 42개의 손(手)만 표출시킨다. 곧 42개의 손 중 합장한 두 손은 본래 가지고 있는 것이고 그 밖의 40개의 손은 그 하나하나의 손이 25유(有)의 중생을 제도하므로 40×25=1천 개의 손이 된다고 한다.

십일면(十一面)관음은 죄를 소멸하고 복을 주며 병을 낫게 해 주는 절대적인 능력을 갖추고 있다 한다. 머리에는 열한 가지의 모습을, 손에는 감로병과 염주를 쥐고 있는 경우가 많다. 이때의 감로병은 소원을 성취하는 것을, 염주는 중생의 번뇌를 단절시키는 것을 나타낸다.

준제(准提)관음은 엄숙한 모성을 상징화한 것이라 한다. 밀교에서는 이 관음을 칠구지(七俱指)의 불모(佛母)라고 칭하는데 칠구지는 7억(億)이라는 말로서 모든 부처님의 모체가 되는 이 보살의 공덕이 광대무변하다는 것을 나타낸 것이다. 그 형상은 흔히 세 개의 눈에 두 팔 혹은 4, 6, 8, 10, 18, 32, 82개의 팔을 나타내기도 한다. 이때의 세 눈은 중생의 세 가지 장애인 혹(惑), 업(業), 고(苦)를 남김없이 제거하여 맑고 깨끗한 마음을 갖게 한다는 것을 나타낸 것이라 한다.

여의륜(如意輪)관음은 여의보주(如意寶珠)의 삼매 속에서 항상 법륜(法輪)을 굴려 중생을 교화하는 보살로서 부귀와 권력, 지혜의 모든 염원을 성취시켜 주는 것으로 신앙되고 있다 한다. 이 보살의 손에는 보주를, 등에는 법륜을 지고 있는 모습으로 묘사되고 있다 한다.

그리고 팔이 여섯 개인 육비 좌상(六臂坐像)을 모시는 경우가 대부분으로 이 여섯 개의 팔은 육 도(六道)를 윤회하는 중생들을 제도한다는 것을 나타냄과 동시에 육바라밀(六波羅蜜)을 닦게 한다는 것을 보여 주고 있다 한다.

불공견색(不空絹索)관음은 대자대비의 견색(고대 인도의 무기, 수렵기구)을 갖고 아무리 극악한 중생이라도 남김없이 구제하는 보살이다. 견색의 견(絹)은 새나 짐승을 잡는 그물, 색(索)은 고기를 낚는 낚시줄에 비유한 것이라 한다.

이 사바세계에 그물을 두루 펼쳐 번뇌에 빠진 중생을 얽어 구해내고 생사윤회의 고해(苦海)에 낚시줄을 드리워 고뇌에 빠진 중생을 건져낸다는 것을 이것을 통하여 나타낸 것이다. 보살의 형상은 하나의 얼굴에 팔이 두 개, 두 얼굴에 네 개의 팔, 세 얼굴에 여덟 개의 팔 등으로 묘사되고 있다.

32응신은 관세음보살의 응현하는 모습이 경전에 따라 다르지만 우리나라에서는 「법화경」 보문품의 33응신설(應身說)과 능엄경(楞嚴經)의 32응신설을 채택하고 있다 한다. 부처의 몸으로 제도할 이에게는 부처의 몸을 나타내어 설법하고 벽지불, 법왕, 장자, 비구…… 등 32신 또는 33신으로 응화하여 제도할 대상에 따라 그에 알맞는 가지가지의 형상으로 나타내는 것이라 한다. 그러나 관음의 응신은 특정한 형상이나 숫자의 형상에 국한되는 것이 아니라 궁극적으로는 이 세상 어느 것 하나라도 관음의 응신이 아닌 것이 없다고 볼 수 있다. 낙산사의 보타전은 우리나라에서 가장 널리 채택하고 있는 능엄경의 32응신상을 봉안하였고 그 뒤쪽으로는 1500불의 관음상이 봉안되어 있다.

왼쪽벽엔 신중탱화를 나무로 양각한 희귀한 목각조상이 있고 바른쪽엔 나무꾼이 다섯 마리의 학을 향해 활을 쏘는 장면, 학이 동자승으로 변해 나타나서 나무꾼에게 수기를 주면서 일러주는 장면, 의상대사가 파도가 휘몰아치는 깎아지른 바위(현재의 의상대 자리)에서 좌선 수도하는 장면을 그린 세 점의 탱화가 시선을 끌고 있다.

보타전의 자리는 옛 영산전(靈山殿)의 자리로 불사를 할 때 많은 기와조각, 유품, 불탄자국 등이 나왔다고 한다. 의상대 맞은편 이곳 관음지(觀音池) 위에 108평의 거대한 보타전을 건립한 내력과 그에 얽힌 전설을 회주 오현 스님에 의해 많이 회자되고 있다.

「삼국유사」의 대산오만진신(臺山五萬眞身)의 조항에는 신효거사(信孝居士)의 매우 신기한 이야기가 수록되어 있다 한다. 이 이야기와 함께 낙산사에 구전되어 왔던 뿌리 이야기가 보타전의 건립과 함께 많은 관심을 끈다.

통일 신라시대 강원도 명주 땅에는 홀어머니를 봉양하며 살아가는 신효거사가 있었다. 그는 홀어머니를 봉양함에 있어 그야말로 효성을 다하였다. 어머니가 고기 없이는 밥을 먹지 않았으므로 거사는 고기를 구하러 산과 들을 다니며 사냥을 해야만 했다.

그런데 어느 날 유별나게도 사냥감이 없어 동해 바닷가의 낙산까지 오게 된 그는 소나무 위에 앉아 있는 학(鶴) 다섯 마리를 발견하고 활시위를 당겼다 한다. 그러나 학은 깃털 하나를 떨어뜨리며 날아가 버리는 것이었다. 거사는 크게 실망할 어머니의 모습을 떠올리며 무심하게 그 깃털을 주웠다. 그리고는 그 깃털을 눈앞으로 가져갔다 한다. 그런데 이 어찌된 노릇인가. 이제까지 사람으로 보이던 동료 사냥꾼들이 모두 짐승으로 보이는 것이었다. 순간 거사는 큰 깨달음과 함께 자신의 사냥에 대한 잘못을 뉘우치고 집으로 돌아왔다.

그날부터 어머니 상에는 자기의 넓적다리 살을 베어서 올리고 남몰래 정진하며 도를 구하였다.

얼마 뒤 어머니가 죽자 그는 출가하였고, 자기의 집을 절로 만들어 효가원(孝家院)이라 한 다음 신령스런 깃털을 들고 전국을 유랑하였다 한다. 여러 곳을 떠돌아다니면서 깃털로 사람들을 살펴보았지만 사람으로 보이는 이보다 짐승으로 보이는 이가 더 많았다. 그는 모두가 사람의 모습을 취하고 있는 사람들이 사는 곳에 머물고 싶었다.

마침내 만 3년이 되었을 때 경주를 거쳐 강릉 부근에 이르러 깃을 통해 사람들을 보니 모두가 사람의 형상을 하고 있는 것이었다.

"이곳이 내가 머무를 곳이구나"

그는 기쁜 마음으로 길 옆 콩밭에서 김을 메고 있는 노파에게 집을 짓고 살만한 곳을 물었다.

서쪽 고개를 지나면 북쪽으로 향한 골짜기가 있으니 그곳에 집을 짓고 살만합니다.

노파는 말을 마치자 홀연히 사라져 버렸다 한다. 거사는 그 분이 관세음보살임을 깨닫고 서쪽 고개인 대관령을 넘어 북쪽 오대산으로 들어가서 초가집을 짓고 수도하였다. 그런데 얼마 지나지 않아 가사를 입은 스님 다섯 명이 나타났다.

"그대가 가져 간 가사(袈裟) 한 폭은 지금 어디 있는가?"

거사가 영문을 몰라 멍하니 있자 스님이 일러주었다.

"그대가 집에서 사람들을 본 깃털이 그것이다."

거사가 이에 깃털어 내주었다. 스님이 그 깃털을 가사의 없어진 폭 사이에 붙이자 그 자리에 한 치의 오차없이 꼭 맞아 들어갔으며 그것은 깃털이 아니고 베였던 것이다. 그리고 찰나 사이에 다섯 스님은 흐릿한 안개 속으로 사라져 버리는 것이었다.

그제서야 거사는 깨달았다. 수년전 낙산에서 본 학도 방금 나타났던 스님도 오대산에 항상 머물러 계신다는 관세음보살, 아미타불, 지장보살, 석가여래, 문수보살의 화신이라는 것을……

신효거사는 이곳에서 얼마 동안 정진하다가 처음 오류성중(五類聖衆)을 만났던 낙산으로 다시 찾아갔다. 낙산의 원래이름 오봉산(五峯山)의 다섯 봉우리가 연잎처럼 둘러싸고 있는 가운데 지점(현재 보타전이 있는 곳)에서 기도를 하자 다섯 봉우리마다 학이 내려앉았고 다시 기도를 계속하자 오대산에서 만났던 다섯 스님이 나타나 수기(授記)를 주면서 일러주었다.

주위의 다섯 봉우리는 우리가 살고 있는 곳이요 그대가 앉아 있는 자리는 1천여 년이 지난 뒤 관세음보살이 말법중생(末法衆生)을 제도하는 곳이 될 것이다. 부디 함부로 누설치 말고 자리를 더럽히지 말라.

비로소 신효거사는 이곳이 오류성중이 사는 근원임을 깨달았다. 그 뒤 설악산 봉정암(鳳頂庵)으로 들어가 기도하다가 이 사실을 전법제자에게 엄밀히 전한 다음 입적(入寂)하였다 한다.

오류성중이 말법중생을 위해 자리를 정한 곳이요 신효거사가 점지한 성스러운 땅! 그리고 1천여 년 동안 비밀스럽게 전승되었던 이 뿌리 이야기가 오랜 세월의 산고 끝에 결실을 맺게 되었다는 구전과 전설을 들으며 불가(佛家)의 깊고 깊은 인연법을 생각해 보았다. 발걸음을 보타락(寶陀洛)으로 돌렸다.

보타전 앞에 석축을 쌓고 청기와로 된 8작지붕의 커다란 누각인 보타락은 보타전과 함께 창건하고 우리말로 광명(光明), 해도(海島), 소화수(小花樹)란 의미와 관세음 보살의 진신이 상주한다는 뜻으로 보타락(寶陀洛)이라 명명하였다 한다. 누각을 지나 보타전 남향 좌편엔 거북이 석상등에 오석(烏石)으로 커다란 의상대사비를 건립하였고 부근에 두 개의 새로 조성한 부도가 있다. 관음지 연못가에 서면 수많은 종류의 물고기 떼들이 즐겁게 헤엄치며 몰려들고 길을 따라 조금 더 내려가면 지방유형문화재 48호인 의상대가 나타난다. 홍연암의 관음굴로 가는 길 해안 언덕에 위치한 의상대(義湘臺)는 해돋이를 구경하기에는 동해안에서 제일가는 좋은 곳으로 알려져 있다. 만해 한용운이 쓴 의상대기(義湘臺記)에 의하면 1925년 이곳에 한 정자를 짓고 의상대라 이름지었다 한다. 그것은 의상대사가 처음 낙산사를 창건할 당시 매양 이곳에 와서 입정(入定)했으므로 옛부터 그렇게 불려왔다고 한다. 1936년 큰 폭풍으로 무너져 다시 세우고 지금의 의상대는 1975년 중건한 6각 정자다.

하얀 파도가 포말을 일으키며 끊임없이 암벽에 부딪치고 세찬 해조음이 해송의 짙은 솔내음을 싣고 와 가슴을 적신다. 태양이 어둠 속에 일어나 수평선을 황금빛으로 물들일 때 말문이 막히고 가슴이 멎을 것같은 벅찬 감동을 맛볼 수 있다.

부도명칭

塔, 前揭書. p.59

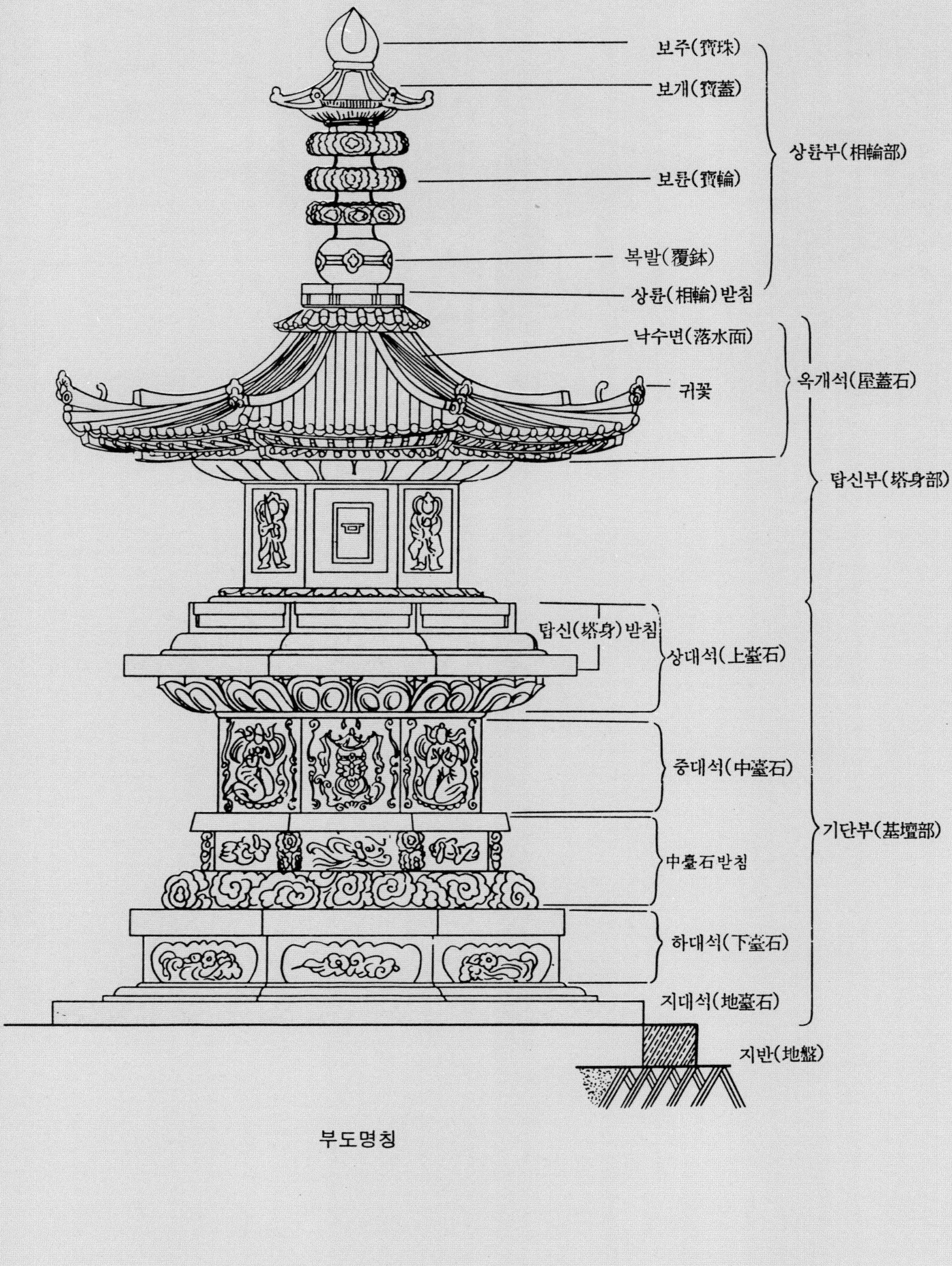

부도명칭

의상대

의상대 주변의 빼어난 경관은 해가 중천에 뜬 한낮에도 절경이다. 누각 위에서 망망대해를 바라보며 해풍을 맞는 기분은 그 무엇과도 비교할 수 없다. 누각에 앉아 온갖 시름 다 잊어버리고 마음의 때를 바람에 씻겨 보내면 여기가 바로 별천지가 아닌가.

바위 틈 사이로 홍연암과 요사채가 보이고 저멀리 대포항의 외옹치가 선명하게 다가온다. 의상대 앞에 아름드리 관음송 옆에 서면 마치 바다 위에 떠 있는 것 같은 스릴을 느끼고 발 밑에 부서지는 파도 소리를 들으며 북쪽 산기슭을 돌아보면 소나무 위에 솟아오른 해수관음상이 마치 이국의 여신처럼 하늘로 향해 날아 올라가는 것같은 느낌을 준다.

의상대의 진면목은 해돋이 장소로 유명한 홍연암 부근에서 바로보는 원경(遠景)이다. 광활한 동해에 비스듬이 서 있는 관음송과 깎아지른 듯한 기암괴석 위에 수도승처럼 묵묵히 좌정하고 앉아 있는 의상대를 바라보노라면 절로 감탄사가 나온다. 휘영청 달 밝은 날 밤 만리창파 동해를 바라보고 있노라면 낙산사에서 울리는 은은한 범종 소리와 파도 소리가 어우러져 나그네의 심금을 울리는데, 이곳이 꿈속의 세계인지 사바세계인지 그 경계를 알 수 없다. 깜박거리는 고깃배들이 의식(意識)의 세계를 일깨운다.

인생이란 한밤의 꿈결같은 것일까. 한 여인을 사랑하게 된 승려가 사랑이 맺어지기를 관음께 간절히 염원했던 조신(調信)이라는 스님의 전설이 아련히 파도 속에 밀려오고 있다.

옛날 서라벌이 서울이었을 때 세규사(世逵寺) 혹은 세달사(世達寺)의 장사(莊舍)가 명주(溟州)고을 내리군(㮈李郡)에 있었는데 서라벌의 본사(本寺)에서 조신(調信)을 그곳 장사(莊舍)로 보내어 관리케 하였던 일이 있었다. 조신이 이곳에 와서 김흔의 딸을 보고 그 아름다움에 혹하여 홀로 은근히 마음을 태우기 시작하였다.

조신은 이 사랑을 이룩하기 위해서는 부처님의 힘을 빌릴 수밖에 없다고 생각하고 낙산사의 관음보살 앞에 나아가서 그 여자와 혼인을 맺게 되기를 매일 기원하였다.

그러나 그 간절한 기원도 아랑곳없이 그 처녀는 딴 곳으로 시집을 가고 말았다. 조신은 불당앞에 가서 관세음보살이 자기의 소원을 이루어 주지 않음을 원망하여 날이 저물도록 슬피 울다가 그리운 정념에 지쳐서 옷을 입은 채 그 자리에서 잠이 들었다. 꿈 속에 생시와 같이 김태수의 딸이 나타나 조신에게 기쁜 얼굴로 인사를 하더니 금시 슬픈 표정을 지으며 "스님 저는 사실 처녀시절부터 스님을 사모하고 있었습니다. 그러나 불도에 정진하고 계시는 스님에게 저의 심정을 털어놓을 수도 없어 홀로 고민하다가 부모의 명에 의하여 마음에 없는 시집을 가기는 했습니다만 시집살이를 하면서도 마음은 항상 스님에게 있어 그 괴로움을 견딜 수가 없어 앞으로는 스님만 모시려고 이번에 집을 뛰쳐 나왔으니 저를 더럽다 마시고 받아주시길 바랍니다"라고 울면서 호소했다. 이에 조신은 그 여인을 데리고 불가(佛家)를 떠나 환속(還俗)하여 고향에 돌아와 속인(俗人)의 생활을 시작하였으나 세상 물정에 어두워 살아갈 길이 막연하였다. 나이가 늙어감에 따라 부부의 애정은 깊어갔으나 아이들은 늘어나고 생계는 어려워 가족은 누더기 옷으로 겨우 살을 가리우고 문전걸식을 하며 연명해야 할 처지에 이르렀다. 이렇게 떠돌며 걸식을 하는 동안에 명주 해현령을 지나는데 열다섯 살 된 큰 아이가 굶어죽고 말았다. 통곡하며 길가에 묻어주었다. 나머지 네 자녀를 데리고 우곡현(羽曲縣)에 이르러 길가에 초가집을 짓고 살았다. 부부는 병들어 거적에 눕게 되고 보니 열 살짜리 딸아이가 부모를 대신하여 집집마다 다니면서 밥을 빌어 입에 풀칠을 해야 할 형편이 되었는데 그 아이마저 어느 날 밥을 빌러 갔다가 개한테 물려 자리에 눕게 되어 이제는 밥을 빌러 다닐 사람도 없게 되었다. 부인은 눈물을 닦으면서 말했다.

"내가 처음 당신을 만났을 때는 얼굴도 아름답고 나이도 젊었으며 의복도 많고 깨끗했습니다. 한 가지 음식이라도 당신과 나누어 먹었고 얼마 안되는 의복일 망정 당신과 나누어 입으면서 함께 산 지 50년에 정이 맺어져 매우 친밀해졌으며 은애(恩愛)로 굳게 얽혀졌으니 두터운 인연이라고 할 수 있었습니다.

그러나 근년에 와서는 쇠약해져서 생긴 병이 해마다 더욱 심해지고 굶주림과 추위가 날로 더욱 닥쳐오고 곁방살이와 보잘것 없는 음식조차 남에게 빌려 먹을 수 없게 되었으니 무엇인가 달리 대책을 세워야 하겠습니다. 당신은 나 때문에 괴로움을 받고 나는 당신 때문에 근심이 됩니다. 역경을 당하면 버리고 순경 있으면 친하고 하는 것은 인정상 차마 못할 일이지만 헤어지고 만나고 하는 것도 운수가 있는 것이니 어린 것들을 나누어 각기 헤어집시다." 조신도 그 생각이 옳을 것 같아서 그렇게 하기로 하고 떠나려 하니 부인이 말했다.

"저는 고향으로 가니 당신은 남쪽으로 가십시오."

막 헤어져 길을 떠나려 할 때 그만 꿈을 깨었다. 등잔불이 깜빡거리고 새벽이 다가오고 있었다. 아침이 되니 수염과 머리털은 모두 희어지고 망연하여 전혀 세상에 뜻이 없어서 사는 것도 싫어지고 한평생 신고를 겪은 것처럼 되었다. 이에 관음보살의 모습을 대하기가 부끄러워지고 잘못을 뉘우치게 되었다.

돌아와 해현령에 죽은 자식을 묻었던 곳을 파보니 돌 부처가 나왔다. 이것을 물로 씻어 부근의 절에 모셨다. 서울에 돌아와 장사의 직책을 그만두고 사재를 기울여 정토사(淨土寺)를 짓고 불도에 정진하였다고 한다.

조신스님의 꿈만 그렇겠는가. 돌이켜 보면 꿈이 아닌 것이 무엇이 있단 말인가. 마땅히 머무르는 바 없이 마음이 난다(應無所住而生其心)는 금강경 귀절에 대귀로 읊은 야보도천(冶父道天)선사의 선시가 나그네의 마음을 울리는 것은 망망대해의 바람과 파도소리 때문일까.

산당 고요한 밤 말없이 앉았으니.	山堂靜夜坐無言
적적요요함이 그대로이네	寂寂寥寥本自然
어찌하여 서풍은 임야를 울리고 지나느뇨.	何事西風動林野
한 소리 찬 기러기 긴 하늘을 울리네.	一聲寒雁唳長天

(金剛經 五家解의 冶父頌)

조신과 아름다운 여인의 사랑 이야기를 바람결에 띄워 보내고 산기슭으로 난 길을 따라 의상대에서 북쪽으로 300m 지점에 위치한 홍연암(紅連庵)으로 향했다.

홍연암 입구에 근래에 세운 관음보살의 조그만 입상과 바로 옆에 여행객의 목을 축일 수 있는 맑은 샘물이 솟아 오르고 있었다. 샘 옆에 의상대 해돋이 시비가 서 있다.

천지개벽이야
눈이 번쩍 뜨인다.
불덩이가 솟는구나
가슴이 용솟음친다.
여보게
저것 좀 보아
후끈하지 않는가.

돌로 쌓은 산비탈 계단으로 올라가면 바위암석을 뒤로 하고 동향으로 자리잡은 요사채와 높이 7.5m 폭 8m 세로 6m인 목조관음전이 나타난다. 의상이 관음을 친견하고 대나무가 솟은 곳에 지은 불전(佛殿)이 바로 이 암자라 한다. 일설(一說)에 의하면 홍연암의 유래와 전설은 신라 문무왕 12년에 의상대사께서 입산하는 도중 돌다리 위에서 이상한 청조(青鳥)를 만났는데 쫓아들어가 본즉 청조는 석굴 속으로 들어가 버리고 보이지 않았다 한다. 대사는 이상히 여겨 7일 동안 밤낮으로 기도를 드렸더니 7일 후 바다 속에서 홍련(紅連)이 솟아오르고 그 홍연 속에서 관음보살이 현신하므로 대사가 친견을 하고 심중의 소원을 말하였다 한다. 그래서 만사가 뜻대로 성취되고 무상대도(無常大道)를 얻었으므로 전해오는 얘기로는 이 굴 앞에서 지성으로 예배하면 청조가 나타난다고 하였다. 고려 명종(明宗) 15년(1185) 정기(丁己) 10월에 병마사 유자량(庾資諒)이 굴 앞에서 기도한즉 청조가 꽃을 물고 날아와 머리 위에 떨구었다 한다. (新增東國興地勝賢夯44, 襄陽佛宇洛山寺)

낙산에서 청조의 영험을 본 유자량은 그때의 심정과 신앙고백을 시 한 수로 남겨 놓았다.

바다 벼랑 지극히 높은 곳
그 가운데 낙가봉(洛迦峯)이 있네
큰 성인은 머물러도 머묾이 아니요,
넓은 문은 닫아도 닫은 것이 아닐세
명주(明珠)는 나의 욕심하는 바 아니며
청조(青鳥)는 이 사람이 만나는 것일세
다만 원하옵건데 큰 물결 위에서
친히 만월(滿月)같은 모습 뵙게 되기를

海崖高絶處　中有洛迦峯
大聖住無住　普門封不封
明珠非我欲　靑鳥是人逢
但願洪波上　觀膽滿月容

그러나 불행하게도 13세기 초 몽고군이 이곳을 침입하자 설악산에 성을 쌓고 양양일대를 수호하였으나 성이 함락되고 낙산사에 몽고군이 침입하자 낙산사의 노비 걸승(乞升)이 수정 염주와 여의주를 땅에 묻고 도망갔다가 난이 평정된 후 그것을 내전(內殿)에 보관하게 되었다 한다.

삼국유사(三國遺事)에 실린 두 성인의 불상과 두 보주(寶珠)에 관한 기록이 다음과 같이 전해지고 있다.(三國遺事) 券三, 洛山寺 二大聖觀音, 正趣, 調信

그 뒤 백여 년만에 들불이 이 산에까지 퍼져왔으나 오직 관음(觀音), 정취(正趣) 두 성인을 모신 불전만은 홀로 화재를 면했고 나머지는 모두 타버렸다.

몽고 병란 이후 계속 갑인(甲寅)년간 (1253－1254)에 두 성인의 불상과 두 보주(寶珠)를 양주성(현재의 양양)으로 옮겼다. 그해에 몽고군사가 쳐들어와 성이 장차 함락되려 했다. 이때 주지 아행(阿行)이 은합(銀盒)에 두 보주를 넣어 도망가려고 하니 절의 종 걸승(乞升)이 이것을 빼앗아 땅에 깊이 묻고 맹세하였다.

내가 만약 병란에 죽음을 면치 못한다면 두 보주는 마침내 인간 세상에 나타나지 못하여 아는 사람이 없게 되겠지만 내가 만약 죽지 않는다면 마땅히 두 보물을 받들어 나라에 바칠 것이다.

갑인(甲寅)년 (1254) 10월 22일에 성이 함락되었다. 아행은 죽음을 면하지 못했으나 걸승은 죽음을 면하여 몽고병사가 물러간뒤 두 보주를 땅 속에서 파내어 명주도(冥州道) 감창사(監倉使)에게 바쳤다. 이때 낭중(郎中)・이녹유(李祿綏)가 감창사였는데 이것을 감창고(監倉庫) 안에 보관하고 교대할 때마다 서로 이어받았다.

무오(戊午)년 (고종 45년 1258) 11월에 業業의 노숙(老宿) 기림사(祇林寺) 주지 대선사 각유(覺猷)가 조정에 아뢰었다.

「낙산사의 두 보주는 국가의 신보(神寶)입니다. 양주성이 함락할 때 절의 종 걸승이 성중에 묻어 두었다가 적병이 물러가자 파내어 감장사에게 바쳐서 명주영(冥州營) 창고 안에 간직되어 있습니다. 지금 명주성도 지킬 수 없사오니 마땅히 어부(御府)로 옮겨 두어야 할 것입니다」

임금은 허가했다. 야별초(夜別抄 ; 고려 고종 때 최우가 만든 특수 군대로서 밤에 도적을 막기 위한 특수 순찰부대) 열 명을 보내어 명주성에서 두 보주를 가져오게 하여 어부(御府)에 모셔 두었다. 그때 심부름 간 사자 열 명에게 각각 은(銀) 1근과 쌀 5석을 주었다 한다.

두 보주는 다행히 참화를 모면했지만 관음상은 이때 화(禍)를 당했다고 한다. 관음상의 존구(尊軀)는 겨우 형체만 남고 그 복장(腹藏)은 모두 몽고병에게 약탈을 당했다 한다. 복장이라는 것은 불상을 조성하고 난 후에 그 몸의 가운데 부분을 비워서 칠보(七寶)나 다라니경판(陀羅尼經板)등을 봉안(奉安)하는 것을 가리킨다. 이것은 탑의 중심부에 사리(舍利)나 보물을 안치(安置)하는 것과 마찬가지 의도로서 자주 도적들의 피해대상이 되었다고 한다.

홍연암에서 들려오는 독경 소리가 파도를 타고 귓전을 때리고 있었다. 청조가 들어갔다는 바닷가 암벽석굴 위에 자리잡은 이 암자는 현존하는 법당의 양식으로는 국내에서는 유일무일한 형태다.

법당의 마루 밑을 통해서 암벽에 노도와 같이 몰아치는 바닷물을 볼 수 있게 만들었는데 그것은 아마도 의상에게 여의주를 바친 용이 불법을 들을 수 있도록 배려한 조처 때문일 것이라 한다.

은은한 새벽 목탁 소리에 찬란한 일출로 붉게 물든 수평선을 바라보면 대자연의 장엄하고도 화려한 광경에 누구도 경탄하지 않을 수 없다.

법당에 들어서면 주불인 관세음 보살이 모셔져 있고 머리위에는 닫집과 천정 한가운데 용 두 마리가 8자를 뉘어놓은 것처럼 엉켜서 입에서 불을 뿜는 형상으로 서로 바라보고 있다. 관음상 뒤의 후불탱화에는 관세음보살의 호법신장인 남순동자가 연꽃을 들고 왼쪽에 있고 바른쪽에는 관음조(觀音鳥)가 염주를 물고 있고 그 아래에는 해상용왕이 있어 관음도량의 창건설화를 얘기하고 있는 것 같다.

홍련암은 정결하고 엄숙한 분위기를 풍기는 암자로 소원 성취가 잘 이루어지는 영험한 기도처로써 유명하다. 또한 이곳에는 원효대사가 창간한 영혈사(靈穴寺)의 영천(靈泉)과 홍연암의 샘물에 얽힌 전설이 전해내려오고 있는 도량이다.

양양군 화일리 설악산 동남방 관모봉(冠帽逢) 기슭에 영혈사라는 절이 있다. 이 절은 신라 신문왕 때 원효대사(元曉大師)가 창건한 절이다. 대사가 이곳에 와서 산세(山勢)를 둘러보니 절터로는 안성맞춤이나 물이 없었다. 절 근처에 물이 날만한 곳을 찾아보았으나 물이 나오지 아니하여 식수 때문에 폐사(廢寺)할 형편이었다 한다. 대사는 간절하게 부처님께 샘을 가르쳐 달라고 기도를 올렸다. 그러던 어느 날 대사의 꿈에 백발노인이 나타나 이 절 근처 한 곳을 일러주며 그곳을 파면 물 맛이 좋은 샘이 나올 것이니 거기를 파라. 이 샘은 그대의 정성에 부응하여 솟은 샘이니 보통 샘과는 다르다. 뿐만 아니라 아무리 가물거나 장마가 져도 이 샘은 그 수량에 변동이 없을 것이다. 그러나 샘줄이 다른 곳으로 갈리어 가면 이 샘의 물도 줄거니와 이 절도 크게 번성치는 못할 것이라고 일러주고 어디론가 사라지고 말았다 한다. 꿈에서 깨어난 대사는 백발노인이 일러주던 장소에 가서 팠더니 맑은 물이 솟아났다.

그러나 그 샘은 일정한 양 이상은 나오지도 아니하거니와 아무리 많이 써도 마르지 아니하였다. 장마나 가뭄에도 수량에 변동이 없어 영천(靈泉)이라 이름을 짓게 되었고 이 절을 영혈사라 부르게 되었다. 원효대사는 이곳에서 절을 이룩한 뒤 낙산사에 가서 한때 홍련암에 기거하고 있었다. 이 암자에 식수가 없어 낙산 본사의 샘물을 길어다 먹는 불편이 이만저만 아니었다. 대사는 이곳을 찾아드는 신도와 승려의 불편을 덜기 위하여 샘을 하나 찾아야 하겠다고 며칠을 두고 근처를 파보았으나 샘은 나오지 않았다 한다. 그러던 어느 날 꿈에 전에 영혈사에서 샘 때문에 고생할 때 찾아왔던 그 노인이 다시 나타나서 "바로 그 홍연암에 샘터가 있다"고 일러주고는 "그러나 그 물줄기는 영천에서 오는 것이기 때문에 영천 물이 반으로 줄 것이다"라고 알려주었다. 다음 날 대사는 일러준 곳을 팠더니 맑은 샘이 나왔다. 반가워 샘물을 떠서 마셔보니 영천의 샘물과 물맛이 꼭 같았다. 이 샘이 지금도 바로 홍연암 옆에 있는 그 샘이라 전하고 있다. 대사는 처음 홍연암 샘을 보고 영천의 샘과 물맛이 같기에 옛날 영천샘을 팔 때 꿈에 나타났던 "이 샘물이 다른데 갈리어 가면 이 절은 번창할 수 없다"던 생각이 머리에 떠올랐다. 낙산사는 큰 사찰이니 더 번창하지 않아도 좋고 이 홍연암도 식수가 불편하기는 하나 견디면 견딜만하다. 그렇지만 모처럼 세워놓은 영혈사가 번창하지 않아서는 아니되겠다고 생각하고 홍연암 샘물을 막아버리기로 작정했다.

그러나 아무리 힘써 막아도 한번 터진 샘은 여전히 흘러나와 할 수 없이 다시 파 놓았다. 다음 날 대사는 영천의 물이 정말로 줄었는가를 알기 위하여 영혈사에 가보았다 한다. 영혈사에 이르니 그곳 스님이 울상이 되어 "어제 갑자기 영천의 샘물이 반으로 줄어들어 겨우 이 절 스님들의 식수를 이어줄 정도밖에 안되어 밖에서 오는 신도나 외부인을 받을 수 없게 되었으니 이제 이 절이 번창한 큰 사찰이 되기는 다 틀렸다"고 말하였다. 대사가 이 말을 듣고 영천에 가보니 과연 반으로 줄어 있어 뉘우쳐지는 바 없지 않으나 별도리가 없다고 홀로 탄식하였다 한다. 그 뒤 영혈사는 크게 번창하지 못한 채 지금도 그 명맥만을 이어가고 있다 한다.

홍연암

홍연암에서 오른쪽 산비탈을 타고 좁은 산길을 따라 올라가면 의상대와 홍연암 중간쯤 되는 산 중턱에 커다란 사리탑이 동해를 바라보면서 있다. 위치가 잘 알려져 있지 않아 찾는 이가 거의 없다.

이 탑은 강원도 유형문화재 제75호로 조선 숙종(肅宗) 18년(1692)에 조성한 것으로 8각 원당형(八角圓堂形)을 기본으로 하고 있는 부도탑(浮圖塔)이다. 구조는 장대석(長臺石)으로 지대석(地臺石)을 짜고, 하대(下臺)는 8각으로 측면에 안상(眼像)을 마련하고 그 속에 태주문을 조각하였으며 그 상부에는 16판의 복련(覆連)으로 받치고 그 위의 측면에는 안상이 있으며 안상내에는 범자(梵字)를 음각(陰刻)하였고 탑신(塔身)은 구형(球形)이다.

해수관음보살

옥개(屋蓋)는 8각인데 상륜부(相輪部)는 복발(復鉢), 보륜(寶輪), 보주(寶珠)이다. 옥개(屋蓋)는 8각인데 상륜부(相輪部)는 복발(復鉢), 보륜(寶輪), 보주(寶珠)를 한돌(一石)에 조각하였다.

전하는 바에 의하면 탑자리는 닭이 알을 품는 형국이라 하며 숙종 9년(1683)에 홍연암에서 도금불사(鍍金佛事)를 거행할 때 서기(瑞氣)가 가득차더니 공중에서 영롱한 구슬이 떨어졌는데 유리와 같은 광채를 내었다 한다. 비구 석겸(釋謙)등이 대원(大願)을 세우고 이 탑을 쌓고 구슬을 간직했다고 한다.

산등성이를 넘어 작은 오솔길을 따라가면 해수관음보살상으로 가는 길목이 나타난다. 넓고 긴 골 계단을 오르면 석층계단 양옆엔 해태를 조각한 석상이 서 있고 불교용품을 파는 선물가게와 그 옆에 커다란 거북석상등 위에 검은돌로 만든 비석에 해수관음조성 연기비가 음각으로 조각되어 있다.

해수관음상의 넓은 석층계단 좌우에 용을 장식한 화강암 조각과 연꽃무늬 장식이 시선을 끈다. 신발을 벗고 오르면 깨끗한 대리석바닥 양옆에 커다란 석등과 가운데 두 마리 용으로 장식한 복전함이 있다. 5년간 걸쳐 무려 750톤의 석재를 사용한 낙산사 해수관음입상(海水觀音立像)은 높이 16m, 둘레 3.3m, 좌대넓이 6m²로서 단일불상으로는 동양최대이며 좌대의 앞부분은 쌍용상(雙龍像), 뒷부분은 비천상(飛天像), 양옆으로 사천왕상(四天王像)이 조각되어 있으며 그 위에 한송이 연꽃봉우리(蓮逢) 위에 성상을 안치하였다.

관음상은 왼편손에는 감로수병을 받쳐들고 오른손은 부드럽고 주름져 감미로운 곡선을 그리며 늘어뜨린 천의(天衣)자락을 살짝 잡고 있으며 미간(眉間)에는 백호(白豪)를 박아 온누리에 퍼지는 자비의 광명을 상징하고 있다.

보살의 명칭(석굴암 십일면 관음상)

韓國佛教美術大典, p.243

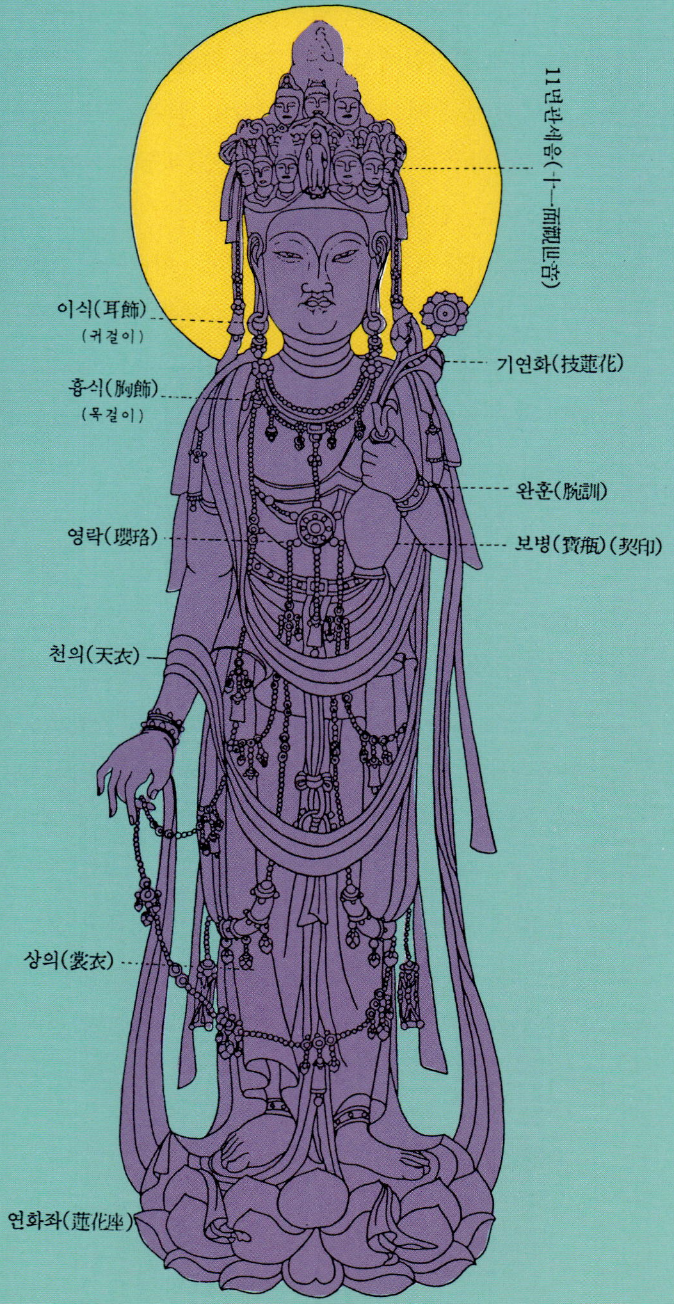

관음상은 낙산사 신선봉(神仙峯) 위에 세워졌는데 풍화(風化)를 방지하고 햇볕을 많이 받게 하기 위해 동남방향으로 건립하였다 한다. 중생의 아픔과 번뇌를 감싸는 듯한 온화한 미소를 머금은 채 망망한 동해를 지그시 굽어보고 있다. 크기에서뿐만 아니라 원만한 모습과 균형 잡힌 체감미 등 근래에 보기드문 수작(秀作)이라 하겠다.

해변가 쪽으로 나서면 저 아래 의상대 지붕과 관음송이 보이고 해변의 비상도로와 연결해 있는 바위섬과 끊임없이 출렁이는 파도를 타고 갈매기들이 바람을 가르고 있다. 해수관음상 뒤로는 태백산의 준령들이 병풍처럼 둘러쳐져 있고 동남쪽으로 난 계단을 따라 내려가면 산허리에 법당이 한 채 있다. 이 법당은 두 겹으로 된 큰 유리창을 통해서 해수관음상의 상체를 잘 볼 수 있게 만들어져 예불을 보게 만들어져 있다. 창문을 통해 해수관음보살상을 바라보면서 그 옛날 임진왜란을 맞아 관음상과 함께 잿더미로 변해버린 정취전(正趣殿)과 정취보살상을 생각해 보았다. 범일국사와 정취보살에 얽힌 전설만이 오봉산 기슭에 잠들어 있다.

낙산사와 인연이 깊은 고승(高僧) 가운데 신라시대의 승려로 범일(梵日)이라는 분이 있다. 속성(俗性)은 金씨이고 계림(鷄林)의 호족출신으로 15세에 스님이 되어 20세에 비구계를 받았다. 태화년간(太和年間)에 당나라에 가서 명주(明州) 개국사(開國寺) 등에서 선법을 수련하였고 문성왕 9년(847)에 귀국하여 명주에 굴산사(崛山寺)를 창건하고 개조(開祖)가 되고 굴산조사라는 명칭을 얻은 분이다.

명주군 구정면 학산리에 지금은 빈터만 남기고 있는 신라시대의 대찰(大刹) 굴산사의 창건주인 범일대사가 태화년간(827~835)에 당나라에 가서 그곳 명주 땅에 있는 개국사에서 법회(法會)에 참석했을 때의 일이다. 천하의 명승들이 많이 참석하였는데 그 법회 맨 끝자리에 왼쪽귀(耳)가 없는 스님 한 사람이 앉아 있다가 범일국사를 보더니 "스님은 동해 신라에서 오시지 아니하였습니까? 저도 신라에서 왔습니다. 만리 이국에서 이렇게 대사를 뵈올 수 있어 반갑습니다" 하고 인사를 걸어왔다.

범일도 인사를 한 뒤에 그 스님이 살고 있는 곳을 물었더니 명주(溟州)와 접경인 익령현 덕기방(翼領縣德耆坊)이라는 곳에 살고 있습니다. 조사께서 후일에 본국으로 돌아가시면 반드시 제 집을 지어 주셔야 하겠습니다.

이윽고 범일은 여러 스승을 찾아 공부하다가 염관에게서 법을 얻고 회창(會昌) 7년 정묘(丁卯 ; 847)에 고국으로 돌아왔다. 신라에 돌아와 명주(현재강릉) 땅에 와서 굴산사(崛山寺)를 세워 포교에 열중하느라 당나라에서 만난 스님의 일을 까맣게 잊고 있었다. 대중(大中) 12년 무인(戊寅 ; 858) 2월 15일 밤 꿈에 전에 보았던 스님이 창문 밑에 와서 말했다.

"전에 명주 개국사에서 조사와 언약이 있어 이미 승낙을 얻었는데 어찌 실천이 늦습니까?" 대사는 꿈에서 깨어 자기의 불신을 뉘우치고 그 스님을 찾아 길을 떠났다. 범일 일행이 익령(翼領)지경에 가서 어떤 부인에게 그들이 찾아가는 덕기방(德耆坊)이 어디냐고 물었더니 그 부인이 "덕기방이라고 하는 곳은 어디인지 알 수 없으나 이상한 일도 다 있네 내 이름이 덕기인데"라고 혼자말로 중얼거렸다. 범일은 부인의 이름이 덕기라는 말에 이상한 생각이 들어 그 부인에게 부인의 생활과 근황까지 자세히 물어보았다. 부인은 묻는 말에 자세히 대답하더니 "제게 8살 난 아들이 하나 있는데 그 나이의 아이들 하고 놀지 않고 매일 南村가는 돌다리 위에서 혼자 놀다 와서는 이상한 이야기를 하는데 혹 정신에 이상이 생긴거나 아닌지 걱정입니다. 대사께서는 道를 얻었을 것이니 이 아이의 이상한 행동이 왜 생겼으며 어떻게 하면 고칠 수 있을는지 그것을 알고 계시거든 가르쳐 주십시오"라고 했다. 대사도 기이하여 그 아이가 돌다리에서 종일 놀다가 돌아와서 한다는 이상한 이야기가 어떤 것이냐고 물었더니 "몸이 금색으로 된 동자하고 논다"고 이야기 한다고 하는 것이었다. 범일은 아이를 데리고 돌다리에 가서 찾아 보았으나 아무도 없고 돌다리 밑에 물이 괸 웅덩이가 있을 뿐이다.

범일은 사람을 시켜 그 웅덩이를 파보라 하였다. 얼마 파지 아니하여 그곳에서 불상 하나가 나왔는데 황옥으로 된 누런색의 돌부처였다. 돌부처를 물에 잘 씻어보니 왼쪽 귀가 떨어져 없을 뿐 다른데는 한군데도 손상된 곳이 없어 자세히 살펴보니 범일이 당나라에서 만났던 왼쪽귀가 없던 스님과 꼭 같았다. 이것이 곧 정취보살(正趣菩薩)의 불상이었다. 이에 점치는 댓조각을 만들어 절지을 곳을 점쳐보니 낙산위가 좋다 하므로 불전(佛殿) 세 칸을 지어 정취보살의 불상을 모셨다고 한다.

신선봉 해수관음상에서 내려와 의상대를 지나 후문 매표소 쪽으로 발길을 돌렸다. 오른쪽 산정에 낙산비치호텔이 있고 큰 돌담장과 담쟁이 덩굴이 바람에 흔들리고 있었다. 바닷가 송림 사이로 횟집들과 숙박시설들이 늘어서 있고 여행객들이 해변가에 나와 바다를 음미하고 있다. 낙산해수욕장은 주변의 빼어난 자연 경관과 유적이 많아 동해안 제일의 해수욕장으로 명성이 높은 곳이다. 긴 백사장과 송림으로 우거진 해안 일대는 바다와 문화유적을 함께 감상할 수 있는 보기 드문 명소다. 해수(海水)는 맑고 얕으며 조개가 많아 조개 줍는 즐거움이 피서객들의 홍미를 돋운다. 맑은 남대천 하류의 담수가 흐르며 해수와 교차하여 해수욕장으로서 최적지이다.

해변가에 다정하게 손을 잡고 있는 연인들의 즐거운 모습을 바라보면서 1300여 년 전 한 여인의 아름답고 숭고한 사랑이야기를 떠올려본다.

보타전 바깥벽화에 그려진 의상의 일대기를 보면서 유독 아름다운 한 낭자의 탱화가 스크린처럼 선명하게 떠올라 내내 지워지지 않는 것은, 세상에서 이룰 수 없는 가슴 저미는 사랑이야기 때문만일까. 진열장에 놓인 상품을 감상하며 동전 몇 닢을 넣고 자판기에서 물건뽑듯 인스탄트시대의 사랑 방식을 생각하면 웬지 고개 숙여지고 가슴 뭉클한 천년의 향기를 맡는 그런 기분 때문일 것이다.

북송의 찬영(贊寧)이 988년에 쓴 송고승전(宋高僧傳)의 의상전에 선묘(善妙) 낭자와의 애틋한 사랑이야기가 설화(說話)로 전해진다.

의상은 그의 속성(俗性)이 박씨로서, 신라의 서울 경주 사람이다. 어려서부터 영특하고 뛰어났으며 자라는 과정에 그는 구도적(求道的)인 천성(天性)이 역력했다.

나이 스무살 때, 마침 당나라에서는 화엄교학(華嚴教學)이 한창이라는 소문을 듣고 원효법사와 함께 입당구법(入唐求法)의 길에 올랐다. 그들이 신라의 해안 당주계(唐州界)까지 다달아 큰 배를 구하여 바다를 건너려 할 때에 큰 비를 만났다. 그들은 길가의 움집으로 들어가 일시 비를 피했는데 이튿날 아침에 깨어보니 그곳은 움집이 아니라 옛무덤이며 옆에는 해골이 뒹굴고 있었다. 그 다음날도 하늘은 시커멓게 뒤덮이고 땅은 질어 한걸음도 앞으로 나아갈 수가 없었다. 할 수 없이 바위틈의 벽에 기대어 하룻밤을 더 보내는데 별안간 귀신이 나타나 놀라기도 하였다.

원효가 탄식을 하며,

"전날에는 무덤을 토굴이라고 생각하고 잤는데 편안히 잘 수 있었고, 오늘밤에는 그곳을 피해 잤는데 귀신이 넘나드는 변을 당했다. 생각에 따라 갖가지 일이 생기고, 생각을 없애니까 토굴이니 무덤이니 하는 구별이 없어진다. 이 세상 모든 것이 다 마음가짐 하나 탓이다. 이 마음 외에는 또 무슨 진리가 있으리요. 나는 당으로 건너가지 않겠소"라고 한 것이 이때의 일이다.

원효가 짐을 메고 다시 신라를 향해 돌아설 때 의상은 홀로 죽음을 무릅쓰고 유학길을 떠났다.

총장(總章) 2년에 상선을 타고 바다를 건너 등주(登州)해안에 도달했다. 의상은 한 신도집에 머무르게 되었는데 그 집에는 선묘(善妙)라는 이름의 한 아름다운 딸이 있었다. 그녀는 의상의 용모가 매우 뛰어남을 보고 갑자기 도심(道心)을 일으켜 그 앞에서 다음과 같이 대원(大願)을 발(發)했다.

"世世生生에 스님께 귀명(歸命)하겠습니다. 대승(大乘)을 배워 익히고 대사(大事)를 성취하겠습니다. 제자는 반드시 시주(施主)가 되어 스님께서 필요로 하는 생활품을 바치겠나이다."

의상은 그후 장안 종남산(長安終南山)에 있는 지엄삼장(知儼三藏)에게로 가서 화엄학(華嚴學)을 배웠다. 그때 동문에는 당나라의 유명한 법장(法藏) 나중에 강장국사(康藏國師)도 있었다. 공부를 끝내자 돌아가 전법(傳法)을 해야겠다고 생각한 의상은 고국 신라로 돌아가는 먼 길에 올랐다. 다시 문등현(文登縣)에 이른 그는 그 신도집을 찾아 그동안 베풀어 준 갖가지 편의에 사의를 표명했다. 의상대사를 선창길에서 보았다는 소문을 들은 선묘 낭자가 미리 의상을 위해 준비한 법복(法服)과 그밖의 여러 가지 집기(什器)들을 함에 가득 넣어 해안에 도달했을 때 의상의 배는 이미 멀리 떠나고 있었다. 그녀는 주문을 외우며 "나의 참된 본심은 법사를 공양(供養)하는 일입니다. 원하옵건대 이 옷함이 저 배에 닿기를" 하고 옷함을 물결 속에 던졌다. 때마침 질풍이 불더니 그 옷함을 새털이 날리듯 의상이 탄 배에 닿게 하는 것이었다.

그녀는 또 맹세하기를,

"내 몸이 변해서 대룡(大龍)이 되기를 바라옵나이다. 그래서 저 배가 무사히 신라 땅에 닿아 스님이 법을 전할 수 있게 되기를 비옵니다." 하고 몸을 바다 속에 던져버렸다. 그 원력(願力)이 굽힐 수 없는 것임을 알았는지 신이 감동하여 과연 되게 해 주었다. 이 용은 혹은 떠올랐다, 혹은 물속에 잠겼다 하며 그 배 밑을 부축하여 의상을 무사히 신라의 바다에까지 도달할 수 있게 해주었다.

귀국한 후 의상은 산천을 두루 편력(遍歷)했다. 그리하여 고구려의 먼지나 백제의 바람이 미치지 못하고 말이나 소도 접근할 수 없는 곳을 찾아 "여기야말로 땅이 신령하고 산이 수려하니 참으로 법륜(法輪)을 굴릴 만한 곳이다. 권종이부(權宗異部 ; 다른 잘못된 주장을 하는 종파)의 무리들이 5백 명이나 모여 있을 까닭이 무엇이냐"라고 하였다. 의상은 또 마음속 깊이 대화엄(大華嚴)의 가르침은 복되고 선한 곳이 아니면 일으키지 말아야 한다고 생각하였다. 그때에 선묘는 항상 따라다니며 의상을 지켜주었다. 의상이 이러한 사실을 알고 있음을 선묘·대룡이 알자 허공중에 대신변(大神變)을 일으켜 커다란 바위로 변했다.

일리(一里)나 되는 바위가 되어 가람(伽藍)의 지붕 위에서 떨어질까 말까 하는 모양을 하였다. 그곳의 군승(群僧)들은 소승(小乘)에 집착한 무리들이었는데 그 돌을 보고 사방으로 흩어져 버렸다. 의상은 이 절에 들어가 겨울과 여름에 화엄경(華嚴經)을 강(講)했다. 특별히 부르지도 않았는데 많은 사람들이 모여들었다.

이상에서 인용한 것은 송고승전(宋高僧傳)에 전해오는 의상과 선묘, 그리고 부석사(浮石寺)의 창건에 얽힌 아름다운 설화다. 부석사 무량수전 우측에 부석(浮石)이라 쓴 그 바위가 떠서 날아갈 듯 놓여 있고 좌측엔 애틋한 이국의 낭자의 혼을 기리기 위한 선묘각이 있다. 일제 때 부석사를 보수할 때 무량수전 밑에 묻혀 있는 석룡(石龍)이 발견되었다 한다. 아미타불 바로 밑에서부터 머리부분이 시작하여 앞뜰 석등(石登) 아래에 그 꼬리부분이 묻혀 있는 이 석룡은 선묘화룡(善妙化龍)의 설화를 더 현실적으로 설명해 주고 있다.

세속적인 사랑의 이야기가 종교적인 지고지순의 사랑으로 승화되어 목숨을 버리면서까지 님을 향한 원망보다는 끝가지 돕겠다는 자비의 사랑, 世世生生에 스님께 귀명(歸命)하여 대승(大乘)을 배워 익히며 大事를 성취하겠다는 선묘낭자의 맹세 속에는 속되지 않는 사랑의 아름다움이 천년의 향을 사르고 있다.

아! 선묘, 선묘낭자여.

내 가슴에 핀 연꽃 한송이를 그대에게 띄어 보내리라.

28. 동해의 아름다운 포구마을 남애(南涯), 인구(仁邱) 해수욕장

강릉에서 출발하여 주문진읍을 지나면 규사공장으로 유명한 향호호수가 나타나고 바로 위에 깨끗한 백사장과 송림을 낀 지경해수욕장이 나타난다. 이곳 지경해수욕장은 주변 경관과 막국수로 유명하며 가족단위나 단체로 피서하기에 적당한 해수욕장이다. 이곳에서 조금 더 가면 화상교란 조그만 다리가 나타나고 국도에서 왼쪽 논길을 따라 북쪽으로 들어가면 유명한 입암리 막국수집이 있다.

동해안은 어느 곳이든지 해안선을 따라 차를 타고 가다보면 굽이굽이마다 경치가 수려할 뿐만 아니라 오염되지 않은 푸른 동해와 현재 강릉에서 양양까지의 4차선 도로가 확장되면 더욱더 많은 관광객들이 이곳을 찾게 될 것이다.

몇 굽이를 돌아 국도에서 조그만 다리 하나를 건너 오른쪽 해변으로 나있는 길로 들어서면 횟집으로 유명한 현남면 남애해수욕장 입구가 나타난다. 오른쪽엔 바다와 연해 있는 맑고 투명한 백사장이 펼쳐지고 도로가에는 바닷가 어촌마을이 길게 늘어서 있다. 주택가를 따라 큰 암석바위를 돌아서면 빨간 무인등대와 백색 등대가 항구의 방파제를 사이에 두고 배를 기다리고 있다. 파도 속에 잠겼다 일어서는 많은 바위들과 햇빛에 부서지는 은빛 찬란한 물결, 고기를 기다리는 낚시꾼들 저 멀리 아득한 곳에 점점히 흩어진 고깃배들, 한낮의 남애 바닷가는 아늑한 평화로움과 해변가 마을 특유의 한적한 분위기를 자아낸다.

흰 등대가 있는 방파제를 따라 걸으면 북쪽으로 반달모양의 야트막한 야산에 둘러싸인 마을 주택가 횟집들이 옹기종기 늘어서 있고 항구에 정박해 있는 고기잡이 배들이 한가로이 파도에 일렁이고 있다. 남쪽으론 해안선을 따라 강릉 주문진의 해변이 아련히 나타나고 이따금씩 통통거리는 배들의 엔진소리가 평화로운 포구마을의 정적을 깨우고 있다. 방파제가 있는 해변가엔 어부들이 그물을 손질하고 있었다. 아낙들이 자연미역 일종인 파래, 김, 고루매를 바위 위에 놓고 돌맹이를 걸러내고 있다. 이것은 국으로 끓여 먹기도 하고 부쳐서 김처럼 구워 먹는다고 한다.

능파교

바다에서 건진 싱싱한 생선회를 망망한 동해 바다를 안주삼아 초고추장에 찍어먹는 맛은 어디에서도 맛볼 수 없는 신선한 바다내음 그 자체다.

한잔의 소주는 바다의 감로수요 한 점의 회는 바다의 인삼이다. 그물과 뱃사람에게서 묻어나는 냄새는 바다의 향료다. 나는 몇 번 이곳 방파제 위에서 바다를 바라보며 어부들과 한잔의 소주를 기울이곤 했었다.

"저기 남쪽 방파제 끝에 있는 조그만 섬 이름이 무엇입니까?"

소주 한잔을 건네며 중년 어부에게 말을 건넸다. 이곳 마을 사람에게 몇 번 물어보았지만 잘 모른다고 했기 때문이다.

"양야도라고 부릅니다. 방파제를 쌓기 전에는 섬이었죠."

조그만 암석 바위 위에 소나무 몇 그루가 멋지게 솟아 있어 가고싶은 생각을 불러일으켰다. 한낮이라 조그만 어시장은 한산했고 양야도쪽으로 나 있는 방파제 위엔 그물을 말리는 비릿한 고기 썩는 냄새가 코를 찔렀다. 양야도 북서쪽 맞은편 암벽산 봉우리엔 소나무 숲에 가린 남애 서낭당이 윤곽만 보인다. 올라가보니 슬레이트 지붕에 두어 평 남짓한 사당문은 굳게 잠겨져 있었다.

방파제를 따라 양야도에 올라가니 조그만 해안 초소가 있고 북쪽으론 속초의 대포마을 외옹치와 속초 해안이 나타나고 싱그러운 파도소리 벗삼아 시 한 수 읊고싶은 그런 기분에 젖어든다.

옛날에는 양야도(陽也島)에 봉화대가 있었는데 봉화를 올려 남으로 주문진, 북으로 하조대와 연락하는 곳이라 한다. 또한 이 섬에는 기우제단이 있으며 연중행사로 1년에 두번씩 제사를 올린다. 특히 울창한 송림이 해안의 풍경을 이루어 여름한철 좋은 휴양지의 조건을 갖추고 있다.

이곳 남애 바닷가는 횟집으로 유명하여 인근에서 많은 방문객이 찾아들고 있으며 최근들어서 대형건물의 횟집들이 들어서, 마을이 많은 변화를 겪고 있다. 여름철이면 맑은 백사장과 주변의 빼어난 경관이 있어 관광명소로 각광을 받고 있다.

남애를 지나 국도를 따라 북쪽으로 올라가면 작은 호수와 현남중학교가 나타나고 좀더 지나면 바닷가에 우뚝 솟아오른 인구리(仁邱里)의 죽도(竹島)가 나타난다. 도로 양쪽을 중심으로 형성된 상가와 주택을 지나면 죽도봉으로 가는 도로가 뻗어 있다. 죽도봉을 중심으로 좌우에 맑고 깨끗한 긴 백사장이 펼쳐져 있어 해수욕장으로 각광을 받고 있다.

죽도봉으로 향하는 구불구불한 산기슭을 따라 남쪽으로 돌아가면 검푸른 물결이 암벽에 부딪쳐 물보라를 일으키고 있다. 깎아지른 암벽을 등 뒤로 조그만 암자가 동해를 굽어보고 있다. 관세음보살을 주불로 모시는 법당 천정엔 용머리 장식과 연등이 걸려 있고 옆엔 요사채로 쓰이는 현대식 양옥형태인 2층 건물이 있다.

돌아나와 가파른 시멘트 층층계단을 오르면 해안 초소가 산허리에 서 있고 그 주변에는 가는 대나무가 많이 자라고 있다. 양양에서 남방 20km 지점에 위치한 이 봉우리는 주위가 1km 높이 53m의 우뚝한 봉이다. 옛날에는 섬이었다고 전하나 지금은 육지와 연결되어 있다. 사시장철 대나무가 울창하므로 죽도(竹島)라 한다. 옛부터 이 섬의 장죽(長竹)은 강인하여 활 만드는 데 적당하므로 조선시대엔 매년 조정에 장죽을 진상하였다고 한다.

이 섬 동쪽엔 1927년 여스님이 창건한 죽도암(竹島庵)이란 암자가 있으며 방선암(訪仙庵), 농구암(弄驅岩), 연사대(鍊砂臺), 청허대(淸虛臺) 등이 있다. 봉 꼭대기에는 어느 시대인지 미상이나 왕가의 태를 묻던 태봉(胎峰)의 유적이 있으며 해상 풍경을 조망하기 좋은 곳이다. 또한 이 봉우리 정상엔 1965년 준공한 죽도정(竹島亭)이 있으며 화전객이 끊이지 않는 곳이라 한다.

죽도정의 오솔길을 따라 걸으면 해안의 철책을 따라 초소를 빙글빙글 돌게 되어 있어 북쪽에서 곧바로 정상으로 올라가는 것이 좋다.

죽도(竹島)의 절구바위 전설

현남면 인구리 바로 앞에 죽도라고 부르는 산봉(山峰)이 바닷가에 우뚝 솟아 있다. 이 산을 죽도라고 부르는 것은 산 도처에 키가 작은 대나무가 우거져 있는 탓으로 죽도라고 부르나 지금은 섬이 아니며 봉(峰)의 서쪽 맥(脈)이 해변의 백사장과 이어져 있다.

이 죽도 동쪽 해안은 큰 바위로만 되어 있고 이 바위 중에 가운데가 파여 절구 모양으로 되어 있는 것도 있다. 옛날에 마고 할미가 상제(上帝)를 섬기고 있을 때 상제가 마음 먹은 일이면 무엇이든지 이룩되는지라 상제의 권능(權能)이 부러워 그 권능이 어디에서 생기는지를 조사하기 시작했다 한다. 그러던 어느 날 상제가 큰 일을 계획해 놓고는 밀실에 들어가 큰 공만한 둥근 돌로 열심히 바위를 갈아 끝내는 그 바위에 구멍을 내놓고는 그 다음날 계획했던 일을 착수하여 무서운 권능으로 그 일을 달성하는 것을 보았다. 마고할미는 상제의 불가사의한 권능의 출처를 알고 돌을 훔쳐가지고 인간세상에 내려가면 모든 세상을 통치할 수 있을 것이다 라고 생각하고 며칠 뒤 상제가 없는 틈을 타서 그 돌을 훔쳐가지고 인간세상에 내려왔다 한다. 막상 오기는 했으나 아무데서나 갈다가 혹 사람의 눈에 띄기라도 한다면 상제에게 다시 잡혀가 벌을 받을 것이니 돌을 갈만한 마땅한 곳을 찾았다. 인적이 드문 바닷가에서 밑돌을 구하여 갈기로 하고 해안선을 따라 장소를 물색하다가 이곳 죽도에 오게 되었다.

이곳은 섬이어서 거의 인적이 없는 데다 대숲이 우거져 있어 사람에게 발견될 염려가 적고, 백사장이 아니어서 항상 파도가 바윗돌에 부딪쳐 요란한 소리를 내므로 돌 가는 소리가 파도 소리 때문에 멀리 가지도 않거니와 소리가 난다 해도 동네 사람들은 파도 소리거니 생각할 것이니 돌 가는 소리에 신경을 쓸 필요가 없고 맽돌을 할만한 돌이 얼마든지 있어 여러모로 안성맞춤이었다. 야심에 찬 마고할미는 그 바위 중에서 가장 알맞은 것을 골라 갈기 시작했다. 며칠이 걸려 바위 하나를 구유처럼 갈아 이제 겨우 끝이 나게 되었을 때 갑자기 바다가 거칠어지며 파도가 거세게 일어 물결이 마고할미가 일하고 있는 작업장까지 쳐들어와 작업도 할 수 없거니와 갈아놓은 맽돌 구멍에 물이 가득 차 더 이상 일을 할 수가 없게 되었다. 며칠을 기다려 보아도 물결은 자지 않고 상제가 잡으러 올 것같은 조바심이 나기에, 거의 끝을 보게 된 돌을 버리기는 아까우나 그렇다하여 무작정 파도가 잘 때를 기다릴 수 없어 파도가 미치지 않는 위쪽에 있는 돌을 다시 갈기 시작했다 한다. 그런데 이 돌도 거의 다 갈아 끝을 보게 될 무렵 다시 또 파도가 일어 이 돌 있는 데까지 물결이 쳐왔으므로 작업을 중단하지 않을 수 없었다. 작업을 중단한 채 물결 잘 때를 기다렸으나 전혀 잔잔해질 기색이 없었으므로 다시 위쪽으로 자리를 옮겨 다른 돌을 골라 갈기 시작했다 한다. 그러나 이곳에서도 또 전과 같은 현상이 일어나 다시 자리를 옮기지 않을 수 없게 되었다. 이렇게 여러 번 옮기다 보니 돌 하나도 끝을 맺지 못한 채 상제에게서 훔쳐온 둥근 돌이 다 닳아 쓸 수 없게 되어 마고 할미의 계획은 좌절되고 말았다 한다. 지금 죽도 동쪽 바닷가에는 구유나 절구처럼 구멍이 파여 있는 돌이 여러 개 흩어져 있는데, 이 돌들은 다 이때 마고할미가 갈다가 파도 때문에 끝을 보지 못하고 중단하여 버려놓은 돌들이라고 한다. 마고할미가 갈다 던져둔 이 돌들이 물결의 힘으로 마멸이 되어 구멍이 나면 반드시 사회에 큰 변고가 생긴다고 하여 옛날에 이곳 사람들은 사회가 어수선하면 죽도에 와서 이 돌 구멍의 상태를 살펴 이변을 예측했다고 한다. 병란(兵亂)이 일어났을 때에 이곳 돌에 구멍이 났으면 피난짐을 싸서 산중으로 피난을 가고 외병(外兵)이 쳐들어온다는 풍문이 돌고 있어도 이곳 돌에 구멍이 나 있지 않으면 재앙이 이곳까지 미치지 않을 것이라고 여기고 평상시와 같이 생활한다고 한다.

속초 양양((束草襄陽)의 연혁(沿革)

속초시가 1963년 시(市)로 승격되기 전까지 양양군 도천면(道川面)으로 양양에 속하였기 때문에 그 이전의 역사는 양양, 속초지역이 동일하며 같은 문화 행정구역이므로 동일하게 다루고자 한다.

선사시대(先史時代)

양양군은 우리 나라 태백산맥의 중앙부(正東方)에 위치하고 있으며 서쪽에 설악산이 솟아 있고 동쪽에 동해가 펼쳐져 있다. 그 가운데로 남대천이 흐르면서 유역평야지대를 형성하고 있다. 또한 기후가 온화하여 사람이 살기 좋았으므로 일찍부터 문화가 크게 발전하였다. 시베리아 연해주와 우리 나라의 동해안으로 이어지는 신석기 문화보다 무려 1천년 내지 2천여 년 앞서는 문화가 형성되었다.

양양군 손양면(巽陽面) 도화리(桃花里)의 지표면(地表面)에서 구석기 시대의 대표적인 표준 유물인 주먹 도끼와 자르개 50여 점을 포함한 "아슬리 앙" 문화계통의 석기(石器) 1천여 점이 한꺼번에 발견되어 이 지역이 우리 나라 최대최고(最大最古)의 구석기 유적일 가능성을 안겨 주고 있다.

양양 오산리(鰲山里)는 1981년부터 1986년까지 서울대에서 쌍호(雙湖) 동편 모래 언덕을 발굴한 결과 우리 나라에서 가장 연대가 앞서는 신석기시대 유적지임이 밝혀졌다. 주거지에서 출토한 목탄의 연대 측정 결과 B.C 6,000년, 즉 지금부터 8,000년 전의 유적임이 밝혀졌다. 유물로는 점토제 안면조각상(粘土製顔面彫刻像), 조합식어구(組合式漁具) 흑요석제도기(黑曜石製刃器), 마제석부(磨製石斧), 돌톱, 돌화살촉, 어망추(魚網錘), 빗살무늬 토기(櫛文土器) 덧무늬 토기 등이 출토되었다. 흑요석(黑曜石)은 형광 X선과 분석결과 그 원산지가 백두산 지역임이 밝혀져 당시 사람들의 이동 경로를 밝혀주는 중요한 자료로 평가되고 있다.

92년 5월 속초시 조양동 택지 개발지역 5,000여 평에서 발굴된 청동기 시대의 집터와 고인돌은 선사시대의 집구조, 신석기와 청동기 문화의 전환기, 만주요녕성 문화의 한반도 확산 경로 등의 연구에 귀중한 자료로 평가되고 있다.

B.C 8~7세기로 추정되는 집터의 가장 큰 규모는 동서 길이 12.3m 폭 6m면적 23평에 풍화(風化)된 암반(岩盤)을 파서 만든 움집 형태로 기둥 구멍, 화덕자리 등이 원형 그대로 보존되어 있다. 유적지에는 빗살무늬 토기, 민무늬 토기, 돌칼, 돌도끼, 돌화살촉, 돌가락 바퀴, 돌그물추편 등 1백여 점이 발굴되었고 문화부에 의해 선사유적 사적 376호로 지정되었다.

양양군 가평리(柯坪理) 주거지(住居地)는 1978년 양양군의 남대천 유역을 대상으로 한 지표(地表) 조사중 오산리 즐문토기(櫛文土地) 유적과 범부리(凡阜里) 지석묘 등과 함께 처음 발견된 유적이다. 유적이 위치하는 가평리의 해안사구(海岸砂丘) 구릉지대(丘陵地帶)에는 호수가 매몰되어 저습지가 된 곳이 군데군데 남아 있는데 사구일대(砂丘一帶)에는 무문토기편(無文土器片)과 김해식토기편(金海式土器片)이 널리 산재되어 있는 것이 발견되고 1983년 8월 1일부터 8월 29일까지 발굴 작업결과 초기 철기시대의 주거지가 2基 발견되어 학계에 많은 관심을 모았다. 그밖의 청동기 시대의 유물이나 고인돌(支石墓)들의 유물들이 여러 곳에 산재해 있다.

예국시대(濊國時代)

청동기 시대에서 철기시대에 걸쳐 만주에서 부침했던 왕국들 중에 그 이름과 명맥을 한반도로 옮겨와 유지한 나라가 영서지방의 맥국(貊國) 영동지방의 예국(濊國)이다.

초기 국가로 강원도 동해안에는 동예(東濊)라는 나라가 형성되었고 청동기 시대 이후 지배, 피지배 관계가 나타나고 이것이 발전하여 정치권력과 경제력을 가진 지배자, 즉 군장(君長)이 지배하는 군장사회의 국가가 형성된다. 군장국가(君長國家)는 연맹왕국(聯盟王國)의 과정을 거쳐 중앙집권 국가인 고대왕국(古代王國)으로 발전하게 된다. 연맹왕국에서 족장(族長)들이 자기 부족에 대한 독자적인 통치권을 가지고 있는 데 반하여 고대 왕국에서는 왕이 넓은 영토를 직접 통치하였다. 동예는 군장국가 내지 연맹왕국 단계의 국가였고 중앙집권 국가로 발전하지 못하고 고구려의 국력 신장과 남하로 인하여 고구려(高句麗)에 병합되었다.

삼국(三國) 및 통일신라시대

고구려는 2세기 태조왕(太祖王) 때 벌써 함경도 동해안 지역의 옥저(沃沮)를 정복했다. 4세기 말 광개토대왕(廣開土大王) 때 광대한 영토를 가진 제국으로 성장하였고 신라에 침입한 왜(倭)를 격퇴시켰고 동예(東濊)는 고구려의 영토로 편입되었다.

고구려 때 양양의 이름은 익현현(翼峴縣) 다른 말로 이문현(伊文縣)이었다. 간성(杆城)은 수성군(守城郡) 일명 가라홀(加羅忽)이었다.

신라(新羅)의 북상에 따라 동예지역은 신라에 편입된다. 신라 진흥왕(眞興王) 12년(551년)에 신라가 고구려의 10군(郡)을 취했다는 기록이 있다.

「〈三國史記〉 券4 新羅本紀 眞興王 12年條, 王命居柒夫等 侵高句麗 乘勝十郡」

또 진흥왕 17년(556년)에 함경남도 안변(安邊)에 비렬홀주(比列忽州)를 설치한다는 기록이 있다.

「〈三國史記〉 券4 新羅本紀 眞興王 17年條, 秋七月置 比列忽州以 沙食成宗爲君主」

이것을 미루어 보아 진흥왕 12년(551년)부터 이거나 늦어도 진흥왕 17년(556년)부터는 신라에 속한 것으로 추정해 볼 수 있다.

통일 신라시대에는 양양은 익현(翼峴)에서 익령(翼嶺)으로 고쳐졌고 간성(杆成)은 슈성에서 수성(守城)으로 고쳐져 9주(州)중 명주(溟州)에 속하였다. 명주의 중심지는 현재의 강릉이고 명주의 영역은 오늘날의 영동지역(嶺東地域)과 거의 비슷했다. 통일 후 신라는 문무왕(文武王) 때부터 시작하여 신문왕(神文王) 7년(687년)까지 지방제도에 대한 일대 개혁을 단행하여 9주(州) 5소경(小京)으로 완성하였고 경덕왕(景德王) 16년(757년)에는 주(州) 군(郡) 현(縣)의 이름을 당(唐)식으로 개명하였다. 주(州)에는 오늘날 도지사(道知事)격으로 총관(總管) 후에는 도독(都督)이 있었고 (통일 전에는 軍主라고 하였음) 군(郡)에는 태수(太守), 현(縣)에는 현령(縣令)이 설치되어 있었다.

고려시대(高麗時代)

고려는 신라말에 지방에서 성장한 호족(豪族)들이 연합하여 건설한 나라였다. 고려는 태조(太祖) 19년(936년)에 후백제와 후고구려를 완전히 통일한 후 광종(光宗) 24년(973년)부터 외침에 대비하여 東北東의 변방 여러 곳에 성(城)을 쌓기 시작하여 목종(穆宗) 10년(1007년)에는 익령현(翼嶺縣), 즉 양양에 성을 쌓았다.

성종(成宗) 2년(983년)에 최초로 전국 주요 지점에 12목(牧)이 설치되어 이때부터 지방관이 파견되기 시작했고 성종 14년(995년)에 10도(道)가 설치되었는데 강원도 지역은 대부분 삭방도(朔方道)에 속했다.

그 후 현종(縣宗) 9년(1018년)에는 4도호(都護), 8목(牧) 56지주군사(知州軍事), 28진장(鎭將) 20현령(縣令)을 설치하여 지방관을 파견함으로써 중앙의 행정력이 비로소 군, 현급의 행정단위에까지 직접 침투하게 되었다.

고려사(高麗史) 지리지(地理志), 동국 여지승람(東國輿地勝覽)등의 기록에 의하면 오늘날의 양양인 익령현(翼嶺縣)은 현재의 양양군 현남면 동산리(銅山里)에 있었던 동산현(洞山縣)을 속현(屬縣)으로 거느리고 있었고 신라의 수성군(守城郡)이었던 간성(杆成)에도 고려시대에 간성현(杆成縣)이 있었는데 오늘날 고성군 현내면(縣內面) 산학리(山鶴里)에 있었던 열산현(列山縣)을 속현(屬縣)으로 거느리고 있었다.

그후 익령현은 고종(高宗) 4년(1217년)에 몽고에 쫓긴 거란(契丹)의 침입을 잘 격퇴한 공으로 양주 방어사(襄州防禦使)로 승격되었다. 고을 이름은 襄州이고 지방관은 방어사가 되었다. 그후 고종 40년(1253)에는 몽고에게 항복함으로써 고종 41년에 현(縣)으로 강등되었다가 다시 고종 44년 (1257년) 덕령감무(德寧監務)로 강등된다. 고을 이름은 덕령(德寧)이고 감무(監務)는 수령 중 최하급으로 조선시대의 현감에 해당된다.

원종(元宗) 1년에 (1260년) 지양주사(知襄主事)로 고을 이름은 양주(襄州)이고 수령은 지사(知事)로 회복되었다.

간성현은 그후 간성군으로 승격되어 고성현까지 관장하였으나 공양왕 원년에 다시 분리되었다. 고려시대에 간성은 대체로 간성현(杆成縣)이었다.

고구려	신라		고려		조선	현재
승산현 일명 소물달	수성군	동산현	간성현 후에 간성군	열산현 일명 봉산		고성군
슈성군 일명 가라홀		수성군		간성현 후에 간성군		속초시
익현현 일명 이문현		익령현	익령현 후에 양주	익령현 후에 양주	양양도호부	양양군
혈산현	명주	동산현		동산현		

조선시대(朝鮮時代)

조선시대에 들어오면서 행정구역이 조정 개편이 되어 태종(太宗) 13년(1413년) 8도(道)제가 완성되었다. 강원도(江原道)라는 이름은 태조 4년(1395년)에 충청도에 소속되었던 원주(原州)를 이곳으로 옮겨 감영(監營) 소재지로 하고 이전의 명칭인 교주 강릉도(交州 江陵道)에서 江陵의 江자와 原州의 原자를 따서 江原道로 개칭하면서 비롯되었다. 그후 일시적으로 현종(縣宗) 7년부터 원양도(原襄道), 숙종 9년(1683년)부터 28년(1702년)까지 강양도(江襄道), 영조(英租) 11년(1735년)부터 14년까지 강춘도(江春道) 정조 6년(1782년)부터 15년(1791년)까지 원춘도(原春道)로 개칭된 적이 있었을 뿐 그 외에는 계속 강원도(江原道)로 불리워 졌다.

태조 6년에(1397년) 임금님의 외가고을이라는 이유로 부(符)로 승격되었고 (임금님은 太祖 李成桂의 高祖父인 穆祖 李安社) 태종 13년(1413년)에는 도호부(都護府)가 되었다. 이어 태종 16년(1416년)에는 양주에서 양양(襄陽)으로 개칭되었다. 그 후 일시적으로 광해군(光害郡) 10년(1618년)부터 인조(仁祖) 1년(1623년)까지, 숙종(肅宗) 14년(1688년)부터 숙종 23년까지, 정조(正租) 7년(1783년)부터 16년(1792년)까지 현(縣)으로 강등되었을 뿐 계속 양양 도호부로 존속되었다.

그 후 우리 나라 근대화의 분수령을 이룬 1895년 갑오경장(甲午更張) 때, 칙령(勅令) 제98호로 종래의 8도 제도가 폐지되고 23부제가 실시됨에 따라 江原道에서 강릉부(江陵府)에 속하게 되고 종래의 부(府), 목(牧), 군(郡) 현(縣)이 군(郡)으로 통합됨에 따라 양양군(襄陽郡)으로 고쳐졌다.

양양 도호부는 부내면(部内面), 동면(東面), 부남면(部南面), 서면(西面), 남면(南面), 현북면(縣北面), 현남면(縣南面), 위산면(位山面), 사현면(沙縣面), 강선면(降仙面), 도문면(道門面), 소천면(所川面)의 12면으로 되어 있었다. 그중 도문면과 소천면이 현재의 속초시(束草市) 지역에 해당된다. 도문면에는 상도문리(上道門里), 하도문리(下道門里), 물치리(勿淄里), 대포리(大浦里), 옹진리(甕津里), 신흥사(神興社)가 속했고 소천면(所川面)에는 논산리(論山里), 부월리(扶月里), 속초리(束草里), 속진리(束津里)가 있었다.

한편 장사동(章沙洞) 지역은 양양 도호부 관할이 아니고 간성군(杆成郡) 토성면(土城面) 소속이었다. 현재의 남한 고성군(高城郡)은 조선시대 간성군의 영역과 거의 일치한다. 간성은 고려시대 후기 이래 간성군이었다. 그럼에도 군명(郡名)이 고성으로 되어 있는 것은 일제시대 초기인 1919년 간성군을 없애고 그 대부분을 고성군에 병합시킨 데서 비롯된다.

일제 시대와 해방 이후

우리 주권을 강탈한 일제는 식민지 통치의 중추기관으로 서울에 조선총독부를 설치하고 입법 행정 사법 및 군대통수권 등을 가진 총독을 파견하여 통치하였다.

지방행정제도도 차차 정비하기 시작하여 1914년 3월 1일 부령(府令) 제111호로 전국의 군(郡)을 317개에서 220개로, 그 밑의 면(面)은 4338개에서 2521개로 정리하였다.

이때 양양군(襄陽郡) 도문면(道門面)과 소천면(所川面)이 도천면(道川面)으로 합쳐져 오늘날 속초시(束草市)의 토대가 형성되었다. 그리고 인근의 고성군(高城郡)은 간성군(杆城郡)에 합쳐졌다. 그러나 1919년에는 반대로 간성군이 고성군에 합쳐져 간성군은 없어지고 간성군 중 토성면(土城面)과 죽왕면(竹旺面)은 양양군에 병합되었다.

당시 대포리(大浦里)는 도천면(道川面)의 소재지였고 근대화의 물결로 외지와의 교통이 활발해짐에 따라 이 고장의 문호역할을 담당한 상당히 큰 항구였다.

일제시대 후기에 오면서 청초호(青草湖)가 항구로 개발되고 청초호 북쪽에 인접한 속초리(束草里)가 커지기 시작하여 1937년 7월 1일에는 면(面)의 소재지가 대포리에서 속초리로 옮겨지고 면의 명칭도 도천면에서 속초면으로 바뀌었다.

이 때 속초는 면 이름인 동시에 동리 이름이 되었다. 1942년 10월 1일 부령(府令) 제104호로 속초면은 속초읍으로 승격되었고 동시에 속초리는 1구에서 4구까지 나눠지며 노리(盧里)에서 도리원리(桃李原里), 이목리(梨木里), 척산리(尺山里)가 분리되어 14개 里가 되었고 행정상으로는 17개 里가 되었다.

당시 양양군 소재지인 양양은 아직 면(面)이었으나 속초는 이미 읍(邑)이 되었다. 속초의 발전은 속초항(束草港)의 개발에 따라 커지기 시작하여 6·25사변후 함경도(咸鏡道) 사람들의 남하로 급격히 팽창하게 되었다.

1945년 8월 15일 일본의 패망(敗亡)과 더불어 해방을 맞이했지만 남북분단과 함께 1945년 8월 24일 소련군이 진주함으로써 속초, 양양지역은 공산 통치를 받게 되었다.

6·25동란 후 8월 18일 수복 지구로써 군정이 실시되었고, 1954년 11월 17일에 행정권이 군정(軍政)에서 민정(民政)으로 이양되어 속초는 대한민국에 속하게 되었다. 이때 다시 부월리(扶月里)에서 온정리(溫井里)가, 논산리(論山里)에서 청대리(青垈里)가 분리되었으며 束草里는 북에서 내려온 피난민의 증가로 인구가 늘어나 5區와 6區가 신설되었다. 다만, 양양군 토성면의 장천리(章川里)와 사진리(沙津里)는 1951년 10월 수복당시 일시 속초읍에 속하였다가 1954년 11월 행정구역을 재편하면서 양양군 토성면에 복귀하였다.(토성면은 1919년부터 1962년까지 양양읍에 속하였다가 그 후 고성군에 귀속되었음)

1963년 1월 1일 법률 제1176호로 속초읍은 속초시로 승격되어 16개 법정리(法定理)에 11개 연합리로 되었다. 1966년 1월 1일 12개 동으로 개편되었다. 그 후 1973년 7월 1일 행정구역 개편에 따라 (대통령령 제6542호) 고성군 토성면 장천리(章川里)와 사진리(沙津里)가 편입되어 장사동(章沙洞)이 되면서 13개 동으로 되었다.

다시 1983년 2월 15일(대통령령 제11027호)로 양양군 강현면 상복2리(上福2里)가 설악동(雪嶽洞)으로 편입됨으로써 법정동 14개 동 행정동 13개 동으로 현재에 이르고 있다. 또한 영양군은 현재 1개 읍(邑), 5개 면(面), 123개 리(里)로 되어 있다.

30. 관동팔경 청간정(清澗亭)

화암사 전경

속초 시외버스 터미널에서 영랑호 다리를 건너 차로 5분쯤 달리면 길 왼편으로 금강산 화암사(禾岩寺)로 가는 길과 해변쪽으로는 하일라 비치콘도로 가는 길이 나타난다.

화암사는 금강산 최남단의 절로서 지금부터 약 1216년(서기 769년) 신라 36대 혜공왕 5년에 진표율사가 설악산 북쪽 기슭에 창건하고 이를 화엄사(華嚴寺)라 이름하였다 한다. 화엄사 기록에 의하면 이 절은 다섯 차례나 화재를 입었다고 전한다.

이 절 남쪽에 있는 秀바위와 북쪽에 코끼리 모양의 바위가 있는데 바위의 맥이 서로 상충하는 자리에 절터가 있다. 그런데 수바위가 뿜어내는 열기를 이겨내지 못하여 여러 차례 화재를 겪었다고 전한다. 이런 연유에서 인지 지금의 절은 창건 당시 위치에서 남쪽으로 100m쯤 떨어진 장소에 있다. 화암사(禾岩寺)와 수(秀)바위 전설을 소개해 본다.

화암사 남쪽 300m 지점에 수(秀)바위라는 왕관모양의 우람한 바위가 있는데 계란 모양의 바탕 위에 왕관 모양의 또 다른 바위가 놓여 있고 윗면에는 길이 1m, 둘레 5m의 웅덩이가 있다. 이 웅덩이에는 물이 항상 고여 있어 가뭄을 당하면 웅덩이 물을 떠서 주위에 뿌리고 기우제를 올리면 비가 왔다고 전한다. 이 때문에 수바위 이름의 수(秀)자를 물수(水)라고 주장하는 사람도 있으나 바위의 생김이 뛰어나 빼어날 秀자로 보는 사람이 많다. 또한 이곳에서 창건자인 진표율사를 비롯한 이 절의 역대 스님들이 수도장으로 사용하여 왔다 한다.

화암사는 민가와 멀리 떨어져 있어 스님들이 항상 시주를 구하기가 어려웠다. 그러던 어느 날 이 절 두 스님의 꿈에 백발노인이 나타나 수바위에 조그만 구멍이 있으니 그곳을 찾아 끼니 때마다 지팡이로 세 번 흔들라고 선몽을 하였다 한다. 잠에서 깬 스님들은 아침 일찍 수바위로 달려가 꿈을 생각하며 노인이 시킨대로 했더니 두 사람분의 쌀이 쏟아져 나왔다 한다. 그 후 두 스님은 식량 걱정없이 편안히 불도에 열중하며 지낼 수 있게 되었다.

몇 년이 지난 어느 날 객승(客僧) 한 사람이 찾아와 이 절 스님들은 시주를 받지 않고도 수바위에서 나오는 쌀로 걱정없이 지냈다는 사실을 알고 객승은 세번 흔들어서 두 사람분의 쌀이 나온다면 여섯 번 흔들면 네 사람분의 쌀이 나올 것이라는 엉뚱한 생각을 하고 다음날 날이 밝기를 기다려 아침 일찍 수바위로 달려가 지팡이를 넣고 여섯 번을 흔들었다. 그러나 쌀이 나와야할 구멍에서는 엉뚱하게도 피가 나오는 것이었다. 객승의 욕심이 산신(山神)의 노여움을 샀던 것이다.

그 후부터는 수바위에서는 쌀이 나오지 않았다고 하는 전설이 전해지고 있다.

화암사로 들어가는 입구에서 5분쯤 더 달리면 송림으로 울창한 해변이 나타나며 산정에 정자가 있다. 조그만 다리를 건너면 널찍한 주차장과 청간정 휴게소가 나타난다. 휴게소 뒷뜰 돌길을 걸어 석축계단을 오르면 솔향기와 바람소리가 가슴을 시원하게 적셔준다.

고성(高城)의 관광안내

통일전망대
현내면
무송정 해수욕장
대진 해수욕장
대진
화진포 해수욕장
화진포호
거진
반암 해수욕장
거진읍
군사통제구역
향로봉
충혼탑
건봉사
간성
간성읍
공현진 해수욕장
만산
송지호 해수욕장
송지호
코레스코 콘도
오호
삼포 해수욕장
진부령
죽도 해수욕장
알프스 스키장
죽왕면
교암리 해수욕장
청간정
삼립 리조트
천진
그레이스 콘도
천진 해수욕장
화암사
하일라벨리
토성면
봉포 해수욕장
미시령
대명콘도
금장대
속초
서울, 인제, 원통
대포항
설악동
물치
강릉

설악산 골짜기에서 흘러내리는 청간천과 동해가 연접된 절벽 위에 청간정이 아담하게 자리잡고 있다. 이곳은 시인 묵객들이 찾아와 시를 읊고 풍류를 논하던 누각이다.

청간정

청간정(淸澗亭) 정자에 올라서면 왼쪽엔 작은 대나무 숲이 모여 있고 저멀리 방파제 가에 서 있는 빨간 등대가 푸른 파도 위에 선명하게 들어온다. 바다로 흘러드는 백사장 가엔 갈매기 떼들이 한가로이 무리져 모여 있다. 동쪽으로 연이어 펼쳐진 차량의 행렬들이 정적을 깨고 있다.

그 옛날 송강 정철이 누각에 올라 읊었던 관동팔경의 자취와 역사의 향기를 더듬어 본다.

지방 유형문화재 32호인 청간정은 팔각지붕의 목재로 된 누각으로 창건연대나 창건자는 알 수 없으며 조선조 중종 15년(1520) 군수 최청(崔淸)을 비롯한 역대 군수들이 중수하였다고 한다.

주위가 모두 석봉으로 되어 층층이 대를 이루고 높이도 수십길에 달하는 곳에 위치하여 동해의 파도가 암석에 부딪쳐 흰 거품을 남기며 부서져 나가는 광경은 과히 장관이었다.

특히 청간정에서 바라보는 해돋는 아침의 광경과 달뜨는 저녁의 정경은 관동팔경(關東八景)의 하나로 가히 절경이라 할 수 있다.

1884년 갑신정변에 타고 없어져 그대로 방치되었다가 일제중기(1928) 당시 면장 김용집의 발기로 지금의 정자를 재건하였으며 청간정(淸澗亭) 현판은 당시 이승만 대통령이 쓰신 친필로 현재까지 남아 있다.

파도 소리를 잠시 뒤로하고 서쪽을 바라보면 태백산맥의 준령들이 동해로 뻗어내려오는 한가운데에 특이한 모습으로 우뚝 솟아 있는 울산 바위의 자태가 몹시 인상적이다.

청간정에서 출발하여 국도를 따라 북쪽 해변으로 조금 올라가면 아야진 해수욕장이 나타나며 조금더 지나면 문암리 마을의 넓은 벌판이 펼쳐진다. 동해안을 따라 펼쳐지는 백사장은 저마다 특색이 있다.

속초에서 11km 거리에 위치한 삼포(三浦)해수욕장과 바위 위쪽에 연해 있는 백도(白島)해수욕장도 대표적인 곳 중에 하나다.

이중환의 택리지에 의하면 “동해안의 모래는 빛깔이 눈같이 희고 사람이나 말이 밟으면 소리를 내는데 그 소리가 쟁쟁하여 마치 쇳소리와 같다”고 이곳을 소개하고 있다.

특히 고성, 간성지방은 사람들에 의해 거의 오염되지 않은 지역으로 이 지방 해안은 어디를 가나 고운 모래밭과 푸른 바닷물이 어우러져서 한번 찾아온 이는 다시 찾지 않을 수 없는 빼어난 주변 경관을 가지고 있다. 특히 삼포코레스코나 하일라비치 같은 해변 콘도는 여름철이면 가장 각광을 받는 휴양처이기도 하다.

송지호

백도 해수욕장에서 조금 지나면 수심이 낮고 깨끗한 백사장으로 유명한 송지호(松池湖)해수욕장이 있다. 바다 전면에는 주위 경관이 수려한 죽도(竹島)가 가로 놓여 있다. 동해안에서는 보기 드물게 큰 섬인 죽도(竹島)는 대나무가 많이 있다 하여 竹島라 부른다고 한다.

해수욕장 뒷면에 있는 송지호 호수는 약 20만평의 큰 호수로, 호수주변을 에워싸고 있는 울창한 송림과 함께 물빛이 청명하고 수심이 일정하여 많은 고기들이 서식하는 곳으로 유명하다.

아득한 옛날에는 호수가 아닌 바다였다고 한다. 지금도 바다와 물길이 이어져 있어 도미와 전어같은 바닷물고기와 잉어같은 민물고기가 함께 산다. 호수와 해수욕장이 함께 있어 낚시와 해수욕을 즐기려는 사람들이 많이 찾아 온다.

남에서 북으로 길게 누워 있는 잔잔하고 맑은 송지호에 발을 담그고 시원한 바닷바람을 맞으면 오염되지 않은 자연의 순결한 내음이 폐부 깊숙이 스며든다.

31. 사랑의 해변 화진포(花津浦)

화진포 호수

거진읍에서 4km 북쪽에 위치한 화진포는 풍경이 수려하고 면적이 72만평 둘레 16km의 커다란 호수이다. 호수 주변엔 울창한 송림이 병풍처럼 둘러싸여 있고 포구의 기암괴석이 해변의 흰 백사장과 어울려 한폭의 그림같은 아름다운 경관을 가지고 있다.

수심이 얕고 오염되지 않아 여름철 피서지로서 으뜸이라 할 수 있다.

주변에 대형 주차시설을 비롯하여 도로와 부대시설이 잘 갖추어진 쾌적한 곳이다.

왼쪽 해변 앞 바다에 천여 평 가량의 섬이 있는데 형태가 거북이처럼 생겼다 하여 금구도(金龜島)라 부른다. 금구도는 신라시대의 수군의 기지로 사용했던 곳으로 지금도 당시 신라수군들이 돌로 참호를 구축하고 성을 쌓은 성터가 남아 있다. 지금은 이 섬에 한여름 피서지로 많은 사람들이 나룻배를 타고 건너와 해수욕을 즐기며 해초 전복 등을 따내며 피서하는 조용한 휴식처로 이용하고 있다. 예전에는 소나무 등 수목들이 많았다고 전하나 6.25동란으로 황폐해지고 지금은 대나무 숲이 우거진 가운데 몇 그루의 소나무들이 섬을 지키고 있다.

화진포앞바다 거북섬

수천년 동안 조개껍질과 바위가 부서져 만들어진 화진포는 광활하고 아름다운 호수를 끼고 있어 해수욕장으로서는 최적지로 널리 알려진 명소다. 연어, 숭어, 도미 등 갖가지 어족이 서식하고 있고 수면이 맑고 깨끗하여 사계절 내내 태공들의 발길이 끊이지 않는 낚시터로도 손꼽히는 곳이기도 하다.

전해오는 전설에 의하면 이 호수의 이름은 원래 열산호(烈山湖)로 불리워졌다 한다. 화진포 건너 마을에 열산이라는 마을이 있고 화진포 물속에 옛날의 열산현(烈山縣)이 있었다고 한다. 그런데 어느해 큰비가 내려서 열산현 마을이 송두리째 물에 떠내려가고 마을이 있던 곳에 차차 물이 잠기기 시작하여 지금의 호수가 되었다고 한다.

해당화가 피어 있는 화진포 해변가에 찾아 들면 바위 부근에 곱게 물든 단풍잎과 철새들이 떼지어 찾아와 넓은 호수에서 유유히 노니는 풍경은 가히 선경이라 할만하다. 화진포에서 거진읍 원당리와 죽정리쪽의 푸른 소나무숲을 바라보면 마치 정자를 이루고 있는 것같아 옛날에는 화진정(花津亭)이라 불렀다 한다.

떼지어 나르던 기러기가 호수에 내려앉는 모습이나, 해질녘이면 송림숲 사이로 피어오르는 저녁 짓는 굴뚝 연기가 평온한 어촌 마을을 감싸고 있는 광경은 가히 일품이라 할 수 있다.

호수와 바닷물이 만나는 지점에 새로 준공한 다리가 놓여 있는데 아직까지 출입금지를 시켜 놓아 할 수 없이 호반을 돌아나가 국도에서 화진포 콘도로 들어가는 길을 선택할 수밖에 없었다. 이 길은 군부대에서 통제하기 때문에 일반인이 들어가기는 어려운 편이다.

해변 오른쪽에는 김일성 별장쪽으로 가는 새로운 다리가 준공단계 이르렀고 소나무 숲속엔 군인들이 전용으로 쓰는 화진포 콘도가 있다. 호수는 화진포 호수의 반쪽 부분에 해당된다고 할 수 있다.

학창시절부터 여러 번 화진포 백사장을 찾았지만 산중턱에 자리잡은 김일성 별장과 호수가에 자리잡은 이승만 대통령 별장을 가보지 못한 것이 못내 아쉬웠었다.

송림 숲속에 있는 화진포 콘도에 차를 세우고 김일성 별장으로 향했다. 해변가의 철조망 옆을 지나 동쪽에 솟아 있는 산언덕 중턱 위에 부럭으로 담을 쌓고 흰색으로 벽면을 칠한 별장에 도착했다. 6.25 전에 지은 건물이라 그런지 군막사와 같은 외양에 내부를 소박하게 단장한 평범한 건물이었다.

여름철이 되어서 그런지 별장 안은 여름 휴가철의 피서를 대비하여 말끔히 수리중에 있었다.

별장 앞 나무로 만든 침상에 걸터앉아 아래를 굽어 보았다. 왼쪽으로는 화진포 백사장과 송림 너머로 호수가 보이고 정면에 푸른 소나무숲 언덕과 거북섬(금구도)의 푸른 대나무숲이 그림같은 모습으로 눈앞에 떠 있는 것같다. 뭉게구름 몇 점이 수평선 위로 피어오르고 동해의 망망대해의 푸른 물결이 얼굴이라도 비칠 듯이 투명한 빛깔로 잠들어 있다.

잠시 휴식을 취하며 본 주변의 경관은 한여름을 시원하게 보내기에는 좋은 전망이다.

좁은 오솔길을 지나 호반으로 발길을 돌렸다. 호숫가 어딘가에 이승만 대통령 별장이 있다는 얘기는 여러 번 들었지만 확인해 볼 기회가 없었다. 호수 주변을 따라 걷기도 하면서 주변에 있는 돌로 만든 이기붕 별장을 찾았지만 이대통령 별장은 찾기가 힘들었다. 위병 초소에 가서 다시 그 위치를 확인하니 화진포콘도에서 화진포교를 지나 송림숲 언덕길에 있는 별장 위치를 가르쳐 주었다. 바다와 호수를 볼 수 있는 언덕 아늑한 장소에 단층으로 지은 흰색건물을 찾았다. 뜨락엔 커다란 등나무 두 그루가 그늘을 만들고, 호숫가에서 불어오는 솔잎 스치는 바람 소리가 가슴을 적신다.

화진포해변(김일성별장)

정치가나 군인사, VIP인사들이 가끔씩 이용한다는 58평의 이대통령 별장을 바라보면서 세월의 무상함을 절감했다.

일세를 풍미했던 정치가, 독립의 아버지, 말년엔 독재자로 고국을 떠나야 했던 이대통령을 생각하며 천천히 별장 주변을 둘러보았다. 주인 없는 별장을 바라보면서 세월과 권력의 무상함을 더욱더 실감나게 했다.

우연의 일치일까 김일성 별장을 방문하고 이틀 후 그의 사망 소식을 접하였다. 연일 보도되는 그와 그의 아들에 대한 방송과 기사를 접하면서 태어난 생명체는 반드시 죽는다는 그 단순한 진리가 반세기만에 우리 민족에게 너무나 커다란 충격으로 다가왔다는 게 오히려 이상스러웠다.

절대 권력과 힘도 세월 앞에서는 한줄기 바람소리가 아닐까?

강태공

함 영 덕

갈대에 잠긴
위수강
마음 한 잎
낚시 끝에 묻다.

그림자 밟으며 떠난
마(馬)씨 부인 마음은
어디서 건질까.

황하의 심장에
곧은 낚시 꽂고
주름진 파문
소매자락 끝에
흔들리는
이슬 맺힌 눈빛

글속에 천하가
있다 한들 어찌
내일 양식과 바꿀 수
있으랴.
상흔을 낚다 보면
세월도 낚시 끝에
걸린다더냐.

32. 금강산을 굽어보는 통일전망대

통일전망대에서 본 금강산 해금강

간성읍을 지나 대대리 검문소에서 동해안 북쪽을 따라 올라가면 거진읍이 나타난다. 거진읍은 동해안 최북단의 전진 항구로 주 어종은 명태와 오징어이다. 화진포가 인접하고 있어 천혜의 관광자원과 어족이 풍부해 앞으로 개발 여지가 많은 곳이다.

거진읍에서 10분 정도 달리면 화진포 호수가 보이고 이곳에서 조금더 가면 두 갈래 길이 나타나는데 좌측은 통일전망대 우측은 대진으로 가는 길이다. 갈림길에서 5분 정도 달리면 통일전망대 초소가 나타나고 이곳에서 11km거리에 통일전망대가 있다.

통일전망대 출입신고서

구경하고 나오는 시간은 한 시간 정도면 충분하다. 통일전망대 출입증을 휴게소에서 작성하고 전망대 초소에서 허락을 받고 출발해야 한다. 양옆엔 높다란 철책이 연이어져 있어 민통선 출입금지 구역임을 실감할 수가 있다. 출발 후 5분쯤 지나면 군인들이 정문에서 보초를 서는 민통선 초소에 도착한다. 이곳에서는 신분증과 출입증을 보초에게 맡기고 통과할 수 있다.

신분증을 맡기고 민통선 마을에 들어서면 길양옆엔 제법 많은 식당들이 들어서 있고 명파국민학교를 지나서 소나무 숲으로 둘러싸인 2차선 도로를 지나면 해변가에 위치한 넓은 아스팔트 통일전망대 주차장이 나타난다.

높다란 언덕 위에 통일전망대가 있고 능선 오른쪽에 넓직한 헬기착륙장이 나타난다. 이곳에 서면 아기자기한 동해안의 그림같은 해안선과 잔잔한 바다가 펼쳐져 있다.

계단을 올라가면 "한라에서 백두까지 하나되는 그 날을 위해"라는 통일기원 표어가 선명하게 들어온다. 전망대 왼쪽엔 6.25당시 351고지 전투에서 전사한 전몰장병의 전공을 기리고자 건립한 三五一고지 전투전적비가 서 있다.

고성군 현내면 명호리에 세워진 통일전망대에서는 육안으로 금강산과 해금강을 바라볼 수가 있다. 금강산을 바라보면서 통일의 의지를 북돋우고 망향의 설움을 달래는 통일전망대와 통일안보공원 관광은 분단상태가 지속되는 한 계속될 것이다. 우리 나라 관광객 모두에게 통일의 의지를 심어주고 외국인 관광객에게는 한국의 분단 현실을 직시하는 관광이 될 것이다. 통일 전망대는 단순한 관광지가 아닌 민족통일을 성취해야 하는 통일사업의 도장화(道場化)로 승화시켜야 할 것이다.

전망대에 올라 북쪽을 바라보면 해금강 앞바다의 현종암, 북선암, 외추도, 사공바위, 부처바위가 아련한 추억 속에 잠길 듯한 아름다운 모습으로 다가오고 있다. 해변과 휴전선에 이중으로 둘러쳐진 철책선을 바라보면 내 가슴에도 겹겹이 철책을 둘러 놓은 것처럼 아쉬움과 답답함이 앞선다. 전망대 앞산 언덕에 전등으로 만든 커다란 아아치형 전광판에는 밤에만 '따뜻한 나라로'란 글자에 불이 들어온다 한다.

휴전선 안의 588고지의 3층짜리 금강산 전망대와 맞은편 북한의 356엥카고지 355 고황봉고지가 서로 마주보고 있다. 이북과 가까운 거리로는 2번째로, 적과 아군지피까지의 거리가 580m의 거리로 육성으로 부르면 확실히 몰라도 알아들을 수는 있다고 한다.

동쪽에서 서쪽을 향해 늘어선 철책선과 남쪽에서 북쪽으로 흐르는 특이한 남강이 휴전선을 흐르고 있다.

통일전망대 위엔 오백원짜리 동전을 넣으면 잠시 주변 일대와 금강산을 구경할 수 있는 망원경이 많이 설치되어 있다. 망원경을 통해 금강산을 바라보면 이북의 고지와 금강산의 일부가 선명하게 들어온다. "세금없는 나라" "미군 철거"라는 커다란 글귀가 망원경에 잡힌다.

최북단 어항, 대진항

일찍이 중국인들도 고려국에 태어나서 금강산을 보는 것이 소망이라는 「願生高麗國 一見金剛山)이란 말을 낳기까지 하였으니 해금강과 금강산 일부만이라도 볼 수 있다는데 남다른 감회에 젖게 한다.

1천만 이산가족, 고향을 지척에 둔 사람들, 통일을 기원하는 우리 모두의 염원이 집중된 통일전망대는 분단시대의 소중한 관광자원이 되고 있다. 망원경으로 휴전선 너머 바닷가의 감호 호수를 바라보면서 금강산의 선녀와 나무꾼의 전설을 떠올려 보았다.

옛날 금강산 감호부근에 마음씨 착한 나무꾼과 사냥꾼에 쫓기어 죽음을 앞둔 사슴이 있었다. 나무꾼의 은혜로 목숨을 구한 사슴은 답례로 선녀를 얻을 수 있는 장소와 날짜를 알려 주어 은혜를 갚는다는 전설의 무대인 감호를 바라보면서 동심에 젖어본다. 그러나 지금은 겹겹이 쳐진 철책너머로 휴전선을 지키는 초병의 경계어린 눈빛이 아름다운 전설을 대신하고 있는 것이 안타까울 뿐이다. 동해가엔 미륵부처 입상과 성모 마리아상이 북녘을 바라보며 고즈넉한 합장을 하고 있다.

33. 부처님 진신 치아 사리를 모신 건봉사

건봉사 부도

고성군의 중심지인 간성읍을 지나면 대대리 검문소에서 두 갈래 길이 나타나는데 오른쪽 해변을 따라가면 화진포와 통일 전망대로 가는 길이 나타난다.

서쪽인 왼편으로 북천강을 따라 올라가면 고성 주유소가 나타나는데 이곳에서 200m 정도 올라가면 우측으로 건봉사 가는 표지판과 길이 나타난다. 도로에서 건봉사까지는 9km의 거리다.

조그만 냇가와 꽤 넓은 논을 끼고 시멘트 포장 도로를 따라 차를 달린다. 바람에 벼들이 물결치고 드문드문 나타나는 집들과 전선주가 보인다. 마을 길을 따라 계속 차를 몰면 군부대가 나타나고 산계곡으로 접어들면 울창한 숲길이 전개된다.

계곡을 굽이 돌아 민간인 출입금지 구역인 산능선을 넘으면 넓은 계곡이 나타나고 왼쪽 산허리에 거대한 부도와 기념비 군락이 있다. 산기슭 위쪽과 아래쪽 두 군데로 나누어져 있으며 약 60여 개의 부도(浮屠)와 비(碑)가 있다.

건봉사 불이문

부도와 비의 군락을 바라보면서 건봉사를 전국 4대 사찰의 본사로서의 그 옛날의 모습을 새삼 떠올려 보지 않을 수 없었다. 부도 바로 앞에 두갈래의 길이 있는데 이 지역은 민통선 북방지역이므로 건봉사로 가는 길은 사찰내에 한하여 자유로이 이용하고, 경고 표시된 철조망 외부 지역은 작전상 출입통제 지역으로 구분되어 있다.

건봉사 입구인 불이문(不二門) 바로 앞에 수색중대가 있어 이곳이 민통선 지역임을 새삼 실감할 수 있었다.

건봉사 사찰 입구에 서 있는 불이문(不二門)은 1920년에 건립한 원통형으로, 높이 1.61m의 4개의 돌기둥(石柱) 위에 나무 기둥을 세워 지은 겹처마 팔작지붕의 다포집이다. 건물 위쪽 중앙에 해강(海剛)先生이 쓴 不二門 현판이 걸려 있다.

불이문이란 상대적 차별적인 것을 모두 초월하고 떠나서 절대적 평등적 진리를 나타내는 가르침의 세계로 들어가는 관문을 의미한다.

설악의 여명

건봉사(乾鳳寺)는 신라 법흥왕 7년(서기 520년) 아도화상(阿道和尙)이 거진의 냉천리(冷泉里)에 창건한 것으로 전해지고 있다. 발징화상(發徵和尙)이 원각사(圓覺寺)를 중건하였고 도선국사(道詵國師)가 서봉사(西鳳寺)를 중수했다 한다. 고려 공민왕 7년(서기 1358년) 나옹대사(懶翁大師)가 서봉사를 중수하고 절이름을 건봉사로 고쳤다 한다. 조선시대 세조가 들렀다가 왕실의 원당(願堂)으로 정하기도 했고 선조 때는 임진왜란을 맞이하며 사명대사(泗溟大師)가 승병을 모집 봉기한 사찰이기도 하다. 오랜 역사와 전통을 간직하고 유명 승려의 수도 정진처였던 7백 76칸의 대가람 건봉사의 자취는 찾아볼 수 없고 많은 부도와 비문들만이 그 옛날 번성했던 사찰의 흔적을 남기고 있다.

건봉사라 이름을 바꾼 것은 사찰 서쪽에 새모양으로 생긴 바위가 있어 건(乾)과 봉(鳳)을 합쳐 지은 이름이라 한다.

일제시대에 한용운(韓龍雲) 스님이 건봉사에서 승려 생활을 했으며 건봉사는 봉명학교(鳳鳴學校)를 세워 일제치하에서 민

부도기단조각표

족사상 계몽교육의 구심점이 되기도 하였다. 그 후 6.25동란으로 건봉사는 불타버리고 불이문만 남게 되었다 한다. 지금은 웅장한 석교(石橋)와 많은 불교 유적이 무성하게 자란 숲속에 여기저기 방치되어 있는 것이 몹시 가슴을 아프게 한다. 건봉사에 자리잡고 있는 기념비와 부도들은 고성지방의 인문자원으로 중요한 역사적 유물이다.

건봉사는 그 규모에 있어서 불국사나 오대산 월정사가 미칠 바가 아니다. 건봉사의 옛모습을 복원하여 민족 문화의 정신을 고취할 뿐만 아니라 고성 지방의 자연관광자원 편중에서 인문자원의 복원 방향으로 나가야 할 것이다.

통일 전망대와 통일안보 공원 지역이 현대적인 안보 관광의 소재로 구성되었다면 건봉사 지역은 전통적 역사적 안보관광지로 복원 개발하는 것이 시급하다.

불이문을 지나면 오른쪽 계곡 위에 반원형의 건봉사 능파교 석조다리가 놓여 있다. 능파교를 지나 계단을 오르면 정면에 가건물 콘센트 막사가 있고 왼쪽을 꺾어 돌면 대웅전이 나타난다.

민통선 출입금지 지역에 사찰을 짓게 된 동기는 이 지역에서 사고가 빈번하게 발생하게 되어서 군법사가 죽은 영혼들의 영가를 위로하고 천도해야 한다고 건의를 올려서 군인들이 이곳에 법당을 짓고 예불을 하였다고 한다. 그 후 조계종에서 이곳을 접수하고 관리하게 되었다 한다. 6월 6일 현충일과 6.25날 두 번 위령제를 지내는데 이름이 있는 영가만 몇 만 명이나 된다 하니 얼마나 많은 영령들이 구천에서 천도를 하지 못하고 떠돌아 다녔을까. 6.25전쟁으로 폐허가 된 대가람의 황량한 모습을 되돌아 보니 절로 가슴이 저미어 온다.

이곳에 민간인 출입이 가능하게 된 것이 한 4년 전쯤부터라 한다.

특히 왜군의 침략으로 나라가 위기에 처하였을 때 사명대사께서 승의병(僧義兵)을 모집하여 서산대사와 함께 임진왜란때 혁혁한 공을 세운 일화와 신화적인 존재로까지 부각된 실존 인물들이 건봉사를 중심으로 활동하였다는 사실은 역사적으로 매우 의미가 깊은 곳이기도 하다.

「조선 불교 유신론」으로 한국 불교계의 큰 변혁을 시도하고 33인의 민족대표로 또한「님의 침묵」의 시인으로 추앙받는 만해 한용운 스님이 근세의 건봉사지(乾鳳寺誌)를 저술한 것으로 미루어 건봉사는 봉명학교 운영과 함께 항일 민족 운동의 근거지로 민족정기 구현에 일익을 담당했던 역사의 고향이기도 하다. 건봉사의 역사의 무게는 곧 고성지방의 역사의 비중과 그 맥락을 같이 한다고 볼 수 있다. 능파교에서 서쪽으로 30m쯤 위로 올라가면 깨끗하고 단정하게 새로지은 적멸보궁이 있는데 나무로 정교하게 만든 사리탑과 잘 다듬어진 주변 공간이 퍽 인상깊게 느껴졌다.

옛날에 있었던 사찰의 석축과 여기 저기 흩어진 석조물들, 능파교의 벽면을 감고 있는 담쟁이 넝쿨이 사찰의 고요와 적막한 정취를 한층 돋우고 있다. 국가 보조와 건봉사 자체 불사금으로 대웅전을 다시 복원하게 된다니 무엇보다 반가운 일이다. 대웅전 앞에 서면 산들이 주변을 둥근 원처럼 에워싸 편안하고 아늑한 느낌을 준다. 산 꼭대기에서 보면 마치 연꽃이 피어 있는 것 같은 형상이고 특히 대웅전 앞산은 어미가 새끼 돼지에게 젖을 먹이는 형상이라 한다. 이 깊은 산중에 넓고 확트인 아늑한 분지가 있다는데 놀랍고 우리나라 4대 본찰 가운데 하나가 있기에 손색이 없는 명당터라 여겨진다.

건봉사 적멸보궁

부처님 진신 치아 사리를 건봉사에 봉안하게 된 연유는 신라시대의 자장율사가 당에서 가져온 부처님의 치아(齒牙)와 사리(舍利)를 통도사, 월정사에 봉안(奉安)하였는데 임진왜란 때 왜병이 통도사의 사리를 가져간 것을 선조 38년에 사명대사가 일본으로 사신으로 갔다가 다시 찾아와 이곳 건봉사에 봉안하였다 한다.

이 치아사리가 민간인 출입금지 시절에 한때 도난을 당해 다시 되찾는 과정에서 전국적인 화제가 되었고 일반인에게 많이 알려지게 되었다. 주지 스님이 계실 때는 가끔 일반인에게 공개되기도 한다. 지난 겨울 성선생님과 함께 방문하여 진신 치아 사리를 친견하고 사진 촬영을 할 기회가 있었다. 삼배(三拜)를 올리며 번성했던 옛 모습을 복원하고 통일이 오면 우리나라의 중심 사찰로써 새로운 불교문화의 성지가 되기를 기원해 보았다. 건봉사를 떠나며 머리 속에 지워지지 않은 두 사람의 모습이 눈에 어른거렸다.

건봉사 적멸보궁 전경

임란을 맞이하여 나라를 구하기 위해 노력했던 서산대사와 사명당의 이야기가 우리들의 가슴에 남아 있는 것은 그들이 남긴 신화와 전설의 향기 때문일 것이다.

서산 대사와 사명당의 도술내기 전설을 떠올려 본다.

서산대사는 유교사회인 조선시대에 불교의 도맥을 부흥시킨 고승이기도 하지만 임진왜란 때 승병(僧兵)을 이끌고 국란을 타개하는 데 큰 역할을 한 절의(節義)의 사람이다. 그는 금강산 장안사에 오래 거주하였다. 서산대사가 이곳에서 득도(得道)하여 신통(神通)을 얻었다는 이야기가 전국에 퍼져나갔다. 그때 평안도 묘향산에서 도를 닦고 있던 사명당은 그의 도가 어느 경지에 이르고 있는가를 한번 시험해 보고 싶어져서 아무도 몰래 묘향산을 떠나 금강산 장안사로 향하였다 한다.

이때 서산대사는 이미 사명당이 자기와 도술내기를 하러 금강산을 찾아올 것을 알고 있었다.

사명당이 단발령을 넘어 장안사 계곡 어귀에 다다랐을 때 서산대사는 제자 한 사람을 불러 "지금 장안사 계곡을 따라 동구밖까지 갔다 오너라. 동구에 나가면 묘향산에서 오는 귀한 스님 한분이 있을터이니 그 스님을 모시고 오너라"라고 분부를 하였다. 제자가 생각해 보니 왕래하는 스님이 한두 분이 아니기에 묘향산스님을 가려낼 수가 없을 것 같아 "스님, 아시다시피 장안사 동구에는 하루에도 수많은 스님들이 찾아오는데 아무 표적도 없이 어떻게 묘향산스님을 가려낼 수가 있겠습니까. 묘향산에서 온다는 그 귀한 스님은 무슨 징표라도 있습니까?"라고 되물었더니 서산대사는 "그 스님에게는 별다른 징표는 없지만 묘향산에서 오는 스님이 계곡을 끼고 거슬러 올라올 때 그 스님 옆 계곡물이 네 눈에는 거꾸로 거슬러 흘러 보일 것이다. 그 스님이 바로 묘향산스님이다. 그리알고 내가 모셔 오라고 하여 왔다고 하면 된다."고 일러 주었다.

제자는 그 분부를 듣고 "원 세상에 계곡물을 역류(逆流)시킬 수 있는 사람이 다 있나."하고 의아해 하면서도 대사의 분부니 그대로 믿고 계곡을 따라 동구로 향하였다 한다.

계곡을 따라 내려가는 동안 장안사로 올라오는 여러 명의 스님을 만났으나 옆의 계곡물을 역류시키는 사람은 없기에 혹 잘못된 것이나 아닐까하고 의아하기도 하였다. 그러나 서산대사의 분부이니 그대로 믿고 동구밖까지 가기로 하였다. 거의 동구에 가까왔을 때 동구밖에서 스님 한 분이 오는데 자세히 살펴보니 그 스님 따라 옆에 계곡물이 역류하고 있었다. 제자는 옳지 이 사람이구나 하고 사명당 앞에 이르러 "묘향산에서 오시는 스님이시죠. 서산대사께서 모셔오라 하시기에 이곳까지 모시러 왔습니다."라고 하였다. 사명당은 이 소리를 듣고 "내가 오는 것을 어떻게 알고 이곳까지 사람을 보냈을까. 소문에 듣던 바와 같이 서산대사도 만만치 않구나."고 속으로 놀라며 겉으로는 태연하게 "아 그렇소. 내가 바로 묘향산에서 오는 사람이요. 일부러 마중까지 나오느라고 수고가 많소." 하고 같이 장안사로 들어갔다.

장안사 뜰에서 마중나온 서산대사를 만난 사명당은 서산대사의 도술이

사리탑

만만치 않으니 처음부터 꼼짝못하게 하여야겠다고 마음 먹었다. 사명당은 때마침 절간 위로 날아가는 참새 한 마리를 도술로 자기 손아귀에 잡아넣고 보란듯이 그 술(術)을 뽐내며 "하늘을 날던 새가 지금 내 손아귀에 들어와 있는데 새가 죽었겠는가 살았겠는가?"고 서산대사에게 물었다. 때마침 대사는 사명당을 안내하여 막 승방(僧房)에 들려고 한쪽 다리는 문밖에 있고 한쪽 다리는 문안에 있던 찰라였다. 서산대사는 문지방 사이에 두 다리를 걸친 채 "내가 지금 방으로 들어가겠는가, 밖으로 나가겠는가?"라고 반문하니 사명당이 대답을 하지 못하였다. 서산대사는 계속하여 말하기를 "제 수중에 있는 것은 제 마음 나름이지 누구에게 물을 필요가 있겠는가?" 하고 웃으며 승방에 안내하여 인사를 치렀다 한다. 서산대사와 사명당은 자리를 같이하고 마주앉았다. 서산대사가 옆에 있는 어항의 고기를 가리키며 "스님께선 먼길을 오시느라 시장하실터이니 날것이지만 우선 이 고기를 먹어 요기나 하십시다."라고 말하며 어항을 두 사람 앞으로 끌어당겼다. 사명당이 의아해하며 "불교에 몸을 담고 있는 사람으로 어찌 살생을 할 수 있겠소. 스님은 살생을 하려 하는 것을 보니 아직도 도를 터득하지 못했군요."하고 받아 넘겼다. 서산대사가 그 말을 듣고 "날것을 먹는다하여 다 살생은 아니오. 먹어서 요기가 된 뒤에 다시 토하여 살려 놓으면 될 것이니 우선 요기를 합시다."라고 하며 사명당에게 권하여 같이 어항의 산 고기를 집어 삼켰다.

부처님진신사리

그리하고 난 뒤 얼마 있다가 "이제는 요기가 되엇을 것이니 다시 토해 놓으십시다"라고 하며 서산대사는 먹었던 고기를 전부 토해 놓으니 한 마리도 죽은 것이 없었다. 그 뒤를 이어 사명당도 먹었던 고기를 토하기는 하였으나 그가 토한 고기는 한 마리도 산 것이 없고 전부 죽어 있었다 한다.

첫내기에서 패한 사명당은 설욕하려고 서산대사에게 계란 수십개를 가져오라 하여 "이 계란을 외줄로 치쌓을터이니 대사도 그렇게 해보시오."하고 방바닥에서 시작하여 외줄로 치쌓아 올라갔다 한다. 사명당은 다 쌓고나서 보란듯이 회심의 미소를 짓고 있을 때 서산대사는 그 계란을 방바닥에서 시작하여 쌓는 것이 아니라 허공(虛空)에다 외줄로 쌓아갔다. 이것을 보고 있던 사명당은 어이가 없어 더 말을 하지 못하였다 한다. 이때 마침 점심상이 들어왔다. 서산대사는 상을 받아놓고 사명당에게 "점심은 국수를 했으니 사양말고 많이 잡수시오." 하기에 그릇을 보니 국수가 아니라 수천개의 바늘이 물에 잠겨있었다. 서산대사는 그 바늘을 맛있게 한 그릇을 치우고 나니 사명당은 그제서야 꿇어 엎드려 "소승이 도인을 못알아보고 외람된 짓을 했으니 용서하시고 소승을 제자로 거두어 주시기 바랍니다."라고 말하며 제자로 받아주기를 공손히 간청하였으며 임진왜란 때에는 국란을 구하기에 서로 협조하여 온갖 힘을 다하였다 한다.

촛 불

함 영 덕

산자락에 걸터앉은
어둠이
살며시 일어나
창가에 다가서면
가녀린 불꽃으로
일어나
가슴으로 불 밝히는 이.

한 잎 낙엽에
떨어지는 가을밤
홀로 깨어나
사랑하는 이를 위해
두손 모은
빈 가슴.

온 몸을 던져야만
세상을 밝히는
하룻밤의 운명을
사랑하는 이.

아침 햇살이
달려와
쓰러 안을 땐
지순한 사랑으로
깨어나
영원으로 잠들어가는
새벽의 첫 입술.
흔들리는 건 정녕
그리움인걸.

저자와의
합의하에
인지첩부
생략

설악의 물길따라

2017년 7월 25일 초 판 1쇄 인쇄
2017년 7월 30일 초 판 1쇄 발행

지은이 함영덕
펴낸이 진욱상
펴낸곳 백산출판사
교 정 편집부
본문디자인 박채린
표지디자인 오정은

등 록 1974년 1월 9일 제406-1974-000001호
주 소 경기도 파주시 회동길 370(백산빌딩 3층)
전 화 02-914-1621(代)
팩 스 031-955-9911
이메일 edit@ibaeksan.kr
홈페이지 www.ibaeksan.kr

ISBN 979-11-5763-384-5
값 15,000원